젠더와 민족

정체성의 정치에서 횡단의 정치로

Gender and Nation
by Nira Yuval-Davis

© Nira Yuval-Davis, 1997
All rights reserved.

English language edition published by SAGE Publications of London, Thousand Oaks,
New Delhi and Singapore.
Korean translation copyright © Greenbee Publishing Company, 2012.
This edition is published by arrangement with SAGE Publications Ltd.
through Shinwon Agency.

트랜스 소시올로지 26
젠더와 민족 : 정체성의 정치에서 횡단의 정치로

발행일 초판1쇄 2012년 1월 30일 초판4쇄 2019년 8월 19일
지은이 니라 유발–데이비스 | **옮긴이** 박혜란
펴낸곳 (주)그린비출판사 | **펴낸이** 유재건 | **주소** 서울시 마포구 와우산로 180, 4층
주간 임유진 | **편집·마케팅** 방원경, 신효섭, 이지훈, 홍민기 | **디자인** 전혜경
경영관리 유하나 | **물류유통** 유재영, 이다윗

전화 02-702-2717 | **팩스** 02-703-0272 | **이메일** editor@greenbee.co.kr | **신고번호** 제2017-000094호

ISBN 978-89-7682-758-6 93330
이 도서의 국립중앙도서관 출판예정도서목록(CIP)은 서지정보유통지원시스템(http://seoji.nl.go.kr)과 국가자료종합목록구
축시스템(http://kolis-net.nl.go.kr)에서 이용하실 수 있습니다.(CIP제어번호: CIP2012000077)

철학과 예술이 있는 삶 **그린비출판사**

트랜스 소시올로지
Trans Sociology 011

정체성의 정치에서 횡단의 정치로

젠더와 민족

니라 유발-데이비스 지음
박혜란 옮김

그린비

†

굴, 알라인, 오라에게,
그리고 내가 계속할 수 있게,
심지어 가끔은 춤출 수 있게 해주었던
나의 근사한 친구들에게
이 책을 바칩니다.

서문

지난 수년간 젠더와 민족을 연구하면서 정치적으로나 학술적으로 해왔던 작업들의 정점에서 이 책을 쓰게 되었다. 처음의 계기는 이스라엘의 젠더 관계와 이 젠더 관계가 시오니즘 정착 기획, 이스라엘-아랍 갈등과 관계 맺고 있는 방식을 연구했던 것에서 비롯되었다. 그리고 계속하여 젠더 구분과 민족 구분을 연구했는데, 남동부 런던 지역에 이어 이후에는 유럽을 비롯한 기타 여러 정착민 사회들을 검토했다. 이 여정 초기에 특히 중요했던 이정표가 1984년 내가 조직했던 〈여성과 국민 재생산〉Women and National Reproduction이라는 국제 워크숍이었다. 여기에서 나는 처음으로 세계 각처에서 온 '중요한 타자들'과 함께 '집단체의 잉태/전달자'bearers of collectivities[1](Yuval-Davis, 1980)로서의 여성에 대한 나의 생각을 나눌 기회를 가졌으며, 마침내 이때 『여성-민족-국가』(Yuval-Davis and Anthias, 1989)가 출간되었다. 지금의 이 책 『젠더와 민족』이 출간되기 직전 중요한

---

1 동사 'bear'는 무엇인가를 품에 품다라는 뜻에서 '(아이를) 잉태하다', '(의미나 상징을) 지니다, 나타내다', '(편지나 짐을) 전달하다, 운반하다' 등의 여러 의미로 쓰인다. 자녀를 출산하고, 양육을 통해 사회의 가치와 규범을 다음 세대에 전달하여 사회에 구성원을 배출하는 것이 여성의 역할로 구성된다는 점에서 저자는 이 단어를 중의적으로 사용한 듯하다.—옮긴이

이정표가 하나 더 등장했다. 1996년 6월 그리니치 대학이 〈여성, 시민권, 그리고 차이〉Women, Citizenship and Difference를 주제로 주최한 대규모 회의에서 역시, 우리는 이 연구의 장을 통해 이룬 의식과 통찰의 성장을 세상에 알렸다(이 회의에 기초한 『페미니스트 리뷰』Feminist Review의 1997년 9월 특집호 및 나와 프니나 베르브너가 공동 편집한 제드북스사의 발행물을 참조할 것). 당시는 정치적으로나 이론적으로 새롭고도 시급한 문제들이 계속해서 아주 많이 등장하던 때였다.

위에서 이미 분명히 밝혔듯, 나의 여정은 개인적인 여행도 있었지만, 짧게든 길게든 함께 해준 많은 동료들이 없었다면, 전위displacement, 이동shifting, ('다시 뿌리내리기'rerooting가 아닌) '닻 내림'anchoring이 가능하지 못했을 것이다. 여기서 이들의 이름을 모두 올리지는 못하겠지만, 캄신 공동체Khamsin collective의 회원들, 특히 아비샤이 에를리히, 나와 함께 젠더 및 민족 구분 기획과 몇 권의 저서를 위해 일했던 친구이자 동료인 플로야 앤시어스, 그리고 이 책의 다양한 개념과 이야기를 구성하는 데 여러 면에서 없었으면 안 되었을 그 밖의 친구들과 동료들을 말하고 싶다. 이들 가운데 몇몇을 알파벳순으로 꼽아 본다면, 마사 애켈스버그, 앨리슨 애시터, 질리언 보텀리, 아브타 브라, 스티븐 캐슬즈, 암리타 차치, 신시아 코번, 필 코언, 클라라 코널리, 신시아 인로, 로버트 파인, 마리엠 헬리-루카스, 데니즈 칸디요티, 헬마 루츠, 헬렌 미코샤, 맥신 몰리누, 에프라임 님니, 루스 피어슨, 진 디 페트먼, 애니 피자클레아, 앤 피닉스, 슐라 라몬, 노라 라첼, 폴라 레이먼, 이스라엘 샤하크, 맥스 실버먼, 일레인 운테할터, 지나 바르가스, 피터 워터먼, 프니나 베르브너.

나와 함께 『정착하지 않는 정착민 사회』(Stasiulis and Yuval-Davis, 1995)를 작업했고, 현재 이 책의 본문이 손질되지 않은 상태일 때 검토해 준 다이바 스타시울리스에게 특별히 고마움을 전한다. 유용했던 그녀의 많은 비평들은 이 시리즈의 편집자인 브라이언 터너와 세이지출판사의 편집자인 캐런 필립스와 키렌 쇼만의 비평과 더불어 이 책을 굉장히 많이 향상시켜 주었다. 또한 그리니치 대학의 젠더와 민족 연구전공생들과 1994년에 헤이그 사회연구학회에서 잠시 가르쳤던 젠더와 민족 강좌 학생들에게도 감사하고 싶다. 나는 이들과 함께 강의를 목적으로 이 책의 여러 초고들을 이용했고 그에 대한 응답으로 이들은 자신들이 있는 위치에서 얻은 경험과 통찰을 고맙게도 나와 나누어 주었다. 하지만 이 책에서 쓰고 있는 방식에 대한 책임은 전적으로 내 몫이다.

물론 아직 마무리해야 할 것들이 남아 있지만, 1991년 런던정치경제 대학교의 모리스 긴즈버그 연구원으로 있던 몇 달을 포함해, 1992년 헤이그 사회과학 대학교의 방문 연구원 기간, 그리고 1933~1936년 그리니치 대학교 사회과학대학에서 (인자하신 마이크 켈리 학장 밑에서) 매주 있는 강의 시간에서 나를 제외해 준 학기 면제 덕분에 내게 숨 쉴 여유가 주어지지 않았더라면 이 책을 쓴다는 것은 불가능했을 것이다. 나는 이들 대학에 많은 신세를 졌다. 하지만 글이 '막힐 때'마다 가장 많은 영감을 떠오르게 해준 것은 노퍽Norfolk 헤이즈브러happisburgh의 '로마니' 마을에서 밀려오는 바다의 파도였다.

마지막으로, 아마 처음으로 하는 말일 텐데, 항상 나를 위해서 그 자리에 있어 준 알라인에게 감사한다. 그리고 굴에게도 감사한다. 그는 최선을 다해서 살펴주었지만 나의 영어가 결코 그가 바라던 기준에 미치지는 못했을 것이다.

일관된 한 권의 책으로 저술되었기는 하지만 이 책의 여러 장들은 별도의 논문으로 다음과 같이 부분 출판되기도 했다. "Gender and Nation", *Ethnic and Racial Studies* vol.16 no.4, 1993, pp.621~632; "Women and the Biological Reproduction of 'the Nation'", *Women's Studies*

International Forum vol. 19 issue 1-2, 1996, pp. 17~24; "Women, Citizenship and Difference", *Feminist Review* vol. 57 no. 1, Autumn 1997; "Women, Ethnicity and Environment", *Feminism and Psychology* vol. 4 no. 1, 1994, pp. 179~198.

차례

| 일러두기 |

1 이 책은 Nira Yuval-Davis의 *Gender and Nation*(SAGE Publications Ltd., 1997)을 완역한 것이다.

2 인용문헌의 서지정보는 인용문 끝에 '지은이, 출판년도:쪽수' 식으로 명기했다. 인용문헌의 자세한 서지정보는 본문 뒤에 실린 참고문헌에 밝혔다.

3 본문의 주석은 모두 각주로 표시되어 있다. 옮긴이 주는 문장의 맨끝에 '—옮긴이'라고 표시하여 지은이 주와 구분해 주었다. 독자의 이해를 돕기 위하여 옮긴이가 본문에 추가한 내용은 대괄호([ ])로 묶어서 표시해 주었다.

4 단행본과 정기간행물에는 겹낫표(『 』)를, 논문·단편·영화 등에는 낫표(「 」)를 사용했다.

5 외국 인명이나 지명, 작품명은 2002년 국립국어원에서 펴낸 외래어표기법을 따랐다.

젠더와 민족

정체성의 정치에서 횡단의 정치로

1장 ┃ 젠더와 국가의 이론 정립

만일 여성이 어머니가 되기를 원치 않는다면, 민족은 죽음의 길에 접어들 것이다.[1]
민족의 어머니들, 즉 여성 모두가 우리 투쟁의 거목이다.[2]

이 책은 젠더 관계와 젠더 관계가 국가 기획과 그 과정에 미친, 혹은 그로부
터 받은 영향에 관한 글이다. 이 책의 주안점은 여성women의 위치position와
위치설정positioning에 있다.[3] 그러나 남성men과 남성성masculinity 역시 이에
못지않게 이 책의 중심에 있다. 나의 사회학 스승인 히브리 대학교의 에릭
코헨Eric Cohen이 항상 말했듯이, "남성을 논하지 않고 여성을 논한다는 것
은 한 손으로 손뼉을 치는 것과 같다". 나는 지난 몇 년간 연구를 하면서 내

---

1 Msg. Karaman, *Narod*(Zagreb, Croatia) no.10, 9th Sept. 1995, p.14. Meznaric(1995:12)에서
  인용.
2 아프리카민족회의(ANC) 민족 이사회 연설(1987:8). Gaitskell and Unterhalter(1989:71)에서
  인용.
3 position, positioning은 우리말로 다양하게 옮겨질 수 있는 용어이고, 영어 그대로 '포지션, 포
  지셔닝'이라 옮기는 경우도 있다. 이 책에서는 대개 위와 같이 '위치, 위치설정'이라 옮겼지만,
  맥락에 따라 (계급, 계층에 관련해서는) '지위', (정체성 또는 신원 확인과 관련해서는) '신분', (논쟁,
  의견에 대해서는) '입장' 등으로 옮겼다. 사회나 집단체 안에서 확보해야 할 공간, 권리의 측면에
  서는 '자리'라고 옮길 수 있을 것이다.──옮긴이

가 배운 것의 상당 부분을 거부해 왔지만 이 말씀의 정서에는 여전히 동의한다. '여성성'womanhood은 관계성의 범주이며 그와 같이 이해하고 분석해야 한다. 더욱이 민족성nationhood의 구성물들이 대개 '남성성'manhood과 '여성성'[4] 모두의 특정 개념들과 관련 있다는 것이 이 책의 주요 주장 가운데 하나다.

이 책의 인식론적 뼈대는 지식이 상황적이며(Haraway, 1990), 한 가지 입장에서 나오는 지식은 '완성'되지 못한다(Hill-Collins, 1990)는 인식에 기반한다. 이 책을 쓰기 전이나 쓰는 동안 다양한 입장의 학자와 활동가들이 쓴 여러 책과 논문을 읽었지만, 나 역시 나만의 입장이 있기에 이 책의 관점은 어쩔 수 없이 내가 자리한 특정한 위치에 영향을 받을 수밖에 없었다. 또한 여러 이론적 요점들을 설명할 때에 내가 선택한 구체적 사례들이 상당 부분 내가 살아 온 (주로 이스라엘과 영국의) 사회에서 발생한 사건들이나 (서문에서 언급한) 나의 절친한 동료들과 친구들의 사례에 근거했음을 인정한다. 그러나 '완성되지 않았다'고 해서 '유효하지 않다'는 것은 아니라는 믿음에서 나는 본격적으로 이 책을 써 보겠다는 용기를 내게 되었다.

민족 및 민족주의 이론화에 헤게모니를 지닌 대부분의 작업들은(예컨대 Gellner, 1983; Hobsbawm, 1990; Kedourie, 1993; Smith, 1986; 1995), 가끔 여성들이 쓴 저작까지도(예컨대 Greenfeld, 1992와 같은), 젠더 관계를 무관한 것으로 외면했다. 민족주의 학자들의 주요 학파인 '원초론자들'은 (Geertz, 1963; Shils, 1957; Van den Berghe, 1981) 민족이라는 친족 관계가 '자동적'으로 확장된, 자연적이고 보편적인 현상이라고 보았다.

---

4 femininity/masculinity와 womanhood/manhood 모두 여성성/남성성으로 옮길 수 있다. 좀 더 구분을 하면, 전자가 각기 여/남의 신체적·생물학적 특징을 반영하는 성격 및 행동과 관련된 여성성/남성성을 지칭한다면, 후자는 성인으로 여성/남성이 된 시기의 상태, 즉 여성임/남성임을 지칭한다. ─옮긴이

그리고 지금까지도 민족주의 관련 문헌들은 민족의 '생산', 혹은 '재생산'의 문제들을 논할 때 주로 여성들보다 국가 관료들이나 지식인들과 관련하여 말했다. 아민(Amin, 1978)과 주바이다(Zubaida, 1989)의 분석과 같은 유물론적 연구들은 (민족뿐만 아니라) 국가의 이데올로기와 경계를 설정하고 재생산하는 데 있어 무엇보다 국가 관료와 기타 국가 장치들을 중요시했다. 한 시민사회가 민족적으로 분열되는 이유는, 이 사회에 헤게모니를 쥔 민족 정신이 있고 그 본질을 국가가 좌우하고 있는데, 집단체에 따라 이 국가에 대한 접근이 차별받기 때문이다.

어니스트 겔너(Gellner, 1983)나 앤서니 스미스(Smith, 1986)와 같은 기타 민족주의 및 지식사회학 이론가들은 민족주의 이데올로기, 특히 억압받는 집단체들의 이데올로기 생산과 재생산을 중시했던 지식인들을 강조했다. 이들은 헤게모니 지식인 계급에서 배제되고 국가 장치에 자유롭게 접근할 수 없었다. 그러나 이들은 '집단기억'을 '재발견'하고, 대중들의 구술 전통과 언어를 문서 형태로 변형하여, 먼 신화 혹은 역사의 과거 속에 '민족의 황금기'의 초상을 그렸다. 이들의 이러한 재구성은 민족주의 열망들에 기반이 된다.

그러나 이 책이 검토하는 것은 관료제나 지식인(뿐만)이 아니라 여성이 생물학적·문화적·상징적으로 민족을 재생산한다는 점이다. 그렇다면 왜 여성들은 대체로 민족주의 현상의 다양한 이론화 작업 속에 '은폐'됐는가?

캐럴 페이트먼(Pateman, 1988)과 레베카 그랜트(Grant, 1991)는 여기에 적절할 설명을 내놓는다. 페이트먼은 폭넓은 영향력으로 서구 사회 및 정치 질서에 대한 상식적인 이해의 기반을 다져 온 고전 이론인 '사회계약론'을 연구하였다. 이 이론은 시민사회를 공적 영역과 사적 영역으로 나눈다. 여성(과 가족)은 사적인 영역에 위치하기 때문에 정치와 무관하게 보인다. 페이트먼과 그 밖의 페미니스트들은 이 모델의 가정 자체의 타당성과 공/

사 구분에 반발했다. 페이트먼은 다음과 같이 주장한다.

> 사적 영역 없이는 공적 영역을 완전히 이해할 수 없으며, 마찬가지로 최초
> 계약의 의미도 둘 없이는 제대로 해석할 수 없다. 둘은 한 이야기의 상호 의
> 존적인 절반들이기 때문이다. 시민의 자유는 가부장적 권리에 달려 있다.
> (Pateman, 1988: 4)[5]

민족주의와 민족이 주로 공적인 정치 영역의 부분으로 논의되면서, 공적 영역의 장에서 여성이 배제되고 또한 그 결과 공적 영역의 담론에서 여성이 배제되었다.

페이트먼에 뒤이어 레베카 그랜트는 여성의 위치가 적합한 정치 영역 밖에 있었던 이유에 대해 흥미롭게 설명한다(Grant, 1991). 그녀의 주장에 따르면, 홉스와 루소 이론의 기반은 모두 가상의 자연 상태에서 질서 정연한 사회로의 이동을 그리는데, 이는 오로지 태생적으로 남성적인 성격이라 가정된 것의 측면에서만──(홉스가 말한) 남성의 공격적 성격과 (루소가 말한) 남성의 이성 능력의 측면에서만──존재하는 것이다. 여성은 이 과정에 포함되지 않으며 따라서 사회적 영역에서 배제되고 '자연'에 가까운 존재로 남게 된다. 이후의 이론들은 이러한 가정을 주어진 그대로 따랐다.

민족주의 이론들이 젠더를 도외시했지만 주목할 만한 예외가 있으니 바로 발리바르(Balibar, 1990a)와 차테르지(Chatterjee, 1990), 그리고 모스

---

5 사회계약론과 최초계약: 사회계약론은 17~18세기 시민 혁명기에 등장한 근대국가의 정통성과 존재 이유를 마련해 준 정치 이론으로, 루소는 『사회계약론』에서 인간의 자유와 평등은 태어나면서부터 권리를 가지게 되며, 이 권리를 잘 보장받기 위해 개인과 단체(국가)가 계약을 맺어 공정한 법이 지배하는 단체(국가)를 구성해야 한다고 주장한다. 여기서 말하는 최초계약(the original contract)은 자연인이던 인간이 자연의 상태에서 사회적 존재가 되게 하는 사회계약을 의미한다. ──옮긴이

(Mosse, 1985)다. 이들의 통찰에 영향을 주고 이를 양성한 이들은 젠더 영역에서 작업해 온 소규모이나 성장 중인 페미니스트 학자들(예컨대 Enloe, 1989; Jayawardena, 1986; Kandiyoti, 1991a; Parker 외, 1992; Pateman, 1988; Yuval-Davis, 1980; 1993; Yuval-Davis and Anthias, 1989)의 모임이었다. 그럼에도 옥스퍼드 대학교 출판부의 『민족주의』*Nationalism*(Hutchinson and Smith, 1994)에서 편저자들은 민족주의와 젠더 관계를 연관시킨 이 책의 유일한 인용구를 마지막 장인 「민족주의를 넘어」"Beyond Nationalism"에 실었다. (『여성-민족-국가』*Woman-Nation-State*의 서론에서 가져온) 이 인용구는 다음과 같다.

> 여성은 생물학적으로나 문화적으로 민족을 재생산하며 그 가치를 전달하기도 하지만, 여성이 국가라는 각축장에 들어옴으로써 민족성의 내용과 경계, 그리고 민족 자체를 다시 정의하게 되었다. (Hutchinson and Smith, 1994: 287)

그러나 물론 여성들이 그저 국가라는 각축장에 '들어오기'만 한 것은 아니었다.[6] 이들은 항상 거기에 있었고, 국민의 구성과 재생산의 중심이었다! 그러나 민족과 민족주의 관련 분석 담론에 이들을 분명하게 포함시킨 것은 매우 최근의, 그것도 부분적인 노력이었을 뿐이다.

이 책의 목표는 이러한 민족과 민족주의의 젠더적 이해를 위한 분석적인 기획을 도모하는 데 있다. 이를 위해서 젠더 관계가 몇 가지 주요한 차원

---

6 개인이 국가에 의해 '국민'으로 호명되는 순간, 이를 위한 의무와 자격이 요구되며 그에 걸맞은 권리와 기회를 보장받는다. 각자의 요구와 요청이 실천되는 과정에서 국가 구성원들은 갈등과 경쟁을 빚을 수밖에 없다. ―옮긴이

의 민족주의 기획에 중대하게 기여한 바를 체계적으로 점검할 것인데, 여기에는 국민 재생산, 민족 문화, 그리고 민족 시민권과 아울러 민족 갈등과 전쟁이 포함된다.

이 책에서 민족주의 기획은 '민족국가'와 극명하게 구분되며, 민족의 경계가 실제로 소위 '민족국가'들의 경계들과 결코 일치하지 않기 때문에 '민족' 구성원권이 하위국가적, 초국가적, 교차국가적일 수 있음을 강조한다. 이 책을 읽다 보면 분명해지겠지만 나의 분석은 해체주의적이다. 그러나 동시에 나는 끼워졌다 떨어져 나가는 '자유로이 떠도는 기표들'로 구성되는, 동시대 시민들의 극단적 포스트모더니즘의 구성(Wexler, 1990)을 거부한다. 반면 사회적·경제적 권력 관계의 결정적인 중요성과, 어떤 구체적인 역사적·사회적 범주화든 이를 포함하고 교차하는 사회적 분할들을 나는 강조한다. 이러한 사회적 분할들의 형태는 이들이 다른 사회 관계들이나 사회 행동들과 연계된 방식에 따라 유기적이고 경험적이며 재현적이다(Anthias, 1991; Brah, 1992). 이들은 서로 다른 형태로 환원될 수 없으며 상이한 존재론적 기반을 지니고 있다(Anthias and Yuval-Davis, 1983; 1992).

또한 나는 아무 문제의식 없이 우리 모두가 '포스트모던 시대'에 살고 있다고 인정하지도 않는다. 포스트모더니즘은 우리 모두가 '근대'를 거쳤다는 무비판적 가정을 포함하고 있다. 이것은 세계화 과정이 가속화되고 있음에도 불구하고 매우 서구 중심적인[7] 가정이다(보다 자세한 논의는 3장을 볼 것). 더욱이 라탄시도 시인하듯, '포스트모던한 구도'(Rattansi, 1994: 16~17)를 짜는 가운데 라탄시를 비롯한 학자들이 포스트모던 시대의 특징으로 주장해 왔던 다양한 모습들이 사실 다른 형태의 사회에서도 존재해

---

7 이 책에서 나는 '유럽 중심적'이라는 용어보다는 '서구 중심적'이라는 용어를 사용하고 있는데, 이는 '서구의 전선'이 유럽을 훨씬 넘어서고 있다는 사실을 강조하고 싶기 때문이다.

왔다. 그는 '주체'와 '사회적인 것'들의 중심성과 본질성을 모두 해체하고, '주체성'과 '사회성'을 규명하는 구성적 특징으로서의 시간성과 공간성을 분석하며, (그리고 이야말로 어떤 사회, 어떤 시기에 대해서든, 어떤 페미니즘 분석에서든 초석이 될 것인데) "섹슈얼리티와 성적 차이에 대한 질문들과의 교류"를 모색해야 한다고 주장한다. 모두——나뿐만 아니라 다른 이들도 주장했다시피——훌륭한 사회학적 분석이라면 언제나 당연한 것들이다. 더욱이 근본주의 종교 운동이 남반구뿐만 아니라 북반구 전 지역에서 증가하고 있는 시기에 동시대 사회를 거대서사가 종료된 사회로 묘사한다는 것은 말도 안 된다. 반면 역사적으로 위대했던 사회의 거대서사가 최고의 헤게모니를 자연화한 경우에도 이들 사회에서 상이하게 자리 잡은 구성원들을 동질적으로 통합하면서 통제한 적이 전혀 없다.

이러한 관찰들을 고려할 때, 이 책의 기획의도는 젠더 담론과 민족 담론이 서로 교차하고 서로에 의해 구성되는 다양한 방식을 토론하고 분석하기 위한 틀을 소개하는 데 있다. 이에 착수하기에 앞서, 이 장의 다음 두 단원에서 각각의 담론을 개별적으로 살펴볼 필요가 있다. '젠더' 논의의 초점은 '성'과 '젠더' 개념들 간의 관계뿐만 아니라 '여성'의 범주를 둘러싼 이론적 논쟁들에 있다. 이러한 논쟁들의 이해는 여성성과 남성성 개념이 민족주의 담론 안에서 구성되는 방식뿐만 아니라 다양한 민족주의 기획들과 그 과정들에 남녀 관계가 영향을 주고받는 방식들을 분석하는 데 중요하다.

'민족' 개념은 한편으로는 민족주의의 이데올로기와 운동들, 그리고 다른 한편으로는 국가의 제도들과 관련하여 분석해야 한다. 민족은 상황적으로 저마다 특정한 역사의 순간에 놓이는데, 민족을 구성하는 민족주의 담론은 유동적이고 헤게모니 경쟁 속에 있는 상이한 집단들을 통해 촉발된다. 이들의 젠더화된 특징은 오직 이러한 맥락화 안에서만 이해될 수 있다.

이 두 단원에 뒤이어 이 장의 마지막 단원은 이 책의 다음 장들에서 검토하게 될 젠더와 민족이 교차하는 지점들의 주요한 차원들을 개괄하면서, 여성의 보다 '자연화'된 역할인 생물학적 국민 재생산자 개념에서 출발하여, 민족의 문화적 구성에서의 여성의 역할을 살펴보고, 국민의 자격으로서의 시민 구성이 시민권의 권리와 의무를 통해 젠더화되는 방식까지 아우를 것이다. 끝에서 두번째 장에서는 군사와 전쟁의 젠더화된 성격을 살펴본다. 이 책은 페미니즘과 민족주의의 복합적인 관계의 검토와 함께 결론을 맺으면서, 정체성 정치의 덫에 빠지지 않으면서도 여성들 간의 민족적 차이 및 기타 형태의 차이들을 설명하는 횡단의 정치를 페미니즘 정치 모델로 지향할 것이다.

여성과 젠더 관계 분석

페미니즘 문헌들이 방대하고 다양하기는 하지만, 이들의 우선적인 관심사는 대략 세 가지 주요한 질문으로 정리해 볼 수 있다. 첫번째 질문은 페미니스트들의 공통된 관심의 원인을 분석하려는 시도로 "왜/어떻게 여성들은 억압받는가?"이다. 여성과 남성의 권력차를 결정하는 구성원리에 대한 연구가 있어 왔다. '가부장제' 관련 이론들(Eisenstein, 1979; Walby, 1990), 또는 성/젠더 체계(Rubin, 1975) 내지 '젠더 체제'(Connell, 1987) ── 이렇게 부르는 것을 선호하는 이들이 있다 ── 관련 이론들은 그 시작부터 페미니즘 이론의 중심에 있었다. 공/사 영역 혹은 자연/문명이라는 사회 영역의 이분법적 구성체들은 이러한 분석의 중심이 되어 왔다.

두번째 질문은 남성과 여성 간의 차이의 존재론적 토대와 관련된 질문으로 "이러한 차이는 생물학적으로 결정되는가, 사회학적으로 결정되는가, 아니면 둘의 조합에 의해서인가?"이다. 이 문제에 관한 논의는 일반적으로 '성과 젠더 논쟁'(Assiter, 1996; Butler, 1990; Delphy, 1993; Hood-Williams,

1996; Oakley, 1985)이라 알려졌다. '여성'과 '남성' 범주의 경계와 기초에 관한 질문들은 후기 구조주의와 포스트모더니즘 분석틀이 등장함에 따라 보다 문제시되었다.

세번째 질문은 대체로 민족 중심적이고 서구 중심적일 뿐만 아니라 단순하기까지 한 일부 초기 페미니즘 문헌의 관점들에 대한 반응으로 생겨났다. 이는 여성들 안에서의 차이, 남성들 안에서의 차이, 그리고 이들이 젠더 관계의 일반 개념들에 미친 영향들에 관한 문제다. 이 질문을 처음 던진 것은 대개 흑인이나 소수인종 여성들이었고(hooks, 1981), 그 다음에 이 질문은 포스트모더니즘의 영향을 받은 해체주의 페미니즘에 포함되었다 (Barrett, 1987).

이 장의 지면과 범위의 한계를 고려한다면, 이 세 질문들에 대한 모든 논쟁을 체계적으로 검토할 엄두도 낼 수 없다. 그러나 이 책에 제기된 문제들에 관한 어떤 논의든 위 질문들에 대한 특정 입장들을 내포하거나 그로부터 정보를 얻을 수 있으므로 여기서 간략하게라도 언급할 필요가 있다.

여성의 억압에 대한 설명은 상당 부분 남성들과는 다른 사회적 영역에서의 이들의 위치에 관한 것들이었다. 여기에 공/사 그리고 자연/문명의 영역이라는 이분법적 구분이 있어 왔다. 많은 페미니즘 문헌이 여성은 "역사로부터 은폐되어 왔다"(Rowbotham, 1973)는 사실을 지적하고 반대하면서도, 남성이 공적 영역에 위치하고 여성이 사적 영역에 위치한다는 것을 자연적인 것으로 받아들인다.

시민권에 대한 4장에서는 공/사 영역의 이분법과 이것이 여성이 시민으로서 자리 잡는 것과 관련된 방식의 몇 가지 문제점을 논의할 것이다. 이러한 구분이 특히 젠더적이고 인종적일 뿐만 아니라 매우 허구적이라는 점, 그리고 여성을 자유와 권리로부터 배제시키는 데 종종 사용되었다 (Philips, 1993: 63)는 주장도 논의할 것이다. 아울러 지금까지의 주장은 공과 사의 경계선이 식민 이후 민족들의 시민사회 구성을 분석하는 데 전혀 적절하지 않은 도구였다는 것과 젠더 관계의 비서구 중심적 분석에서는 이와 같은 공과 사의 경계를 가정할 수 없다는 것이었다(Chatterjee, 1990).

그러나 공/사의 이분법은 페미니즘을 비롯한 사회과학 문헌에서 여성을 남성의 정반대 극에 자리매김할 수 있는 이분법들 가운데 단지 하나일 뿐이다. 그 밖에 자연/문명의 구분도 있다. 여성과 자연의 동일시는 '문명'화된 공적 정치 영역에서 여성을 배제하기 위한 명분이었을 뿐만 아니라 어느 문화에서나 남성보다 여성이 사회적으로 가치가 덜하다는 사실을 설명하기도 했다. 시몬 드 보부아르Simone de Beauvoir는 다음과 같이 주장한다.

인간/남성man이 동물보다 우위에 있는 이유는 생명을 제공하기 때문이 아니라 생명을 위협하기 때문이다. 따라서 인류를 지배하는 것은 출산하는 성이 아닌 살해하는 성이다. (Harding, 1986: 148에서 인용)

셰리 오트너는 좀더 일반적으로 남성이 '문화'와 동일시되는 경향이 있는 반면 여성은 '자연'과 동일시되는 경향이 있음을 주장했다(Ortner, 1974). 이는 아이를 잉태한다는 점에서 여성은 새로운 '것들'things을 자연적으로 창조하고, 반면 남성은 자유롭게/강제적으로 문화적 창조를 하기 때문이다. 여성들은 또한 결과적으로 가정의 영역에 보다 한정되어 '전前사회적' 존재인 아이를 양육한다. 인간은 어디에서든 자신의 문화적 생산물을 물질계보다 우위에 두기 때문에, 그리고 모든 문화의 목표는 자연을 통제하고/하거나 초월하는 데 있기 때문에, 여성들은 열등한 상징적 위치에 그치고 만다. 헨리에타 무어는 구데일(Goodale, 1980)을 좇아 여성들의 상징적 폄하와 여성과 '자연'의 연관성을 강조하면서 오염의 개념을 덧붙인다(Moore, 1988). 여성들이 월경기나 출산 후에 피를 흘릴 때 종종 '오염시키는' 존재로 구성되기 때문이다. 그러나 그녀는 또한 이런 일반화된 개념들이 여성의 위치에 대해 제기할 수 있는 문제들을 지적한다. 이러한 일반화는 상이한 사회들의 다양성을 동질화하고 폐기해 버린다. 또한 '문화'보다 '자연'이 열등하다는 서양 문화의 특정 가치들이 보편적이며 모든 사회가 이를 공유하고 있으리라고 가정한다. 끝으로 하나 더 짚어 본다면, 이들은 남성과 여성을 포함해 사회의 다양한 구성원들에게 어떠한 차이도 없다고 가정한다. 이런 방식으로 사회 갈등이나, 지배, 저항, 그리고 가장 중요한 사회 변화의 개념들을 정의해 버리는 것 같다. 더욱이 여성의 종속에 대한 보편적이고 '근원적'인 이유에 대한 연구로 인해 젠더 관계가 다양한 사회에서 구성된 역사적 특수성과 그 재생산 방식을 주목하지 못할 수도 있다.

이렇듯 여성의 신분을 일반화하는 개념들에 대한 비판 역시 '가부장제' 개념과 관련이 있다. 페미니즘 이론가들은 가부장제를 폭넓게 이용하면서 자동적으로 여성을 하위에 두는 체제를 설명해 왔다.

1970년대와 1980년대 페미니즘 정치는 자유주의 페미니즘, 사회주의 페미니즘, 급진적 페미니즘과 이원체제 페미니즘dual-system feminism[8] 등의 학파로 각각 깔끔하게 구분되었다(Walby, 1990). 이러한 사상 학파들의 차이는 일차적으로 여성 억압의 '그' 명분이라고 생각되었던 것이 무엇인가—법인가, 자본주의인가, 아니면 자신의 특권을 움켜쥐고 있는 남성들인가—하는 문제에 모여 있었다. 또한 맑스주의와 페미니즘 간의 '불행한 결혼'에 대한 논의나 가부장적 억압을 계급 착취와 관련하여 이론화해야 한다는 논의도 많았다(Hartmann, 1981).

'가부장제' 개념은 그 자체가 매우 문제적이다. '파테르'pater, 즉 아버지

---

8 여성 억압의 원인이 자본주의와 가부장제라는 두 체제에 기반한다는 맑스주의 페미니즘—옮긴이

의 지배가 전통적으로 어린 남성들에게도 적용되어 왔고 여성에게만 해당된 것은 아니었다는 점이 종종 인정받고는 있지만, 이 점이 이 용어를 일반화해서 이렇게 페미니즘에 사용하는 데 이론적으로 중요한 역할을 한 것은 대개 아니었다. 실비아 월비의 연구(Walby, 1990)에서처럼(1989년에 나온 *Sociology* 특별호도 참고하라), 이러한 용례는 고용, 가정, 생산, 문화, 섹슈얼리티, 폭력 그리고 국가와 같은 상이한 형식들에 따라 차별화되면서 이론적으로 보다 정교한 모델로 발전했지만, 이때도 여전히 마찬가지였다.

가부장제가 특정한 역사적 시기 혹은 지리적 지역에 놓이면, 이런 일반화된 사용 규칙의 예외들이 발견되기도 한다. 예컨대, 캐럴 페이트먼의 논의에서 가부장제는 특히 역사적으로 근대 이전 시기와 관련이 있다(Pateman, 1988). 그녀에 따르면 근대 자유국가에서 체제는 가부장제로부터 남성단체 fraternity[9] 체제로 바뀐다. 가부장제에서는 아버지가(혹은 아버지 상으로서 왕이) 남성과 여성을 모두 지배하는 반면, 남성단체 체제에서는 남성이 그들의 여성을 사적 영역에서 지배할 수 있는 권리를 얻으면서 공적·정치적 영역 안에서는 자기들만의 평등한 사회질서 계약에 동의한다.

반면 밸런타인 모가담(Moghadam, 1994)은 인구학자 존 콜드웰John Caldwel을 따라 가부장제를 특정 지리적 지대의 위치에 놓았으니 바로 '가부장제 벨트'로, 북아프리카에서 중동을 지나 인도아대륙[남아시아 지역]의 북부 평원과 중국 농촌지역까지 펼쳐져 있다. 이러한 '고전적 가부장제'

---

9 'fraternity'는 라틴어로 형제를 뜻하는 frater에서 온 어휘로, fraternity만큼 젠더적으로 문제가 되는 단어는 아마 영어에 없을 것이다. 형제애 혹은 우애를 나타내는 fraternity는 인류애 혹은 박애를 뜻하기도 하고, 길드나 종교 집단 내 신도 모임이라는 뜻에서 우수한 미흑인학생들의 모임인 Alpha Phi Alpha Fraternity와 같은 대학 동아리나 단체, 동호회 그리고 노조의 이름에 쓰이기도 한다. 민족주의적 성격이 강한 제3세계 비정부단체들에서도 fraternity를 영문 이름에 사용하는 경우를 흔히 보게 되는데 이러한 단체들의 이름에서부터 여성이 배제되고 있음을 알 수 있다.—옮긴이

(Kandiyoti, 1988)의 '벨트'에서 가부장적 확대 가족은 중심 사회단위가 되어, 연장자 남성이 다른 모든 이들을 지배하며 가족의 명예는 여성들의 통제된 '정숙'과 밀접하게 연결된다.

가부장제를 특정한 사회 제도, 역사적 시기 혹은 지리적 지역에 국한하는 방식은 어느 정도 상이한 사회에 존재하는 다양한 형식의 사회 관계를 차별화하는 방향으로 진행될 수 있다 해도, 분석도구로는 여전히 너무 조잡하다. 일례로, 이러한 방식은 대부분의 사회에서 몇몇 여성들은 다른 여성들뿐 아니라 일부 남성들까지도 지배할 권리를 갖는다는 사실을 참작하지 않는다. 또한 여성의 억압이 다른 형태의 사회적 억압과 사회적 분할들과 서로 맞물려 있고 또한 이들에 의해 여성억압이 명료해지는 구체적 상황이 있다는 사실을 설명하지도 않는다.

이러한 이유 때문에 다른 글에서 플로야 앤시어스와 나는 가부장제가 자본주의나 인종차별주의와 같은 유형의 사회체제와는 별개인 자율적 사회체제라는 개념을 반대한 바 있다(Anthias and Yuval-Davis, 1992: 106~109). 오히려 우리는 여성의 억압이 사회적 권력과 물적 자원의 분배와 관련된 사회 관계 특유의 필요조건이었다고 주장했다. 젠더, 인종, 계급은 이들이 비록 각기 다른 존재론적 기반과 별도의 담론을 지녔다 해도, 구체적인 사회 관계 속에 서로 맞물려 있으며 함께 논의될 때 더 명확히 설명된다. 이들 가운데 어떤 것도 부가 개념으로 볼 수는 없으며 어느 것도 추상적으로 우선시할 수 없다. 아브타 브라가 제안했듯(Brah, 1992: 144) 억압들을 구분해서는 안 된다. 가부장제를 이론화하면서 ——가부장제는 정립된 이론들을 통해 더욱 정교해졌지만(Ramazanoglu, 1989; Walby, 1990)—— 젠더 관계는 최소한 암묵적으로는 생물학적 성차에 따른 필연적 결과로 축소되고 고립되고 말았는데 사실 그렇지 않다. 가부장제 개념이 시사하는 바와는 대조적으로 여성들은 젠더 관계 결정에 단순히 수동적인 수용자도 비

참여자만도 아니다. 아마도 가장 중요한 점은 똑같은 방식, 똑같은 정도로, 심지어는 특정 시기의 똑같은 사회 안에서조차도 모든 여성들이 억압받고/받거나 종속되지는 않는다는 점이다.

그러나 그렇다고 해서 성차와 생물학적 재생산의 구조에 관계하고 그 주변에서 재현 형식을 정립하는 헤게모니 성 담론과 그 실천이 상이한 사회 안에 그리고 이들 사회에서의 상이한 위치에 따라 전혀 없다는 뜻은 아니다. 게일 루빈은 이를 '성/젠더 체계'라 했다(Rubin, 1975). 로버트 코넬은 12년 후[이 글에서는 2000년, 즉 21세기가 되었을 때]에 관한 글에서 이와 유사한 자신의 개념인 '젠더 체제'와 자연화된 생물학적 '성'을 분리했다(Connell, 1987). 현재 성/젠더 논쟁의 상황을 보면, 두 개념 모두에 작별을 고하고(Hood-Williams, 1996), 오로지 차이 개념에 집중할 필요가 있겠다고 주장하는 이들도 있다.

남녀 차이의 고정성 문제는 이러한 차이에 존재론적 근거를 둔 페미니즘 논쟁의 중심이었다. 시작부터 페미니즘 정치는 성과 젠더의 차별화에 의존해 왔다. 노동, 권력, 성품의 성 구분은 생물학적인 것('성')이 아닌 사회적으로 구성된 것('젠더')이라는 주장을 통해 다양한 학파의 페미니스트들이 여성의 사회적 위치가 성평등을 지향하며 변화할 수 있으며, 또한 그래야 한다고 주장할 수 있게 되었다. 이것이 바로 "사회와 가족, 그리고/또는 담론 안에서 구성되는 주체성에 대한 이들의 해석을 설명하고 정리하는 중심 범주"(Gatens, 1991: 139)로서, 생물학적 환원론에 빠지는 위험을 방지한다.

크리스틴 델피는 마거릿 미드Margaret Mead의 작업과 성역할에 대한 파슨스주의 이론들, 그리고 마지막으로 앤 오클리Ann Oakley의 『성, 젠더, 사회』*Sex, Gender and Society*, 1985에 이르는 연구들을 검토하면서 성과 젠더에 대한 논쟁의 전개 과정을 개괄했다(Delphy, 1993). 노동의 분업, 남녀 간의 심리 차이는 점진적으로 탈자연화했고, 문화적 변수가 중요해졌다. 그러나 델

피에 따르면, 이들의 저서 중 어느 것도 그리고 그 이후의 페미니스트들의 저서 중 어떤 것도 젠더가 자연적 성 이분법에 기초한다는 가정을 의문시하지 않았다. 아울러 주디스 버틀러는, '성'이 '자연'에 의해 구성된 것과 똑같은 방식으로 '젠더'가 '문화'에 의해 구성되었다고 이해할 때, "생물학이 아닌 문화가 운명이 된다"고 했다(Butler, 1990: 8).

이는 매우 중요한 점이므로 문화에 관한 장(3장)에서 보다 자세하게 논의할 것이다. 그러나 여기에서 가장 중요한 것은, 이론적 차이가 매우 큼에도 불구하고 델피와 버틀러 모두 '젠더가 성에 선행함'을 지적하고, 노동(델피)과 의미(버틀러)의 사회적 분할이라는 문화적 구성이 성차가 자연적이고 전前사회적인 것으로 구성(되고 사용)되게 하는 수단임을 지적하고 있다는 사실이다. 소위 '객관적'이고 '과학적'이라는 실험들이 특정 인간이 남/여성인지를 결정하는 Y염색체의 존재 혹은 부재를 밝히려 했고, 보다 최근에는 혹자들이 지닌 경험적 양가성의 관점에서 (1991년 굿펠로Goodfellow와 그의 연구팀이 분리해 낸 SRY 염색체[Sex-Determining Region Y, 성 결정 유전자]와 같은) 특정 유전자를 찾았다. 그러나 후드-윌리엄스Hood-Williams가 지적하듯, 이런 특정 기획은 동어 반복이자 순환 논리를 지닌다. 즉, 과학자들은 "이들을 유전학적으로 확인하기 전에 이미 [사회적으로] 남성/인간man이 되는 것이 무엇인지 알고 있어야 한다". 미셸 푸코(Foucault, 1980a)와 토머스 래커(Laqueur, 1990)가 지적했듯, 역사적으로——그리고 이에 따라 문화적으로——분명했던 것은 단지 모든 인간을 남성 혹은 여성으로 구성해야 할 필요가 있었다는 것이다.

플로야 앤시어스와 내가 주장했듯(Anthias and Yuval-Davis, 1983: 66), 성차나 생식의 그 어떤 필연적인 '자연적' 사회효과는 없으며, 생산이 계급의 물질적 토대가 되는 것과는 달리, 성차나 생물학적 재생산이 젠더의 물질적 토대가 되어 주지는 못한다. 사회적 재생산 관계에서 페미니즘 유물론을 발견해 보고자 하는 분석들을 통해 우리는 유물론 기획을 다른 대상에게 중첩시키면서 그 준거 개념들을 부적절하게 재생산해 냈음을 보았다.

젠더는 '실제' 사회적 남녀 차이로 이해해서는 안 된다. 젠더는 이들의 사회적 역할들이 인종 및 민족 집합체에서 이들이 갖는 경제적 위치나 구성원권과는 정반대로, 이들의 성차나 생물학적 차이에 따라 정의되는 일단의 주체들과 관련된 담론의 양식이다. 성차 역시 담론 양식으로 이해해야 한다. 담론을 통해 일단의 사회적 주체들은 상이한 성적/생물학적 구성물을 지닌다고 정의되기 때문이다. 다시 말해, '젠더'와 '성' 모두 담론 양식으로 분석할 수 있으며, 다만 그 사안이 다를 뿐이다.

'성'과 '젠더' 모두에 대해 이들이 담론을 통해 의미를 구성한다는 주장과 비자연적이고 비본질주의적 성격을 갖는다는 주장으로 인해 성과 젠더 사이의 경계가 모호해졌다. 그러나 비영어권 국가에서 페미니즘 정치에 관여했던 사람이라면 누구나 그곳 페미니스트들의 최우선적인 그리고 가장 시급한 과제 가운데 하나가 그 지역 언어로 '젠더'에 해당하는 단어를 '발명'해 내는 것임을 알 것이다. '성' 담론과 '젠더' 담론을 구분하지 않는 한, 생물학은 그 사회의 도덕 및 정치 담론에서 운명으로 구성될 것이다.

그러나 정치적으로뿐만 아니라 이론적으로도 경계의 희석을 거부할 수 있다. 모이라 게이튼스는 성과 젠더의 비본질주의적 이론 접근은 다음을 포함한다고 지적한다.

전혀 반론이나 의심 없이 몸과 심리 모두 출생 이후 수동적인 백지tabula rasa의 상태라고 가정한다. 즉 젠더 이론가들에게 어느 성이든 정신은 중립적이고 수동적 존재이며 다양한 사회적 '학습 내용'이 새겨지는 백지 상태다. 이들의 설명에 따르면, 몸은 이러한 각인들의 수동적 매개체다. (Gatens, 1991:140)

여기에서 지름길로 직진하면 '정치적 공정성'에 이르게 된다. 젊은이들을 사회화하고 어른을 '재교육'하는 올바른 사회 환경 조건을 제공하는 데 적절한 '스키너 박스'[10]가 구성될 수만 있다면 모든 남성과 여성은 평등할 수 있다. 원칙적으로는 모두 같을 수 있기 때문이다.

게이튼스는 이런 종류의 사고에 대해 이들이 환경론적인가 본질주의적인가로 귀결되는 단순화된 이분법적 사회이론에 근거한다고 비판하며, 적어도 몸은 결코 수동적이지 않다고 지적한다. 몸은 언제나 성性이 있는 몸이기 때문에 동일한 행위라도 그것을 남성이 수행하는가 여성이 수행하는가에 따라 각기 다른 개인적·사회적 중요성을 지닐 수 있다. 다시 말해, 자아는 언제나 상황적이다.

도나 해러웨이(Haraway, 1990)의 '상황적 지식' 등의 개념을 따르고 있는 게이튼스의 마지막 주장은 젠더 관계를 분석하는 데 무엇보다 중요하다. 그러나 "자아는 언제나 상황적이다"라는 주장의 중요성은 젠더 관계뿐만 아니라 모든 사회 관계의 분석과 관련이 있다. 몸의 상황은 생물학적이든 담론적이든 오로지 성차와 관련하여 구성되지는 않으며 자아의 상황이 오로지——혹은 언제나 일차적으로——몸에 영향을 받는 것도 아니다. 게이튼스나 그녀와 같은 페미니스트 이론가들에게 성차가 중요한 것은 이들이 중산층 서구 중심 정신분석이론, 특히 라캉의 시선(Lacan, 1982)으로 사회를 관찰했기 때문이다. 그러나 계급, 민족, '인종'과 국가와 같은 거시적 사회 구분도 특수한 신체 '유형'이나 연령, 능력과 같은 보다 주체적인 몸과 관련된 차이들만큼이나 이러한 과정에서 중요하다. 여아 혹은 남아가 자신

---

10 작동적 조건 형성을 실험하기 위해 스키너가 고안한 상자로 '지렛대 누르기'라는 행동과 '먹이'라는 자극 간의 관계를 보여 준다. 지렛대를 누르면 먹이가 나오게 되어 있는 상자에 갇힌 쥐가 우연히 지렛대를 누르면 먹이가 나오는 것을 발견하고, 그 다음부터 배가 고플 때마다 곧바로 지렛대를 눌렀다.——옮긴이

과 다른 이들에 접근하지 않는 한, 거울 보기로는 자신이 남성인지 여성인지 알 수 없는 것과 마찬가지로, 주체의 정체성은 항상 이 모든 차원에 따라 타자와의 관계 속에서 상황적이었다. 구체적으로 아이들의 사회를 예로 본다면, 타자성은 그것이 거시적이든 미시적이든 오로지 성에 국한하고/하거나 성을 이분화하는 경우는 매우 드물다.

위와 같은 다른 차이들을 모두 억압해 버린다면 '여성'이란 범주는 단일화된 범주로 파악될 수 있다. 1970년대 백인 중산층 '의식화 집단'인 페미니스트들이 모든 여성의 조건은 본질적으로 똑같다는 것을 참여자들이 '발견'하는 데 목표를 두었던 상황처럼 말이다(Yuval-Davis, 1984).

여러 포스트모더니즘 페미니스트들이 질문해 왔던 것은, 만일 여성들이 서로 다르다면, 어느 정도까지 '여성'이라는 용어가 의미 있겠는가 하는 것이었다. 데니즈 라일리는 '여성'을 변동하는 정체성으로 보고 "'여성' 범주가 역사적으로 그리고 담론적으로 구성되며, 언제나 스스로 변화하는 다른 범주들과의 관계 속에 있다"고 주장했다(Riley, 1987: 35). 그러나 엘리자베스 위드는 다음과 같이 주장한다.

신뢰할 수 있는 확실한 정체성을 결여했다고 차이가 무한증식하는 것은 아니다. 바로 이 차이의 범주들이 역사적으로 생산되는 우세한 구조를 지닌 범주들에 의해 명료히 설명되는 동안, 오히려 이 차이들이 대체되고 탈자연화한다는 뜻이다. (Weed, 1989: xix)

따라서 이런 역사적 지배구조들은 어떤 차이들이 사회적으로나 정치적으로 적절하게 여겨지는지, 어떤 것들이 아닌지를 결정한다. 그러나 엘리자베스 스펠먼이 주장했듯, 여성들 간의 유사성은 이들의 차이의 맥락 안에 존재하며, "이러한 차이들이 유사성에 어떤 영향을 미치는지에 대한 논쟁이 계속되고 있다.……이 논쟁의 모든 참여자들에게 동일한 시간이 주어진 것도 아니고 동일한 권위가 부여된 것도 아니다"(Spelman, 1988: 159).

그러므로 우리의 관심은 여성들 간의 차이 그 자체에 관한 것이어서는 안 된다. 아울러 상이한 사회적 위치에 있는 여성들에게 공통된 것이어서도 안 된다. 우리가 관심을 가져야 할 것은 어떻게 페미니즘을 이 모두를 떠안을 수 있는 정치 운동으로 구성할 것인가에 있다. 이 책의 마지막 장(6장)은 이 문제를 터놓고 다뤄 볼 것이다.

민족 및 국가 집단체에 대한 구성원권이 여성마다 다르다는 점은 여성들 사이에 나타나는 가장 중요한 차이이며 이것이 이 책의 중심적인 주제이다. 여성들 간의 차이들이 대개 그렇듯, 집단체 구성원권 역시 지배구조 안에서 이해하고 다른 사회관계들을 통해 규명해야 한다. 이러한 요소들이 한 집단체 안에 속한, 또는 소속 집단체가 서로 다른, 여성 대對 여성의 지위과 권력에 영향을 미칠 뿐만 아니라 집단체 구성원권으로부터 (암리타 치하치히Amrita Chhachhi의 1991년 용어를 사용하자면) '강요된 정체성'을 구성하도록 할 수도 있다. 그렇지 못하다면 이는 정체성에 대한 포스트모더니즘적 '자유로이 떠도는 기호' 정도에 불과할 것이다(Wexler, 1990). 특정 역사적 환경에서의 국민과 국가의 관계는 이러한 구성물들에 중심 역할을 한다.

민족과 국가의 이론 정립

'민족국가' 개념은 민족의 경계와 특정 국가에 거주하는 이들의 경계가 완벽히 상응한다고 가정한다. 물론 이는 실제로 어디에나 있는 허구다. 특정 사회나 국가에 살면서 헤게모니 민족의 구성원으로 여겨지지 않는 (그런데 스스로는 그렇다고 여기지 않을 때도 종종 있는) 사람들이 항상 있게 마련이다. 다른 나라에 살고 있는 민족 집단체의 구성원들도 있으며, (팔레스타인처럼) 전혀 국가가 있어 본 적이 없는 민족이나 (쿠르드족처럼) 몇몇 국가에 흩어져 있는 민족들도 있다. 그럼에도 이 허구는 민족주의 이데올로기의 기초가 되어 왔다. 어니스트 겔너는 실제로 민족주의를 이렇게 정의했다.

> 민족적 경계가 정치적 경계에 따라 분단되어서는 안 되며, 그리고 특히 주어진 국가 안의 민족적 경계는……집권 세력을 나머지 사람들과 분리시켜서는 안 되므로……국가와 문화는 연계되어야 한다고 요구하는 정치적 합법성의 이론. (Gellner, 1983: 1, 36)

이 허구는 한 집단체의 헤게모니와 국가나 시민사회 모두의 이데올로기적 장치들에 대한 이 집단체의 접근을 자연화하는 효과가 있다. 이 자연화는 민족주의와 인종차별주의의 내재적 연관성에 뿌리내리고 있다. 자연화는 소수집단들을 '정상'에서 벗어났다고 추정되는 이들이라 구성한다. 이는 또한 결국에는 '인종 청소'로 이어질 수도 있다. 이를 해체하는 것은 한편으로는 인종차별주의를 다루고 다른 한편으로는 국가 자체를 이해하는 데 있어서 매우 중요하다.

서론인 본 장의 다음 단원에서는 먼저 근대국가들의 개념을 논하게 될 것이며, 이들 국가의 구체성과 이질성에 관한 논쟁과 아울러 사회와는 별도의 분석 영역으로서의 국가 이론 정립의 필요성을 다룰 것이다. 본 장에서는 국가와 시민사회, 그리고 가족을 분석적으로 구분하면서, 사회적 영역과 정치적 영역이 상호 연결된다는 조건에서, 이들을 별개의 세 개념으로 다룰 것이다. 이 단원은 여러 차원의 민족주의 기획들을 간단히 논의하며 마칠 것인데, 여기에는 한핏줄에 관련된 것들(민족국가 Volksnation), 한 문화라는 신화적 개념과 관련된 것들(문화민족 Kulturnation), 그리고 국가 안에서의 평등한 시민권이라는 신화에 기초한 민족과 관련된 것들(국가민족 Staatsnation)이 있다.[10]

국가와 사회

국가를 '민족'이나 '시민사회' 모두와 별개인 영역으로 이론화하는 것은 종종 국가가 중요한 역할을 하는 젠더 관계와 국가 기획 간의 관계를 적절히 분석하는 데 중요하다.

스튜어트 홀은 '근대국가'를 다음의 특징을 포함하는 것으로 정의한다.

권력은 공유된다. 정부 참여권은 법 혹은 헌법에 의해 정의된다. 대표성에 제한이 없고, 국가 권력은 종교와 상관 없고, 국가통수권 경계의 정의가 명확하다. (Hall, 1984: 9~10)

이러한 정의는 물론 매우 이상적이며 그가 묘사하고 있는 유럽적 맥락과 관련하여 보더라도 정확하지 않다. 홀은 복지국가뿐만 아니라 (볼셰비키

---

11 민족/국가는 각 국가 집단체가 어떤 방식으로 스스로를 규정하고 민족/국가 기획을 구성하는가에 따라 이와 같이 구분되는데, 우리말로는 달리 옮기기도 하지만 이미 옮겨진 표현들 가운데 옮긴이에게 가장 익숙한 표현들을 선택했다. 민족국가(Volksnation)는 독일처럼 민족성에 기초하며, 문화민족(Kulturnation)은 프랑스처럼 프랑스 문화에 동화시킴으로써 구성원을 국민으로 포함한다. 여기에서 nation은 문화적 특성으로 민족을 규정하고 이에 포함될 경우 국민으로 받아들인다는 점에서 국가보다는 민족이란 표현이 더 적합할 듯하다. 국가민족(Staatsnation)은 미국처럼 시민권의 법적 요건을 갖춘 구성원을 국민으로 포함시키는 경우를 말한다. 미합중국은 사실 nation이란 단어로 국가 전체를 이해하기엔 매우 불편한 국가 집단체이다. 자신의 구성원들을 여러 민족, 여러 인종들로 구분하며, 이미 다른 나라들에서 정치체 개념의 국가인 state를 단위로 하는 집단체들이 연합한 합중국의 형태를 취하고 있기 때문이다. 또한 미국의 영어가 nation을 사용하는 방식도 다른 나라들의 용례와 비교해 보았을 때 난감한 경우가 많다. 이 용어들의 번역을 보면 nation이 근대국가의 국민을 말하기도 하고, 근대국가 이전의 민족 공동체에 가깝게 말해지기도 하는데, 이는 예로 든 국가들이 nation 개념을 어떻게 이해하고 국가 정체성을 어떻게 규정하는지에 따라 각기 자기 말에 맞는 표현으로 옮겼기 때문일 것이다. ─옮긴이

부류나 파시즘의 부류 모두에서 보이는) 자유주의 경향과 집단주의 경향 양측에서 변형된 후기 유럽 국가들을 보았다. 그러나 그는 대부분의 근대 유럽 국가들이 속했던 제국의 국가는 고려하지 않는다. 이들 국가는 같은 국가 안에 저마다 다른 관계를 맺는 여러 다른 시민사회와 민족들을 자리매김시킨다. 이를테면, 현재의 민족주의들이 인종차별주의와 상호연관되는 방식을 이해하려면 유럽 자신과 제3세계 식민 이후 국가들 양측에서 이를 보지 않으면 안 된다.

국가는 상이한 이론적 관점에 따라 매우 다른 방식으로 분석되었다 (몇몇 개괄적 예로는, Held, 1984; Peterson, 1992; Yuval-Davis and Anthias, 1989 참고). 국제 관계에서 국가가 대개 단일하고 개별적인 존재로 간주된다는 점은 흥미롭다. 반면에 국가와 사회의 관계를 다룰 때, 국가는 전부를 아우르지는 않더라도 훨씬 더 이질적인 창조물이 된다. 고전 이론인 '사회계약론'은 폭넓은 영향력으로 국가와 사회에 대한 상식적 이해의 기반을 제공했는데, 캐럴 페이트먼이 이를 검토한 바 있다(Pateman, 1988). 이 이론은 시민사회의 영역을 공적 영역과 사적 영역으로 나눈다. 여성(과 가족)은 사적인 영역에 위치하기 때문에 정치적 관련성이 잘 드러나지 않는다. 민족주의나 민족은 공적 정치 영역의 일부로 논의되기 때문에 그 현장에서 여성을 배제한다면 결과적으로 그에 대한 담론에서도 여성은 배제된다.

이러한 측면에서 환영받을 만한 예외가 있으니 조지 모스의 작업이다 (Mosse, 1985; Parker 외, 1992의 서론에 있는 논의를 참조하라). 그는 부르주아 가족 도덕의 성장을 18세기 말 유럽의 민족주의의 성장과 연결시켰다. 어떤 의미에서 모스는 젠더 관계와 사회적 결속력의 주요 연관성을 보다 잘 알고 있었던 레비-스트로스Claude Lévi-Strauss의 인류학적 전통을 따른다. 레비-스트로스는 여성의 교환을 상이한 친족 단위들에 속한 남자들 간의 사회적 결속을 창출하는 시원의 기제로 보았으며, 따라서 보다 큰 집단체를 구성하는 기반으로 보았다. 사회질서가 여성의 교환이 아닌 여성의 통제(혹은 페이트먼의 용어를 빌리자면, 이들의 종속)에 기반을 두는 경우가 너무도 흔하기는 하지만(Yuval-Davis, 1991b), 그럼에도 이 인류학적 문헌에 정치 이론이 보다 열려 있었다면 매우 유익했을 것이다. 의도적은 아니었다 해도 (지금까지) 정치 이론은 '계약 이전 남성의 자연적 상태'라는 더 없이 편리한 허구에 계속 의존해 왔기 때문이다. 그리고 편협한 유럽 중심의 경계를 넘어 민족주의 현상의 위치를 확인했다면 이 역시 도움이 되었을 것이다(Yuval-Davis, 1991b).

국가가 사회로부터 독립된 것으로 보아야 한다는 관점 역시 국가에 관해 논의된 주요 이슈이다. 국가를 순수하게 '지배 계급'의 이익을 반영하는 것으로 보았던 조야한 맑스주의적 접근에서부터, 국가를 경쟁적 다원주의 이익집단들 사이를 중재하는 독립 제도로 보았던 로버트 달Robert Dahl 의 『다두정치』Polyarchy, 1971의 접근법에 이르기까지 입장이 다양했다. 하지만 이들 두 접근 방식의 구분은 생각만큼 극단적이지는 않다. 레닌조차도 근대국가의 등장을 상대적 자치권을 획득한 "화해 불가능한 계급적대감의 산물이자 발현"으로 보고 있기 때문이다(Lenin, 1977). 그는 엥겔스가 표현한 국가의 본성에 관한 맑스주의의 관점을 인용한다.

> 외견상 사회보다 위에 군림하고, 질서의 범위 안에서 갈등을 약화시키고 이를 유지하려 하는 권력이 있다. 사회로부터 나왔지만 스스로 그 위에 자리 잡으며 사회로부터 자신을 점점 더 소외시키는 이 권력이 바로 국가다. (Lenin, 1977: 10)

비록 위에서 레닌은 국가가 상이한 계급들의 화해를 위한 기관이 될 수 있다는 식의 결론을 경계했지만, 이런 종류의 설명은 복지국가의 등장과 관련하여 자주 사용되었다(Marshall, 1950).

다른 논쟁은 (법적·제도적·행정적 권력을 통한) 다양한 방식으로 법과 질서를 부과하는 국가를 순전히 강제 도구로 볼 것인가, 아니면 경제나 복지뿐만 아니라 교육과 미디어와 같은 다른 다양한 제도들을 포함한다고 봐야 할 것인가 하는 정도의 문제이다(Althusser, 1971; Balibar, 1990a). 한편 이와 직접 관련하여, 어느 정도까지 국가를 동질적이고 일관된 '존재'로 보아야 할 것인가 하는 문제도 있다. 이와는 반대로 작동하는 부분도 다르고 방향도 다르며 이데올로기 지향점도 달라서 가끔은 갈등을 빚기도 하는 존재도 있기 때문이다. 이에 대한 적절한 사례가 반인종차별주의 입법과 인종차별주의 이민법의 공존이다.

푸코 이론과 포스트모더니즘의 패러다임이 점차 헤게모니를 잡아 가는 상황에서 이와 같은 관점은 많은 이들로 하여금 단일 국가 개념을 완전히 거부하고 대신 사회 정치체들, 법, 제도적 조치, 그리고 국가로 환원할 수 없는 이질적 요소들에 주목하게 했다.

그러나 의미 있는 분석 범주로서의 국가를 완전히 배제했던 이론적 관점들은 국가와 국가 권력에 보다 깊이 접근하려는 시민사회에서의 투쟁의 구심점을 설명하지 못한다. 또한 이러한 수준에서 남성과 여성, 혈족 관계와 다양한 인종 집단체들, 기타 시민사회 집단들이 차별적으로 국가에 접근할 수 있기 때문에 이들의 자리매김 역시 다를 수밖에 없다는 점도 설명하지 못한다. 분석을 위해서든 정치적 상황에서든 국가는 시민사회와 구분되어야 한다. 국가의 실천, 기획, 효과는 단일하지 않다. 플로야 앤시어스와 내가 다른 글에서 개진했듯, 국가는 다음과 같이 정의될 수 있다.

일단의 제도로서, 그 명령과 원칙에 따라 기존의 (사법 및 억제의) 집행 기구로 통제하려는 의도를 중심으로 조직된다.……국가의 귀속 특징인 통제/강제의 쌍이 맺는 관계 방식에 따라 국가의 형태도 저마다 다르다.
(Anthias and Yuval-Davis, 1989: 5)

사회 제도들, 우선적으로는 학교와 미디어 제도들이 근대 자유민주주의 국가의 이데올로기적 생산에 이용될 수 있다. 그러나 이들은 본질적으로 국가의 일부가 아니며, 국가의 소유가 아닌 경우도 많다.

4장에서 논의하겠지만, 국가와 시민사회의 이분법과 공적 영역과 사적 영역의 이분법 사이에는 이본합성conflation이 있어 왔다. 국가와 사회를 서구 중심으로 읽어 내지 않으려면 위에서 언급했던 국가 제도들과 시민사회 제도들 그리고 국가와 혈족 관계의 영역을 구분할 필요가 있다. 시민사회는 이러한 제도들과 집단체들, 집단들, 그리고 국가적 매개변수의 공식적인 항목 밖에 존재하지만 이들을 통해 전달하고 전달받는 사회 수행체들을 포함한다. 여기에는 경제시장뿐만 아니라 기호와 상징의 생산을 통제하는 자발적 단체와 제도들이 포함될 수 있다(Cohen, 1982; Keane, 1988; Melucci, 1989). 가족의 영역에는 사회, 경제 및 정치적 네트워크와 혈족을 중심으로 조직된 가정, 그리고 우애 관계가 포함된다.

세 영역(국가, 시민사회, 가족의 영역) 모두 각자의 고유한 이데올로기 콘텐츠를 생산하며, 국가마다 경제 및 정치적 자원에 대한 접근도 다를 것이다. 따라서 이데올로기는 (특권이라는 측면에서) 이들 영역 어디에도 존재하지 않는다. 이들 영역 모두 전혀 동질적이지 않으며 국가의 상이한 부분들은 서로 모순적으로 작동할 수 있다. 그리고 이들이 상이한 민족, 계급, 젠더 그리고 다른 사회집단들에 미치는 영향들도 서로 다를 수 있다. 국가의 통제력 역시 국가마다 (그리고 동일 국가라 하더라도 처한 역사적 상황에 따라) 상이하게 중앙정부에 집중되어 있기도 하고 지방정부에 집중되어 있기도 하다. 더욱이 중앙정부 안에서 헤게모니를 쥐고 있는 이들과 갈등을 빚고 있는 정치 기획들에 따라 이들이 보여 주는 관용도 상이하다. 국가마다 각기 다른 정치 기획의 요소와 수준의 상응 관계에 대한 문제로는, 이 기획들이 어떤 메커니즘으로 재생산되고(/되거나) 변화하는가, 어떻게 국가 통제가 한 수준에서 다른 수준으로 위임될 수 있는가, 그리고 아마도 가장 중요한 문제일 것인데, 시민사회와 가족의 영역에서 비롯된 부문들과 집단들이 어떻게 국가의 강제적이고 통제하는 권력에 접근하는가가 있다. 이러한 맥락 안에서 '민족'과 '국가'의 관계는 다른 형식의 민족 집단과 국가의 관계와 함께 분석되어야 한다. 이것이 여성들이 이러한 과정에 영향을 주고받는 방식을 이해하는 전제조건이다. 따라서 다음에서는 '민족국가'와 별개인 이데올로기 및 정치 구성물로서의 '민족' 개념을 살펴볼 것이다.

민족(Nation) 개념

영국 '뉴라이트'의 최초 이론가 이넉 파웰Enoch Powell이 한때 '민족'을 "남성 둘 더하기 여성과 아이들이 있는 영토의 수호"라고 정의했다는 말이 있다(그러나 정확한 언급은 실제로 전혀 찾아볼 수 없었다). 이 정의는 자연화된 민족의 이미지(혹은 늑대 무리의 행위에 근거했을 법한 행동생물학적 이미지)에 기초하는데, 이는 다른 '원초론적' 민족 이론가들(예컨대 1979년의 반 덴 베르허Van den Berghe)과도 공유한다. 이들의 이론에 따르면, 민족은 영원하고 보편적일 뿐만 아니라, 가족과 친족 관계의 자연적 확대를 구성하기도 한다. 이러한 구성에서 가족과 친족 단위는 남자들이 (신시아 인로Cynthia Enloe가 1990년에 사용한 용어를 이용하면) '여성과 아이들'womenandchildren을 보호한다는 자연적이고 성적인 노동의 분업에 근거한다.

이러한 자연화된 이미지에 반대하여, 베네딕트 앤더슨은 지금은 고전이 된 '상상의 공동체'imagined community라는 자신의 '민족' 구성물을 제시했다(Anderson, 1983). 앤더슨을 비롯한 '모더니스트들'에 따르면(예를 들면

Gellner, 1983; Hobsbawm, 1990), 민족은 영원하고 보편적인 현상이 아니라 근대 특유의 현상이며 유럽역사의 전개과정에서 비롯된 특수한 산물이다. 앤더슨에 따르면, 민족은 기술 혁신이 '인쇄 자본주의'를 성립했을 때에서야, 즉 독서가 '엘리트'로부터 다른 계급에로 확산되고 사람들이 고전적 종교언어가 아닌 자신들의 언어로 대량 출판물들을 읽기 시작하면서 언어적·민족적 '상상의 공동체'가 성립되었다. 그러나 앤더슨은 사람들이 자신의 민족 구성원권이 '자연적'인 것이지 선택된 것이 아니라고 여긴다는 사실을 강조한다. "정확히 이런 연결이 선택된 것이 아니기 때문에, 그 주위에 공평무사의 후광을 지닌다"(Anderson, 1991: 143). 이러한 이유 때문에 민족은 가족과 마찬가지로 희생을──최고의 희생은 살해와 피살이다──요구할 수 있다고 주장한다. 개빈 키칭은 앤더슨의 민족주의 연구가 사람들을 민족에 귀결시키려는 (단순한 관심과는 차별화되는) 열정을 설명하는 출발점이 된다고 지적했다(Kitching, 1985).

어니스트 겔너는 이 민족주의적 열정을 다르게 설명한다(Gellner, 1983). 그는 현대사회가 순탄하게 기능하기 위해 문화적 동질성을 요구하는 것에서 민족주의의 발달의 기원을 찾는다. 이러한 요구가 충족되었을 때는 근대 민족국가의 후원을 받지만, 충족되지 않았을 때는 배제된 집단들(헤게모니 문화에 흡수되지 못한 집단들)의 이데올로기 운동을 촉발하는데, 여기에는 대안적 민족국가의 성립이 요구된다.

또 다른 영향력 있는 민족 연구는 앤서니 스미스의 '출신민족으로서의 민족'ethnic origins of nations[12] 고찰이다(Smith, 1986). 이데올로기이면서 동시

---

12 보통 일상적으로 ethnic origin이란 현재 소속된 출신국 혹은 국적을 뜻하는 nationality와 함께 외국인의 신분을 확인할 때 기록하는 주요 범주로, '어느 민족 태생인가'라는 질문의 답이 되는 '출신민족'을 뜻한다. '인종'(race)을 대신하는 개념이기도 하여, 영어밖에 할 줄 모르고 한국의 문화적 배경이나 지식이 전혀 없는 미국 토박이인 미국 시민이라 해도 대학입학 원서

에 운동으로서의 민족주의가 전반적으로 근대적 현상이라는 데 '모더니스트들'과 동의하면서, 그는 다음과 같이 주장한다.

> 현실에서 '근대국가'는 전근대적 민족체ethne의 몇몇 특징을 포함하며 '근대 시대'의 동이 터오를 때까지 살아남았던 일반적인 민족성 모델에 상당 부분 빚지고 있다. (Smith, 1986: 18)

스미스는 민족 집단체의 특이성이 집단체의 다른 사회·경제·정치적 특징들에서보다는 (비록 신화나 상징들의 특정 의미가 변할 수 있다 해도) 시간을 초월해 매우 지속적인 '신화–상징 콤플렉스'에서 발견될 수 있을 것이라고 주장한다. 그는 상상의 공동체와 '고안된 전통'이라는 과잉단순화된 개념에 대해 경고한다(Hobsbawm and Ranger, 1983; Smith, 1995).

사미 주바이다는 이러한 연구방식을 비판하면서 민족성의 지속성을 특정 사회경제 및 정치 과정에 고정시켰다(Zubaida, 1989). 그는 민족 동질성이 전근대 시기의 '민족 단일체'를 창조한 중앙화된 정부의 오랜 명분이 아니라 오히려 결과임을 (유럽과 중동 지방의 역사적 사례들을 이용하여) 주장한다. 이는 "주어진 것이 아니라 정확히 중앙화를 촉진했던 정치적 과정에 의해 성취된 것이다"(Zubaida, 1989: 13).

민족성을 동질화하는 것이 국가이든, 다른 사회경제 및 정치적 과정이든(Balibar, 1990a) 중요한 것은, 스미스와 주바이다 모두 인식했듯, 민족 기획과 국가 기획에 내재적 연관성이 있음을 인식하는 것이다. 집단체 구성의 역사적 특수성을 중시할 때, 민족 집단체와 국가 집단체 사이에는 (간혹

와 같은 공식문서에 'Korean' 또는 'Asian'이라는 출신민족을 밝혀야 하는 경우가 있다. 이러한 개인은 불가피하게 (본인의 의지와 상관 없이) Korea라는 국가와 연관될 수 있다. —옮긴이

범위의 차이는 있다 해도) 어떤 내재적 차이도 없다. 이들은 모두 앤더슨식의 '상상의 공동체'이기 때문이다.

집단체에 대한 개별적 정치 대의권 요구는 민족주의 기획과 담론의 특징이다. 이는 늘 그렇지는 않더라도 형식상 종종 별도의 국가 그리고/혹은 영토를 주장하고 있으나, 어떤 국가들은 (벨기에나 레바논처럼) 두 민족 혹은 다민족 원칙에 기반하기도 하고, 유럽연합처럼 어떤 초국가적 정치 기획들을 통해 역사의 특정 순간에 국가적 성격으로 발전하기도 한다. 민족주의적 요구는 또한 스코틀랜드나 카탈루냐의 경우에서처럼 별도의 국가라기보다는 지역자치 수립에 목표를 둘 수 있다. 아니면 북아일랜드의 공화파 운동이나 파키스탄과의 통합을 위한 카슈미르족의 운동에서처럼, 자신의 국가 수립보다는 오히려 이웃 국가와의 결합을 주장하는 실지 회복주의가 될 수도 있다. 국가와 영토가 서로 밀접하게 결속되어 있는데도 자신들이 활동하고 있는 곳과 다른 영토에 국가를 수립하겠다고 요구하는 민족주의 운동의 사례들도 있었다. (이스라엘을 건국했던) 유태인들의 시오니즘 운동과 (리베리아를 건국했던) 흑인 시오니즘 운동 모두 이들이 살았던 나라에서 구성원들이 이주하는 집단 이민을 요구했다. 자신의 민족 독립을 위해 어떤 특정한 영토 경계도 명료히 밝히지 않은 민족들도 있다. '블랙내셔널리즘'이 다른 '흑인 공동체 운동가들'과 구별되는 것, 그리고 전 지구적 이슬람 민족인 '칼리파'Khalipha를 요구하는 이들이 다른 독실한 무슬림들과 구별되는 것은 정치적 통수권의 요구다. 오스트리아의 맑스주의자인 오토 바우어는 민족주의와 국가의 분리를 주장했다(Bauer, 1940; Nimni, 1991; Yuval-Davis, 1987a 참고). 이야말로 오스트리아−헝가리 제국을 구성하는 영토에 가망 없이 섞여 있는 집단체들에게 유일하게 실행 가능한 해결책이라는 것인데, 이와 매우 비슷한 상황이 오늘날 소비에트 제국의 몰락과 함께 (르완다 같은) 식민 이후 세계의 많은 지역에서 나타나고 있다.

국적과 민족의 구분은 또한 다른 여러 경우에도 존재한다. 문화적으로나 정치적으로 자신의 '모국'에 ──보다 구체적으로는 자신이나 자신의 부모, 아니면 자신의 조상들이 떠나온 민족 집단체에 ──계속하여 소속되겠다고 약정한 이민자 공동체들이 전 세계적으로 많다. 이러한 '약정 디아스포라들'의 부상에는 몇 가지 요소들이 있다. 첫째, 국제여행이 가능해지면서 그리고 미디어와 커뮤니케이션을 통한 기술상의 진보들이 세대 간 문화 및 언어 재생산을 가능케 하면서 '고국'과의 연계를 더욱 쉽게 유지해 준다. 예를 들어 '민족 영상물'ethnic videos[13]은 최대 비디오 시장들 가운데 하나를 구성했고 이들이 살고 있는 국가들의 대중매체에 전혀 내지는 거의 접속한 적 없는 이들에 의해 소비되었다. 그리고 케이블이나 위성 방송도 (남아시아 해외 공동체처럼) 널리 퍼져 있는 새로운 민족 집단체들을 세웠을 뿐만 아니라 많은 이들이 자기 민족의 미디어에 직접 접속할 수 있게 해주었다. 칼 도이치(Deutsch, 1966)와 아서 슐레진저(Schlesinger, 1987)에 따르면,

> 한 민족의 구성원권은 사회적 의사소통의 폭넓은 상호보완성에 있다. 즉 외부인보다는 대규모 집단의 구성원들과 보다 효율적으로, 폭넓은 범위의 주제에 대해 소통할 수 있는 능력에 있다. (Deutsch, 1966: 97)

이제 디아스포라 공동체들이 자신의 집단체의 경계 안에서 계속 의사소통하는 것이 그 어느 때보다 쉬워졌고, 그에 따라 이를 재생산하는 것도 더 쉬워졌다.

이와 동시에 반인종차별주의 운동과 인권 운동이 어느 정도 성공한 후,

---

13 남미 국가나 아시아 국가들에서 제작된 드라마나 오락 프로그램들로, 한류 드라마나 뮤직비디오, 유투브 영상 등이 대표적인 예가 되겠다. ──옮긴이

여러 서방 국가에서는 민족 이데올로기에 일정 변화가 있었고 다문화주의가 헤게모니 이데올로기가 되어, 이것의 문제성에도 불구하고(3장의 논의를 볼 것) 이민자들에 대한 동화 압력이 어느 정도 누그러졌다. 또한 지금도 식민 이후 세계 여러 곳에서 진행 중인 민족주의 투쟁이 이를 지원하고 있다. 상이한 집단체들은 이들 국가의 권력과 자원에 접근하기 위해서뿐만 아니라 이들 국가가 구성된 성격상 경쟁하게 된다. 예를 들어, 아일랜드 디아스포라 공동체들, 특히 미국에 있는 이들의 재정적, 정치적 및 기타 지원 없이 아일랜드 공화국군Irish Republican Army의 민족주의 투쟁이 지속된다는 것은 상상할 수 없다. 가장 오래된 '정착' 디아스포라인 유태인 디아스포라의 경우, 시오니즘의 헤게모니는 많은 이들에게 전혀 가 본 적도 없는 이스라엘이 변형하여 과거에 있었던 미래의 '고국'으로 되었음을 의미한다(Yuval-Davis, 1987b). 그럼에도 베네딕트 앤더슨이 부연했듯(Anderson, 1995), 현재의 민족주의 투쟁에 대한 디아스포라 공동체의 역할은 제대로 인정받지 못했다.

한편 '디아스포라 공동체들'(Brah, 1996; Lavie and Swedenburg, 1996; Lemelle and Kelly, 1994)과 정치적 망명은 구분해야 한다. 후자는 대개 고국에서 정치적 투쟁에 참여했던 개인이나 가족들이다. 이들의 정체성과 집단체 구성원권은 계속해서 단일한 방향에 맞춰 있거나 아니면 적어도 일차적으로는 정치적 상황이 변하는 순간 '돌아간다'는 목표를 갖는다. 반면 디아스포라 공동체들은 아일랜드에 탄약을 보낸다든가 1992년 12월 소실된 아요디아의 무슬림 모스크 자리에 힌두 사원을 짓기 위해 '황금 벽돌'을 보냄으로써 고국의 국내 투쟁에 참여할 수 있다. 그러나 이것은 일차적으로 민족주의 담론과 국가 담론 안에서 자신들의 집단체 구성원권을 확인하는 행위이다. 이들의 운명은 기본적으로 자신들이 살고 있으며 자신들의 자녀들이 자라고 있는 나라에 묶여 있지 자신의 출신국에 묶여 있는 것은 아니다. 물론 이들이 혼종일 경우 이들은 민족 집단체에 속해 있으면서 동시에 그 밖에 있다. 그러나 이들의 양가성이 더 첨예해질수록 이들이 이민 간 국가에서의 민족 집단체는 더욱 인종화된다.

호미 바바는 혼종인과 같은 민족 주변부에 있는 사람들이 대항 내러티브를 생산하면서 지속적인 국민 재생산에서 보여 주는 특정 역할에 대해서 논했다(Bhabha, 1990). 노라 라첼(Rätzel, 1994)은 이민자들이 하이마트 Heimat[13]를 '원주민들'natives[즉 이민자들의 고국에 살고 있는 이들]이 상상하는 만큼의 물리적 장소이기보다는 이들에게 가장 가깝고 소중한 이들이 살고 있기에 편안한 느낌을 주는 장소로 상상한다는 것을 알았다. 반면 정치적 망명자들의 경우, 고국에 대한 애착은 흔히 기후나 냄새와 같은 그 나라의 물리적 특징들에 집중되며, 국가는 물론 국민들에 대한 감정은 훨씬 양가적이다.

만일 '민족'nations이 '민족국가'nation-states와 동일하지 않다고 한다면, 민족임을 알아보게 해주는 '객관적' 특징들이 있는가 하고 분명 질문할 것이다. 유엔이 폭넓은 합의를 얻고 확약한 '민족자결권'을 고려한다면, 이 질문이 순수하게 이론적인 것만은 아니다.

민족에 대한 정의는 많았다. 이 중에는 쇼핑목록처럼 들리는 것도 있는데, 다음의 예는 영향이 대단했던 스탈린의 '민족'을 '정의하는 공식'으로, 10월 혁명 이전 볼셰비키들 가운데 '민족적 질문 전문가'였던 스탈린이 발전시킨 것이었다. 그에 따르면,

민족이란 한 문화 공동체 안에서 나타나는 심리학적인 기질 및 언어, 영

---

14 독일어로 대개 고향, 혹은 조국이라 해석할 수 있는데, 출생 혹은 유년기 경험이나 언어를 통해 사람들을 한데 묶는 정서 내지 관념을 의미한다. ―옮긴이

토, 경제생활의 공동체로서 역사적으로 발전되고 안정되어 왔다. (Stalin, 1972: 13)

이런 쇼핑목록이 없는 다른 정의들도 있다. 예를 들어 리아 그린펠드는 다음과 같이 설득력 있게 주장한다.

같은 땅, 같은 언어, 국가 혹은 공유하고 있는 전통, 역사 혹은 인종——그 어느 것도 필연적이라고 입증된 관계는 없다. …… 민족 정체성national identity이란…… 한 '민족'a people의 구성원이라는 데서 비롯된 정체성이다. 따라서 이렇게 해석된 '민족' 구성원들은 모두 그 우월성, 엘리트, 능력에 따라 참여하고, 그 결과 민족 인구는 계층화되었음에도 본질적으로 동질적이며 계층과 계급의 경계는 피상적이라 파악된다. 이러한 원칙은 모두 민족주의에 기반을 둔다. ……이 외에 민족주의들은 다 다르고 공유점이 별로 없다. (Greenfeld, 1992: 7)

그린펠드는 'natio'[15] 개념과 'ethne'[16] 개념의 역사적 근접성을 보고 있다. 이 둘 모두 본래 각기 라틴어와 그리스어로 '외국인 집단'을 의미했다. 그러나 그린펠드는 유럽사에서 민족에 대한 생각이 변화해 왔다는 점에서 "민족주의가 반드시 특수주의particularism의 형태일 필요는 없음"과 "민족을 휴머니티humanity[17]와 동일하게 시공간적으로 구성하는 것이 용어상 결코

---

15 nation의 어근으로 혈통이나 출생을 의미하는 라틴어. 국민, 부족의 의미도 있다.——옮긴이
16 ethnic/ethnicity(민족의/민족성)와 같은 어원(그리스어 ethnos에서 옴)으로 '족속'으로 해석되기도 하는데, 하나의 뚜렷한 문화를 공유하는 동일 인종을 말한다.——옮긴이
17 성·계급·인종 등 어떤 범주로도 구별이나 차별을 하지 않는 보편적 존재인 인간 전체, 인류, 인간성, 인간의 본질로서의 개념인데, '인류' 전체를 하나의 민족으로 볼 것을 주장하는 그린펠드는 (인간의 보편성과 본질을 가정하는) 휴머니즘과 (한 민족이 처한 역사적 특수성과 맥락성

모순되지 않음"을 강력히 주장한다(Greenfeld, 1992: 7). 이러한 관점은 앤서니 스미스와 극명하게 다른데, 그는 '출신민족으로서의 민족'과 민족의 본질적 지역배타주의를 주장한다.

> 민족주의의 성공은 특정 문화적 및 역사적 맥락에 달려 있으며, 이는 민족주의가 생성에 일조한 민족들이 결국 이전부터 존재했고 고도로 특화된 문화유산과 민족 구성 공식에서 비롯되었음을 의미한다. (Smith, 1995: viii)

그러나 이러한 모든 정의들에서 빠진 요소로, 오토 바우어가 강조한 요소인 '같은 운명'common destiny은 민족 구성에 매우 중요하다(Bauer, 1940; Yuval-Davis, 1987a). 같은 운명은 그 방향이 단순히 과거라기보다는 미래를 향해 있으며, 특정 민족 안에서의 개인과 공동체의 동화 이상을 설명할 수 있다. 한편으로 사람들이 정착민 사회나 식민지 이후 국가들에서와 같이 한핏줄의 신화가 전혀 없는 집단체와 민족들에 참여하는 주체의식을 설명할 수 있다(Stasiulis and Yuval-Davis, 1995). 동시에 이민이나 국적 취득, 개종, 그리고 기타 이와 유사한 사회적·정치적 과정들을 통해 국경 안에서 벌어지는 빈번한 국경의 재구성 과정과 민족 집단체의 역동적 성격을 설명할 수도 있다.

그린펠드는 '세계 합중국'The United States of the World을 가능한 민족으로 보고 있다. 그러려면 이러한 공유된 운명이라는 의식이 있어야 하는데, 이는 다른 (은하계의?) 집단의 운명과 차별화될 때에야 하나의 민족 집단체로 진화할 수 있을 것이다. 집단체란 세상을 '우리'와 '그들'로 구분하는 경계

을 근거로 한) 민족주의가 절대 충돌하거나 대립하지 않고 공존 내지 일치할 수 있는 이론/이념이라 생각하는 것 같다.—옮긴이

들 주위에서 구성되기 때문이다.

민족주의 기획의 다차원성

지난 200년간 세상에 나온 다양한 종류의 민족주의 운동과 민족주의 이데올로기들을 분류하는 여러 시도가 있었다(예를 들면 Smith, 1971: 8장; Snyder, 1968: 4장). 어떤 분류들은 과학적 '중립주의'를 유지하려고 했고 (실상 유럽에만 초점을 둔) 역사학적 분류법이나 (민족주의 운동의 다양한 사회적 위치와 특정 목표들에 초점을 두면서, 연방 탈퇴, 범민족해방 등을 목표로 두는) 사회학적 분류법을 개발하기도 했다. 이 가운데 앤서니 스미스가 개발한 분류(Smith, 1971; 1986)가 영향력이 있는데, 이는 '민족 계보학'ethnic-genealogical 운동과 '시민 영토'civic-territorial 운동이 모두 포함된 민족주의 기획의 특정 성격에 기초한다. 여기에서 그는 민족국가nation-states와 국가민족state-nations, 즉 독일 용어를 이용하자면 문화민족Kulturnation과 국가민족Staatsnation을 차별화하려는 독일 전통을 이어가고 있다(Neuberger, 1986; Stolcke, 1987을 볼 것).

마이클 이그나티에프Michael Ignatieff와 줄리아 크리스테바Julia Kristeva의 최근 민족주의 관련 저서들은 기본적으로 이러한 이분법적 분류를 유지하면서 '좋은' 민족주의와 '나쁜' 민족주의에 대한 도덕적 어조를 앤서니 스미스보다 훨씬 분명하게 드러내고 있다. 이그나티에프는 개인들이 "자신의 삶을 모양 지을 권리를 공동체에 소속되고자 하는 요구와 화해시키려 한다"는 점에서 '공민 민족주의'civic nationalism를 주창하고 있다(Ignatieff, 1993: 4). 그는 공민 민족주의가 배타적이고 권위적이며 인종 증오로 소진해 버리는 '민족 민족주의'ethnic nationalism 성장의 압력을 완화시킬 방법이라고 본다.[18] 이러한 압력은 대개 소비에트 제국의 붕괴 이후와 같은 위기의 시기와 과도기에 증가한다.

이와 비슷하게 크리스테바는 민족 민족주의와 혈통숭배를 민족 정체성의 깊은 위기들이 촉발한 증오 반응으로 본다. 그녀에게 공민 민족주의는, 국적 없는 사람들이 대부분 시민권과 권리를 박탈당한 근대 세계의 현실을 고려할 때, 그 자체로서가 아니라 가장 쉽게 구할 수 있는 선택사항으로서 유용하다. 로버트 파인(Fine, 1994)은 그가 '신민족주의' 패러다임에 포함시킨 하버마스의 접근방법(Habermas, 1992)을 비판했다(파인은 하버마스의 '후기 민족주의'의 애국주의 개념이 궁극적으로는 이그나티에프와 크리스테바의 '신민족주의'와 그렇게 다르지 않다고 주장한다). 그는 (1차·2차대전 사이 유럽의 정치적 이동을 논했던 1975년 한나 아렌트의 식견을 이용하여) 이 두 형태의 민족주의에는 그 어떤 단순화된 상호배타적 간격도 있을 수 없다고 지적한다. 한나 아렌트는 근대의 민주적인 민족국가의 구성 자체가 이미 이율배반적이라고 주장했다. 대표정부들이 다수 시민들의 정치적 삶에서 배제된 상태에서 수립되기 때문이다. 4장에서 논의하겠지만, 시민권 자체가 배타적이었고, 그리하여 인종배제를 정반대에서 부정하는 것은 있을 수가 없다. 파인은 이렇게 설명한다. "그것['신민족주의']은 민족의식의 해독제로 제시되지만 근대의 정치적 삶은 어느 순간, 어느 장소에서도 순수하지 않다"(Fine, 1994: 441).

토머스 네언은 민족주의 이론이 '좋은' 민족주의와 '나쁜' 민족주의를 포용해야 한다는 것과 특정 민족주의 운동을 이러저러하게 구분하는 쉬운 분리방법은 없음을 인식하면서, 민족주의를 '근대의 야누스'라 불렀다(Nairn, 1977). 사람들의 집 대문 앞에 서 있던 로마의 신인 야누스는 두 얼

---

18 여기서는 민족주의를 민족 집단체의 범위와 성격을 규정하는 방식에 따라 '공민 민족주의'와 '민족 민족주의'로 나눈다. 전자는 국가주의라고 볼 수 있는데 국적과 출신지에 따라 민족을 규정하며, 후자는 인종이나 혈통을 강조하여 같은 핏줄이 아니면 같은 국적의 시민이더라도 한 민족에서 배제하는 민족주의를 가리킨다. ─옮긴이

굴을 지녔다. 그는 뒤를 보면서 동시에 앞을 보았다.

　더욱이 민족주의 기획은 대체로 복합적이지만 역사적 순간에 따라 어떤 것이 다른 것들보다 훨씬 더 큰 헤게모니를 갖기도 한다. 집합체의 구성원들은 저마다 앞다투어 어느 정도는 배타적이고, 어느 정도는 사회주의 같은 다른 이데올로기 그리고/혹은 종교에 연계되는 구성체들을 발전시키려 한다. 다양한 국가와 사회들을 모두 이러한 다양한 민족주의 기획의 유형에 따라 분류하려는 시도들은, 이와 같은 모든 사회현상의 분류가 그렇듯, 역사와 상관없고, 불가능하며, 오도하는 임무를 구성할 것이다. 오히려 이러한 '유형들'은 민족주의 이데올로기와 기획들이 각 사안이 처한 역사적 특수성에 따라 다른 방식으로 결합해 있는 상이한 주요 차원들로 취급할 필요가 있다.

　나는 위의 저자들이 내놓은 이분법적 분류들을 사용하지 않고 세 가지 주요한 차원의 민족주의 기획들을 구별하고자 한다(Yuval-Davis, 1993). 내가 볼 때, 중요한 것은 혈통 개념에 기초한 민족 구성물과 문화에 기초한 민족 구성물에서 비롯된 관심들을 혼동하지 않는 것이다. 아울러 둘 모두 국가 시민권에 기초한 민족 구성물과 분석적으로 구별할 필요가 있다. 젠더 관계의 다양한 양상은 이러한 민족주의 기획의 모든 차원에서 중요한 역할을 하며 이들에 대해 적절한 어떤 이론화에든 중요하다. 이는 이 책 전반을 통해 상술할 것이다. 이 책에서 젠더 관계와 관련하여 중요한 민족주의 기획은 특정 혈통의 민족(혹은 인종) 주변에서 구성된 계보학적 차원의 것(민족국가Volksnation)이다. 공통의 혈통, 혹은 한핏줄/유전자의 신화는 '민족'에 대해 가장 배타적/동질적인 관점을 구성한다(2장). 다른 차원의 민족주의 기획은 문화적 차원에서 언어와/나 종교와/나 다른 관습과 전통이 제공하는 상징적 유산이 '민족'의 '본질'로 구성되는 것(문화민족Kulturnation)이다. 비록 이러한 구성물이 동화를 허용한다 해도, '비유기적' 다양성을 거의 참지 못하는 것 같다(3장). 시민 차원의 민족주의 기획(국가민족Staatsnation)은 시민권에 초점을 두고(4장), 국가의 경계를 결정하여 그에 따라 이를 곧바로 국가 통수권과 특정 영토권 개념에 연결시키는 것으로 본다.

민족화된 젠더 그리고 젠더화된 민족

이 장의 이전 단원에서 우리는 젠더와 민족을 별개의 사회현상으로 이론화하고 토론하면서 이들과 관련되었던 문제들을 살펴보았다. 그러나 위에서 언급한 대로 이 책의 목표는 이들 중 그 어느 것이라도 제대로 이해하기 위해서는 이들이 서로에 의해 알려지고 구성되는 방식을 무시해서는 안 됨을 보여 주는 데 있다. 서론인 본 장의 마지막 단원에서 나는 이 문제들의 몇 가지 교차지점들을 지적하고 싶다. 이들이 개인들의 주체성과 사회적 삶, 민족과 국가의 사회 및 정치 기획을 모두 구성하기 때문이다. 이 교차지점들은 이어지는 이 책의 각 장들에서 심도 있게 발전될 것이다.

여성과 생물학적 국민 재생산

재생산권에 대한 여성들의 투쟁은 페미니즘 운동 시작단계에서부터 투쟁의 중심에 있었다. 자녀를 낳을 것인가에 대한 여성의 선택권은 자녀 수와 출산 시기에 대한 선택권과 아울러 많은 페미니스트들에게는 페미니즘 정치의 기본적인 '시금석'으로 보였다.

그러나 여성들의 재생산권 관련 논의는 적어도 최근 십 년까지는 대부분 여성 개인에게 이러한 권리가 존재하는가, 혹은 부재하는가의 결과에 집중되어 있었다. 예를 들면, 이러한 권리가 여성의 건강에 어떤 영향을 미치는가, 여성의 근로생활과 승진기회에는 어떤 영향을 미치는가, 여성의 가족생활에는 어떤 영향을 미치는가 등을 논의해 왔다.

그러나 여성들에게 가해지는 자녀가 있어야 한다거나 없어야 한다는 압박감은 종종 개인 여성, 즉 노동자이면서/이거나 주부인 여성이 아닌 특정 민족 집단체의 구성원으로서의 여성과 관련이 있다. 상이한 국가 기획에 따라, 특정한 역사적 상황에서 가임연령 집단에 속하는 모든 여성들은 자녀를 더 많게 혹은 더 적게 갖기를 요구받고, 가끔은 회유당하기도 하며, 심지어 강요받기도 한다. 3장에서 논의할 세 가지 주요 담론이 이러한 경우에 적용된다. '인구의 힘' 담론은 민족 집단체의 유지와 확대가 국익에 중요하다고 보며, 맬서스 이론은 이와는 대조적으로 자녀의 수 통제를 미래에 있을 국가재앙을 예방하는 차원에서 바라본다. 그리고 우생학 담론은 혈통과 계급의 측면에서 '적합'한 이들은 격려하여 더 많은 자녀를 갖게 하고 그렇지 않은 이들은 그렇게 못하도록 만류함으로써 '민족혈통의 질'을 향상시키려는 목적을 갖고 있다.

1994년 인구 및 개발정책에 관한 유엔 카이로 회의 이전 그리고 그 기간 중의 열띤 논쟁이 증명하듯, 이러한 정책들은 최근 남반구나 북반구 양측 대부분에서 정치의 중심에 있다. 이러한 국가적 차원의 문제를 고려하지 않는다면, 그 어떤 여성 재생산권 논의든 매우 부족하게 여겨질 것이다. 동시에 이들의 인구정책의 젠더적 성격을 고려하지 않는다면, 개발, 경제, 복지 등과 관련한 국내(및 국제) 정책들에 대한 어떤 논의도 부족할 것이다.

이런 정책들의 중심이 되는 차원은 대개 어느 정도 그 민족의 '유전자 풀'genetic pool에 대한 관심일 것이다. 계보와 혈통을 민족 집단체의 주요 조직 원리로 주목하는 민족주의 기획은 다른 민족주의 기획보다 더 배타적인 경향이 있다. 오직 출생을 통해 특정 집단체에 들어가야 그 집단체의 완벽한 구성원이 될 수 있다. 때문에 결혼, 출산, 그리고 이에 따른 섹슈얼리티의 통제야말로 매우 높은 수준의 민족주의 안건이 될 것이다. '인종' 구성체들에 공통의 유전자 풀 개념을 첨가하면, 민족주의 담론의 중심은 이종족혼異

種族婚에 대한 공포일 것이다. 그 극단에는 '열등 인종' 구성원들의 '피 한 방울'이라도 존재하면 '우월 인종'을 '오염'시키고 '공해'가 될 수 있다는 '한-방울-법칙'One-Drop Rule이 포함된다(Davis, 1993).

문화적 재생산과 젠더 관계

그러나 '유전자 풀' 개념은 단지 민족을 상상하는 한 양식일 뿐이다. 사람들의 '문화와 전통'은 대개 특정 종교와/나 특정 언어의 특정 형태로 일부 구성되며, 상이한 국가 기획에 따라 혈통보다 높거나 낮은 중요도를 획득한다. 이 민족이라는 '상상의 공동체'의 신화적 일치는 세상을 '우리'와 '그들'로 구분하고, 암스트롱이 상징적 '경계 수비대들'border guards이라 부른 시스템 전반을 통해 유지되고 이데올로기적으로 재생산된다(Armstrong, 1982). 이 '경계 수비대들'은 사람들을 특정 집합체의 구성원 아니면 비구성원으로 규정한다. 이들은 의복 스타일이나 행위의 특정 문화적 코드들뿐만 아니라 이보다 더 정교한 일단의 관습과 종교, 문학 및 예술 생산양식, 그리고 당연히 언어와도 밀접하게 연결되어 있다.

　젠더 상징들은 여기에서 특히 중요한 역할을 한다. 따라서 섹슈얼리티나 젠더화된 권력 관계는 물론이며 남성성과 여성성의 구성물들도 이러한 과정과 연관하여 검토해야 한다. 3장은 상징적 경계 수비대이며 집단체의 구현물로서의 여성, 그리고 동시에 그 문화의 재생산자로서의 여성의 역할들을 논의한다. 이러한 차원의 여성의 삶은 여성들 간의, 자녀들과의, 그리고 남성들과의 관계뿐만 아니라 이들의 주체성을 이해하는 데 중요하다. 동시에 '여성 해방' 또는 (여성의 쓰개veiling, 투표, 교육, 고용을 위한/반대하는 다양한 운동들로 표현되어 왔던) '여성이 추종하는 전통'의 문제들 주변의 담론과 투쟁들이 가장 모더니즘적이면서도 반反모더니즘적인 투쟁의 중심이 되어 왔다.

젠더 관계가 민족주의 기획의 중심임을 이해하기 위해, 문화는 역동적 경쟁 자원으로 분석되어야 한다. 문화를 이용하는 기획도 저마다 다르고 이용하는 사람들도 저마다 다양하게 집단체에 자리 잡고 있기 때문이다. 3장은 당대 지구화 과정 안에서 한편으로는 다문화주의 기획과 관련된 문제들을, 다른 한편으로는 문화적·종교적 근본주의와 관련된 문제들을 검토한다. 또한 이들이 젠더 관계에, 그리고 문화 정체성과 사회적 차이 개념에 미치는 특별한 영향들도 논의한다.

시민권과 차이

이 장의 이전 단원에서 언급했듯이, 민족국가^{Volksnation}, 문화민족^{Kulturnation}과 아울러 세번째 주요한 차원의 민족주의 기획은 국가민족^{Staatsnation}, 혹은 국가 관련 시민권이다. 4장에서 이 책은 젠더 관계, 시민권, 그리고 차이와 관련된 문제들을 검토한다. 어떤 면에서, 민족 집합체의 구성원권의 척도로서 국가 시민권은 원칙적으로 어떤 혈통이나 문화든 누구나 가입할 수 있기 때문에 집합체에 가입하는 가장 포괄적인 양식이다. 실제로 이러한 포괄성은 대개 지원하는 이들의 사회경제적 자원들뿐만 아니라 이민과 귀화와 관련된 수많은 규칙과 규제들에 달려 있다. 일반적으로 이것들이 어떤 사람들의 범주가 다른 범주보다 더 쉽게 접근할 수 있게 보장하기 때문이다. 여성들은 종종 이들의 남성 가족들에게 의존적으로 구성되거나 이들을 따라 이들이 사는 곳에서 사는 것으로 예상되기 때문에, 국적·이민·난민법 제정에서 남성에 비해 차별적으로 규제받는 경향이 있었다. 비록 서구의 평등기회 법령이 지난 십오 년간 이 첨예한 차별화를 약화시키기는 했지만 그렇다고 없어진 것은 결코 아니다(Bhabha and Shutter, 1994).

그러나 이 책에서 시민권은 단순히 여권을 소지하고 다니거나 특정 국가에 거주하는 형식적인 권리보다 훨씬 폭넓은 의미로 다루어지고 있다.

이는 공민권, 정치권, 사회권과 그 책임들을 아우르는 "공동체 안에서의 완전한 구성원권"이라는 마셜의 시민권 정의(Marshall, 1950; 1975; 1981)를 따른다. 따라서 시민권은 흔히 다양하고, 지역, 인종, 국가, 그리고 국가를 넘나드는 공동체와 연관됐다고 인식한다. 이 공동체에서 여성의 구성원권은 대개 이중적 성격을 지니는데, 여성은 시민 일반에 속해 있는 한편 여성들에게만 적용되는 규율, 규제, 정책들이 있기 때문이다.

물론 젠더가 사람들의 시민권에 영향을 미치는 유일한 요소는 아니다. 민족성, 계급, 섹슈얼리티, 능력, 거주지 등의 요소들 역시 영향을 미친다. 어느 정도로 시민권을 개인 혹은 집단적 속성으로 볼 수 있을지, 시민권이 어떻게 시민권 권리의 구성과 분배에 영향을 미치는지는 4장에서 검토하게 될 문제들이다.

4장은 또한 사적 영역이라는 여성의 고전적 위치와 공적 영역이라는 남성의 위치, 그리고 이것이 어떻게 시민권 구성에 영향을 미쳤는지를 살펴본다. 마찬가지로 이 장에서는 공/사 이분법처럼 시민권의 비교 유형론의 기초가 되었던 소극적 시민권과 적극적 시민권의 개념을 검토한다(Turner, 1990).

젠더화된 군대, 젠더화된 전쟁

적극적 시민권은 권리뿐만 아니라 의무와 책임과도 관련이 있다. 시민권의 가장 중요한 책임은 자신의 국가를 위해 죽을 준비가 되어 있는 것이었다. 5장에서는 군대 및 전쟁에의 참여와 연관된 남성성 구성체와 여성성 구성체를 검토하면서, 어떻게 이들이 시민권 그리고 민족[19]이나 계급과 같은 다른 사회 구분들과 관련되어 있는지 살펴보겠다. 이 장에서는 현대 테크놀로지의 발전, 그리고 여성의 군 참여와 군인으로서의 여성 구성을 통한 군 전문화의 결과들을 검토할 것이다. 또한 이들이 '여성과 아이들'(Enloe, 1990)을 위한 전쟁에 남성들을 동원하는 민족주의 이데올로기에 미치는 영향들을 살펴볼 것이다.

그런 다음 전사들 사이에서뿐만 아니라 피살, 강간, 억류, 피난 등을 겪은 전쟁 희생자들 사이에서도 발생하는 전쟁의 젠더적 성격과 성 구분을 검토하는 것으로 옮아갈 것이다. 이러한 맥락에서 전쟁 중 제도적 강간의 상징적 성격에 대해 논의한다. 그리고 '여성연대', 페미니즘, '평화'의 관계에 대한 논의로 맺음한다.

여성, 민족성 그리고 세력화: 횡단의 정치를 위하여

이 책의 마지막 장(6장)에서는 젠더와 민족, 그리고 여성 세력화의 정치에 대한 문제들을 살펴본다. 그리고 이 틀 안에서, 한편으로는 민족주의에 대한 저항 투쟁과 여성들의 협력을, 다른 한편으로는 국가 간 페미니즘 정치를 검토한다. 몇몇 어려운 관련 문제들을 다루기 위해 이들의 투쟁에 깔린 가치체계뿐만 아니라 횡단 정치의 모델, 즉 관련 개인과 집단체들의 차별적 자리매김을 확인케 해줄 연합정치 양식을 발전시켜 볼 것이다. 이와 같은 횡단 정치의 모델은 엘리자베스 스펠먼의 다음의 경고에 충실하다.

> 페미니즘 사상에서 일반적인 '여성' 개념은 일반적 '남성'man[혹은 '인간']
> 개념이 서구 철학에서 기능해 온 방식으로 상당히 기능한다. 이는 여성들
> 의 이질적 특성을 흐려 놓고 페미니즘 이론과 정치활동에서 이러한 이질성
> 의 의미를 점검할 수 없게 한다. (Spelman, 1988: ix)

---

19 5장에서 언급하고 있는 nation에는 국제사회에서 인정되지 않은 정치 집단체로서의 민족도 포함된다. 전쟁은 국가 간의 충돌뿐만 아니라 내전이나 민족 간의 분쟁으로도 발생하는데, 5장은 전쟁을 치르는 국가/민족들의 구성원인 여성들이 맡고 있는 역할과 그들이 처한 현실들을 다루고 있다. —옮긴이

2장 | 여성과 생물학적 국민 재생산

여성들은 몇 가지 다양한 방식으로 민족적·국가적 과정에 영향을 받기도 하고 미치기도 한다. 이 장은 이러한 관계가 아이를 갖는다는 소위 여성의 '자연'적 역할과 가장 밀접하게 상응하는 차원에, 그리고 이 관계가 국가와 여성의 사회적 지위를 구성하는 것들에 시사하는 바에 초점을 둔다. 파올라 타벳도 주장하듯, '자연' 재생산과 '통제' 재생산을 이분법적으로 볼 수는 없다(Tabet, 1996). 소위 생물학적 자연 재생산은 이를 구성하는 특정 정치적·사회적·경제적 맥락 속에서 발생한다. 다음의 장들에서 논의되겠지만, 다양한 문화적·법적·정치적 담론들이 민족 경계의 구성에 이용된다. 그러나 이러한 경계들은 사람들을 '우리'와 '그들'로 분류하고 세대를 거듭하여 뻗어가기 위해 구성된 것들이다. 그에 따라 여성은 아이들/국민의 '생산자'이자, 이러한 경계들 안에서 또한 '집단성의 전달자'가 된다(Yuval-Davis, 1980).

　이 점은 종종 페미니즘 문헌에서 간과되는 부분이다. 예를 들어, 이 문제와 관련한 유엔 카이로 회의에 앞서 출간된 옥스팜OXFAM[1]의 간행물 『포커스온젠더』 특별호의 사설은 이렇게 진술한다. "생물학, 부부관계, 그리고 친족의 의무가 여성의 출산 결정의 자유보다 우선할 수 있다"(*Focus on*

Gender, 1994: 4). 이 장에서는 자신의 민족 집단체 안에서의 위치와 의무 뿐 아니라 그들이 거주하거나 시민으로 있는 국가에서의 위치와 의무가 그들의 재생산권에 영향을 미치고 때때로 그것을 중단시킬 수도 있다는 점을 논의한다.

그러나 본 장은 여성을 '집단성 잉태/전달자'로 구성하려는 다양한 민족주의 담론들이 대개 사용하는 구체적 방식들을 논하기에 앞서, 여성의 재생산 역할들과 국가 구성물들의 교차점을 검토하겠다.

혈통과 소속

민족 담론에서 여성의 재생산 역할의 중요성은, '한핏줄'common origin이라는 신화(혹은 사실)가 대부분의 민족 집단체 구성의 작용에 핵심적인 역할을 하는 상황에서 우리가 대체로 출생과 동시에 이 집단체에 참여한다는 점을 고려할 때 분명해진다. 이는 몇몇 경우, 특히 민족주의나 인종차별주의 이데올로기들이 서로 매우 촘촘히 얽혀 있을 때, 집단체에 참여하는 유일한 방법이 되기도 하지만, 그 집단에 태어나지 못해서 속하지 못한 사람들을 배제하기도 한다. 이때 '외부인'들이 민족 집단체에 속하게 된다고 파악되는 유일한 방법은 '내혼'內婚을 통해서다. 그러나 이런 경우조차도 나치법의 예에서 보듯, 팔분의 일이나 십육분의 일 정도라도 (유태인이나 흑인과 같은) 다른 이들의 피라고 한다면 '순혈'은 오염될 수 있다. 제임스 데이비스James Davis는 자신의 저서 『누가 흑인인가? 민족의 정의』*Who is Black?* *One Nation's Definition*, 1993에서 '한-방울-법칙'이 미국에서 '누가 흑인인가'

---

1 Oxford Committee for Famine Relief. 영국 옥스퍼드를 본부로 1942년에 발족한 극빈자 구제 기관─옮긴이

의 정의 구성에 작용해 왔음을 설명한 바 있다.

그러므로 민족의 '순수성'에 집착하는 이들이 상이한 집단체에 속한 구성원들의 성관계에 집착하곤 했다는 것이 우연은 아닐 것이다. 전형적으로, 이스라엘의 파시스트 정당 카흐^{Kach}의 지도자인 랍비 카하나^{Rabbi} ^{Kahana}가 이스라엘 의회 의원이었을 때 제기한 최초의 (유일한) 입법안이 바로 유태인과 아랍인 간의 성관계를 금지하는 것이었다. 상이한 민족 출신 사람들의 성관계와 결혼의 법적 허용은 남아프리카 정부가 인종차별 정책 폐지를 향한 여정에서 내딛은 최초의 의미 있는 단계들 중 하나였다.

한 신생아가 민족 집단체에 포함되는 것이 물론 순수한 생물학적 문제는 결코 아니다. 한 아이의 구성원권 권리는 그가 속한 종교나 관습법에 따라 다를 수 있다. (이슬람에서처럼) 아버지의 구성원권 권리나 (유대교에서처럼) 어머니의 구성원권 권리 한쪽만 따를 수도 있으며, 구성원권에 대해 이중 선택이나 자발적 선택이 열려 있을 수도 있다. '피가 다른 부모'에게 태어난 아이들이 집단체의 일부가 되는 시점과 그렇지 못한 시점은 다양한 규칙과 규제에 따라 결정된다. 이들은 남아공의 경우처럼, 별도의 사회범주로 여겨지거나, 노예제에서처럼 '열등한' 집합체이기도 하고, 멕시코의 스페인 정착민들과 귀족 인디언들 간의 혼인에서처럼 '우월한' 집단체의 일부이기도 하다(Gutiérrez, 1995). 이 점에서 법적 관례뿐만 아니라 사회적 관례도 중요하다. 1970년대에 가나 출신의 한 남성이 자신의 영국혈통을 주장하려 하면서 영국 이민법의 조국 조항$^{patriality\ clause}$[2]을 언급하고 자신의 아프리카계 할머니가 영국인 할아버지와 법적 혼인을 했다고 주장했다. 판사는 그의 주장을 각하했고 그 당시 어떤 영국인 남성도 아프리카 여성

---

2 영국 국적법 중 부모가 영국 태생인 외국인에게 영국 거주권을 주는 규정에 관한 조항을 말한다.—옮긴이

과 실제로 혼인하지 않았을 것이라고 주장했다(WING, 1985).

민족의 조직원리인 '한핏줄'의 중요성은 다양하다. 스위스나 벨기에 같은 몇몇 국가에서는 몇몇 특정 민족 집단들이 '국가'를 구성한다. 미국이나 호주와 같은 정착민 사회에서는 '한핏줄'보다 '같은 운명'common destiny이 '국가' 구성의 주요 요소겠지만, 그럼에도 불구하고, '혈통'origin과 문화에 있어서 그 바람직한 위계질서가 표면상으로는 아니더라도 암묵적으로 존재하며, 이민 및 출산정책을 포함한 국가 수립과정의 기저를 이룬다(Stasiulis and Yuval-Davis, 1995). 이주자, 이민자, 난민으로서의 여성의 위치는 민족주의 경계 구축에 깊이 영향을 받을 수 있으며, 국가의 차별적 출산정책은 '이 국가'에 있는 모든 여성들의 삶에 영향을 미칠 수 있다.

'한핏줄'이 특정 민족주의 기획에서 가장 중요한 차원이 아닌 경우에조차 누군가의 '진짜 혈통'을 안다는 것은 그의 정체성 및 특별한 민족 및 국가 집단체와의 동일시에 깊이 영향을 미칠 수 있다. 메릴린 스트래던은 한 아이의 잉태가 (지속적인 관계의 과정이기보다는) 단 한 번의 성행위의 산물이라는 개념과 마찬가지로 이는 유럽-미국 특유의 문화 지형도라고 주장한다(Strathern, 1996a; 1996b). 입양 아동들과 인공수정을 거쳐 태어난 자녀들이 (이들이 성장하는 동안 지속적으로 돌보고 양육했던 부모들을 인정하지 않고) '참'true 부모를 찾아 나서는 것이 유행이 된 상황은 이것이 서구적 유형의 정체성 구성이라는 점에서 바라볼 필요가 있다. 1995년 영국 언론이 보도했던 한 극단적 사례에 따르면, 한 남자가 아기였을 때 유태인 가정에 입양되었다가 자신의 입양 관련 서류를 접할 수 있게 되었을 때 자신이 '유태인'이 아닌 '아랍인'임을 발견했다고 주장했다. 그는 영국 여성과 쿠웨이트 남성이 모두 런던의 학생이었을 때의 관계에서 비롯된 결과로 태어났던 것이다. 비록 자신의 '생물학적' 아버지가 자기와 어떤 관련도 갖고 싶어 하지 않음을 알았음에도 이 남자는 쿠웨이트 시민권을 받기 위해 (아마도 전혀 가망 없는) 법정 투쟁을 벌이게 되었다. 특정 가족의 구성원권뿐만 아니라 한 민족 및 국가 집단체의 구성원권 역시 이 출신 추적의 목표였다. 이러한 측면에서 어떤 모호함도 허용하지 않기 위해서, 이스라엘의 대리모 관련법은 대리모와 '진짜'real 어머니가 같은 종교적 혈통이어야 한다고 엄명한다(Ma'ariv, 10 July 1996). 1980년대 영국의 여러 지역의 담당부서에서 타인종 간의 입양과 양육을 불허하려 했던 것 역시 개인의 정체성과 가족 구성원권, 그리고 교차 불가능한 집합체 경계들 간의 본질주의적 단선 관계를 상정했기 때문이었다.

유전공학의 새로운 발달, 그리고 우리의 도덕적·사회적 성향과 우리의 특정 방식의 발병 확률을 결정한다고 추정되는 무수한 유전자들의 확인으로 생물학적 혈통을 알아야 할 의학적 이유들이 주목받게 되었다. 그러나 유전학적 지능이론에 대한 관심의 부활은(Herrnstein and Murray, 1994) 다시금 소위 과학적 관심과 집단체들의 인종화된 구성 간의 밀접한 상호관계를 보여 준다.

정말 흥미로운 것은 사람들이 자신의 '진짜' 생물학적 혈통을 찾으려는 요구, 그리고 이 요구가 자기 정체성의 구성에 대해 갖는 직접적인 함의들이 발생함과 동시에, 다른 의학 및 유전 공학의 발달을 통해 인간의 ──그리고 최근에는 동물(돼지)의 ──신체부위를 이식할 수 있게 되었다는 점이다. 후자의 발달은 심장처럼 생명과 상징에서 의미 있는 기관이 관련된 경우라 하더라도 자신이 ──그리고 다른 사람이 ──누구인가에 대한 사람들의 인식에 영향을 미치지 않을 듯하다. 하지만 이러한 생물학/정체성 담론에서 다른 기관들보다도 정체성에 보다 직접적으로 연관된 신체 기관들이 있을 것이다. 시험관 임신과 '대리모' 문제에 대한 도덕적·법적 논쟁들을 통해 입증되었듯, 이러한 논쟁의 중심에는 '자궁으로서의 여성'이 있으며, 여성들 특히 경제적으로나 민족적으로 신분이 낮은 여성들의 재생산력은 상품화된다(Raymond, 1993).

국제적 차원에서도 이러한 상품화는 이뤄진다. 여성과 입양을 위한 유아를 인신매매하고 연구 및 이식을 위한 태아와 유아의 장기들의 끔찍한 거래가 이뤄지고 있기 때문이다(Raymond, 1993: 187). 이와 같이 여기서의 관계는 경제적 자원이나 아이에 절박한 개인들 사이에서 재생산 '산물'을 사고파는 것이 전부가 아니다. 국민 재생산율이 더 높거나 더 낮은, 보다 크고 작은 민족 집단체들 사이에서도 이 같은 관계는 존재한다.

그럼에도 대리모와 입양은 여성들이 아이를 갖도록 혹은 갖지 못하도록—혹은 특정 성의 아이를 갖도록—장려하는가, 단념시키는가 혹은 강요하는가의 문제가 특정 역사적 시기의 민족주의 기획을 구성하는 헤게모니 담론에 달려 있다. 아래 세 가지 주요 담론 가운데 하나 정도는 민족주의 인구통제 정책보다 우위에 있는 경향이 있다. 이들은 내가 '인구의 힘'이라 한 담론과, 우생학 담론, 맬서스 담론이다. 이 장의 다음 부분에서는 이 담론들을 설명할 것이다. 그러나 이들 정책의 실제 이행과정들이나 이들에 대한 여성들의 반응들을 면밀히 검토하는 것은 이 책의 영역 밖이다.

인구의 힘

이 담론에서 '국가'nation의 미래는 지속적인 민족의 성장에 달려 있다. 이 성장이 때로는 이민에 기반할 수도 있다. 또 때로는 좀더 많은 자녀를 갖도록 요구받는 여성들의 재생산력에 의존할 수도 있다. 국민은—흔히 기본적으로 남자는—다양한 민족적·시민적·군사적 목적을 위해 필요하다. 이들은 노동자로, 정착민으로, 군인으로 필요할 수 있다. 예를 들면, 일본 정부는 현재 미취학 연령 아동 한 명당 한 달에 5,000엔을, 그리고 세번째 자녀에게는 그 두 배를 제공하고 있다. 일본은 현재 역사 이래 최저의 출산율을 걱정하고 있다(육아 조건이 너무 안 좋기 때문에 일본 여성들이 '출산 파업'을 벌이는 중이라는 말도 있다). 텔레비전 광고를 통해 "자녀에게 형제를 (또는 자매를) 구해 주자[원문 그대로임]"고 국민들에게 권고하고 있다. 이 운동의 공식적인 이유는 '국가'의 복지이다. 만일 일본의 인구가 감소한다면 '노동력 부족, 경제 성장의 둔화, 그리고 노인을 위한 사회서비스 지원으로 인한 세금 부담'을 초래할 것이다. 그러나 이 운동은 일본 제국을 위해 '낳아 번성하라'는 1930년대의 강압적 운동을 연상케 했다(WGNRR, 1991).

호주와 같은 정착민 사회settler society[3]에서는 '인구가 없으면 망한다'는 외침이 있었다(De Lepervanche, 1989). 일정 '임계질량'의 국민이 호주에서 '국가 건설' 과정을 실행하는 데 중요하다고 보았다. 비록 이민이 이 목표를 달성할 수 있는 신속한 방법으로 권장되고 있지만 아시아의 황화yellow peril[4]와 같은 '바람직하지 못한 요소들'을 배제하기 위한 조치들이 행해지고 있다. 이스라엘에서도 국가 정착을 위한 국민을 공급하기 위해 이민을 매우 권장했다. 그러나 이 경우 이민 희망자에게 매우 배타적이어서, 다소 '바람직한' 유태인 공동체인 아슈케나지Ashkenazi(서구 유태인)나 미즈라히Mizrakhi(동양계 유태인)가 포함되기는 했지만, 문자 그대로 유태인이어야 했다. 그러나 호주의 얼마 안 되는 아보리진Aborigines[호주 원주민] 인구와 달리 팔레스타인의 토착민 인구는 시오니즘 유태인 정착 기획에 맹렬히 저항했고 '국가 건설' 과정에 있어서 군사적 양상이 지배적이었다(Abdo and Yuval-Davis, 1995; Ehrlich, 1987). 유태여성들에게 보다 많은 자녀를 갖도록 장려하기 위해 다양한 정책들이 개발되었는데, 여기에는 자

---

3 신대륙에 정착한 이들이 형성한 (국가)집단체로 종종 원주민 공동체와 갈등한다. —옮긴이
4 황색인종, 특히 일본인과 중국인이 백인에게 주는 위험. 독일 황제 빌헬름 2세가 주창한 '황색인종 억압론'에서 이 말이 등장하였다. 2차대전 시 미국의 배일(排日) 운동이나 호주의 백호주의(白濠主義)도 이와 연관이 있다. —옮긴이

녀 공제나 모성 휴가가 포함되어 있으며, 건국 몇 년 후에는 (소련의 유사정책을 따라) 열 자녀 이상을 둔 '영웅 어머니'에게 상을 수여하기도 했다.

이스라엘의 역사에서 팔레스타인인들과의 '인구 경쟁'은 유난하다 (Portuguese, 1996; Yuval-Davis, 1989). 이스라엘 언론에 따르면, 시몬 페레스Shimon Peres는 이스라엘 외무장관 재임 시, (1967년 전쟁 이래 점령 중인) 점령지역에 대한 이스라엘의 (극히 부분적인) 철수 준비가 됐음을 설명하면서 "정치는 인구의 문제이지 지리의 문제가 아니다"라고 말했다고 한다 (October 1993). 레바논이나 키프로스, 구 유고슬라비아에서와 같이 한 영토 안에서 두 민족 집단의 민족 갈등이 존재하는 다른 사회에서는, '인구 균형'에 이와 비슷한 중요성을 부여해 왔다. 예로, 슬로베니아에서는 여당 데모스Demos의 공약에 "여성은 미래의 국가 수호자를 낙태할 권리가 있으면 안 된다"고 되어 있다. 폴란드에서는 1989년에 낙태가 범죄라고 주장하면서, 1920년 붉은 군대에 대한 폴란드의 승리를 인구가 많아야 할 필요성에 대한 증거라고 언급했다(Fuszara, 1993). 또한 가톨릭이 그리 머지 않은 시기에 현지 인구의 다수가 될 것이라는 사실 때문에 현재 북아일랜드 문제 해결책 강구에 대한 압박이 커지고 있다는 주장도 있다.

영토를 놓고 각축전을 벌이는 민족 갈등 지역에서뿐만 아니라 헤게모니 집단체의 헤게모니 유지를 위해 민족적 다수가 중요한 곳에서도 '인구 경쟁'은 발생할 수 있다. 앤절라 데이비스Angela Davis는 1906년 루즈벨트 대통령이 "고의적 불임에 참여한 양가집 백인 여성들에게 이에 대한 처벌로 국가적 사망이며 인종적 자살이라며 훈계했던 일"을 소개한다(Davis, 1993: 351. Portuguese, 1996: 33~34에서 재인용). 최근 불가리아에서는 이와 비슷한 걱정에서, 정부가 불가리아 여성들에게 출산율이 더 높은 터키와 루마니아 소수민족들과의 '인구 경쟁' 속에서 보다 많은 아이를 낳을 것을 종용하는 조례를 실시했다(Petrova, 1993).

여성들에게 보다 많은 아이를 낳으라는 압력은 또한 국가적 재난을 극복하기 위한 국가적 전략이 될 수도 있다. 일례로, 러시아에서 출산장려 정책은 혁명과 내전에 이은 인구고갈에 대한 직접적인 반응이었다(Riley, 1981b: 193; Portuguese, 1996: 48). 이스라엘에서도 이와 비슷하게, 출산장려 이데올로기들이 시온주의 정착기획뿐만 아니라 6백만 유태인들이 사망했던 나치 홀로코스트 후유증과도 연관이 있었다. 아이가 없다는 것은——또는 유태인 공동체 '밖'에서 결혼하고 아이를 갖는 것조차——'인구학적 홀로코스트'에 기여한다고 보았다. 1980년대 초기, 내무성의 한 원로 공무원은 합법적 낙태를 고려했던 유태인 여성들에게 낙태된 태아는 살해된 유아라는 흔한 낙태반대 운동의 이미지는 물론이고 나치 집단수용소의 유태어린이 이미지가 등장하는 비디오를 강제로 시청하게 하려고 시도했(으나 다행히 실패했)다(Yuval-Davis, 1989: 99).

물론 SS[슈츠스타펠Schutzstaffel, 나치 친위대] 남성들에게 '순수 혈통'의 아리안 여성들과 함께 가능한 한 많은 아이의 부모가 되도록 독려했을 때에도 민족을 위해 아이를 키워야 한다는 고도의 여성억압이 생명의 샘 Lebensborn[5] 프로그램과 함께 나치 독일에서 발생했다. 그러나 나치들은 어떤 여성들에게는 아이를 가지라고 강요하면서 동시에 어떤 여성들에게는 갖지 말라고 강요하기도 했다. 이는 여성의 국민 재생산에 관한 우생학 담론에서 비롯되었다. "여성을 위해 남성들이 투쟁하는 이유는 오직 가장 건강한 이를 통해 번식시킬 권리 혹은 기회를 얻기 위함이다"(Hitler, *Mein Kampf*. Koonz, 1986: 402에서 재인용).

---

5 나치 독일에서 국가적으로 실시한 기획이자 이를 추진했던 단체. 출생률 진작을 목표로 하였지만, 실상은 SS 대원들의 사생아를 돌보는 데 있었다. 당시 독일과 독일 점령지에서 '순수한' 아리안 혈통의 여성을 찾아내 (또는 납치하여) SS 대원들과 성관계를 갖게 하고 여기에서 태어난 아이들을 독일 가정에 입양시켰다. ——옮긴이

우생학 담론

우생학은 사이비 과학으로 그 자체는 민족의 크기가 아닌 '질'과 상관 있다. '민족'의 '질'에 대한 우려를 공유하는 이들의 범위는 물론 자칭 우생학자들보다 훨씬 더 폭넓다. 윌리엄 베버리지가 그의 유명한 보고서에서 영국 복지국가 제도를 세우는 데 계기가 되었다고 설명했던 것은 바로 '영국^{British}인종'에 대한 우려였다(Beveridge, 1942). 빈민들을 위한 더 나은 보건, 교육, 주택이 복지국가의 질을 향상시키기 위해 추진되었다. 그러나 우생학은 보다 나은 아동 양육에는 관심 없이 선택적 양육이라는 방식으로 '자연'을 통해 민족의 질을 미리 결정하고자 했다.

> 인종학자들의 말에 따르면, 유전법칙이 인류의 미래를 결정하곤 한다. 정책 입안자들의 선택지는 오로지 인류의 진보를 위해 유전적 지식을 사용할 것인가, 아니면 민족^{Volk}을 파괴할 인종적 퇴보를 허용하지 않을 것인가이다. (Koonz, 1986: 150)

'순수한 아리안들'은 다양한 경제사회적 장려정책들을 통해 양육된 반면, '정신박약자들'과 기타 '살 가치가 없는 인생들'에게는 강제 불임 프로그램이 실시되었는데 이에 대한 저항은 성공적이었다. 하지만 이런 유형의 프로그램이 나치의 발명품은 아니었다. 예를 들어, 1927년 미국 최고법원은 이와 유사한 버지니아 주의 비자발적 불임법의 합헌성을 지지했고, 이러한 프로그램들은 1970년대까지 미국의 몇몇 남부 주에서 공식적으로 실시되었다. 1994년 카이로에서 열린 유엔 인구 및 개발정책 회의의 NGO 포럼에서의 증언들에 따르면, 이와 비슷한 성격을 지닌 관행들이 요즘도 북반구와 남반구 여러 나라들에서 장애인들을 겨냥하고 있으며, 아마도 미래에는 유전 공학이 이러한 경향을 훨씬 더 부추길 것이다.

그러나 우생학적 국민 재생산 구성물들은 다음 세대의 신체적 '건강'보다 훨씬 많은 것에 관심을 갖는다. 이들의 관심사는 '민족 혈통'의 개념들과 생물학화된 문화적 특성들이다. 영국 왕립 인구위원회는 1949년의 보고서에서 다음과 같이 선언한다.

세계 속의 영국적British 전통, 예절, 그리고 사상을 유념해야 한다. 따라서 이민은 대체를 통해 인구를 유지한다는 점에서 바람직한 방법이 아니다. 결과적으로 인구의 자국 혈통 비율을 감소시킬 것이기 때문이다. (Riley, 1981a에서 인용)

바로 여기에서 파월식/대처식 '신新인종차별주의'의 시작을 볼 수 있다 (Barker, 1981). 이는 '문화'와 '전통'을 본질적이고 생물학적인 것으로 파악하여, 계보학적 '차이' 개념에 포함시켰고, '이민자들이 밀어닥치고 있다는 공포'의 핵심이 되었는데, 이를 통해 영국의 마거릿 대처는 첫 선거 운동에서 승리했다(3장의 논의를 참조하라).

오늘날 인구정책이 가장 강력한 우생학 용어로 구성된 국가는 싱가포르이다. 리콴유 수상은 고등교육을 받은 여성들에게 유전적으로 우월한 아이를 생산하는 애국적 의무를 요구했다. 반면 교육을 받지 못한 어머니들에게는 유전적으로 열등한 아이를 계속 생산하지 않고 불임에 동의할 경우만 불의 상금을 현찰로 지급했다(Heng and Devan, 1992). 비록 항상 분명한 것도 아니고 어디서나 이와 똑같은 정도로 나타나지도 않았지만, (계급과 민족, 인종, 그리고 흔히 이 셋 모두에 근거한) 부류에 따라 출산을 장려하거나 단념하게 하는 차별화 정책이 존재하는 나라는 많다.

그 예로, 타마르 르윈Tamar Lewin은(WGNRR, 1991) 생활보호 대상 어머니들에게 (장기간 천천히 투여하는 화학 피임약이 포함된) 노플랜트 패치 Norplant patch[자궁에 넣어 착용하는 피임약]를 시술하면 500불에 매년 50불을 지불하는 캔사스 주의 계획을 예로 들었다. 이 프로그램은 우익단체 '태어날 권리'의 한 대표가 제안한 것으로, 지역 신문의 한 사설은 "흑인 생활 보호대상 어머니들이 더욱 가난해지고 있다는 이유에서" 지지했다. 미국은 북반구에서 노플랜트를 실제 실험한 유일한 국가였지만 시술 여성집단 대상의 선정은 신중했다. 영국에서 호주에 이르는 여러 서방 국가들은 악명 높은 데포-프로베라Depo-Provera 주사와(장기간 피임약으로 생명에 위협적인 부작용이 있어 여러 나라에서 금지하고 있다) 같은 안전하지 않은 피임약과(퀴나크린Qinacrine처럼 승인되지 않은 비수술 불임 방법을 포함한다. Berer, 1995) 불임시술을 거의 빈민 소수민족 여성들에게만 실시했다(*Campaign for Women's Reproductive Rights Newsletter*, 1981-3).

맬서스 담론

거침없는 지속적 인구증가(폭발)가 국가적(혹은 국제적) 재앙을 불러올 수 있다는 두려움이 있는 개발도상국(LACAAP[6], 즉 라틴아메리카, 카리브해 연안, 아프리카, 아시아, 태평양 국가들이다)에서는 이야기가 좀 다르다 (Hartmann, 1987). 여기에서는 인구억제 정책의 일차 목표가 증가 비율을 전반적으로 낮추는 데 있다. 이러한 정책에서 여성들은 종종 '꼼짝없이' 표적 인구가 된다. 브라질의 경우, 제왕절개 수술을 한 여성의 45%가 불임이 됐다는 보고가 있으며(Braidotti 외, 1994: 144), 이는 어디서나 있을 수 있는 이야기였다. 1970년대 인도의 '비상사태 기간' 중 불임정책의 일차 대

---

6 LACAAP는 Latin America, Caribbean, Africa, Asia, Pacific의 머리글자다. ──옮긴이

상은 남성이었다. 이후 집권당이었던 국민회의파가 다음 선거에서 패배하게 된 주요 원인이 이 때문이라 여겨졌고, 그 결과 실제로 여성들은 유일한 인구억제 정책의 대상이 되었다. 여성 불임시술은 구체적 연간 목표건수가 있고, 특히 출산 병원에서 시행된 반면, 남성 불임시술은 사실상 사라졌다 (1994년 유엔 카이로 회의 구두보고 자료).

영국의 성직자이자 경제학자인 토머스 맬서스^{Thomas Malthus}는 1800년 이전에 이미 머지않아 이 지구가 세계 식량자원보다 훨씬 더 빠르게 증가하고 있는 인구를 지탱하지 못할 것이라고 예측했다. 이에 대한 그의 설명에 따르면, 인구는 세대마다 기하급수적으로 증가하는 반면, 식량공급은 산술급수로만 증가한다. 전쟁, 학살은 물론이고 가난, 기근, 전염병으로 인한 인재人災만이 인구의 크기를 계속 통제할 수 있다. 그러나 하트먼의 설명처럼(Hartmann, 1987: 13~14), 맬서스는 두 가지 측면에서 틀렸다. 첫째로 인구성장은 단순히 '자연' 재해에 의해서뿐만 아니라 개인의 자발적 선택을 통해 늦추어질 수도 있고 결국에는 안정될 수도 있다. 둘째, 맬서스는 증가하는 인구를 먹여 살릴 수 있는 지구의 능력과 그에 따른 생산량과 출산율의 매우 다양한 관계를 대단히 과소평가했다.

그러나 맬서스류의 예언은 주기적으로 계속 들려왔으며 특히 제3세계에 더욱더 집중되었다. 이러한 측면에서 매우 유력한 책이 1968년에 나온 스탠퍼드 대학의 생물학자 파울 에를리히^{Paul Ehrlich}가 쓴 『인구 폭탄』 *The Population Bomb*이다. 그는 제3세계 인구증가율에 주목하면서 비서구 '타자'들이 밀려올 것이라는 인종차별주의적 두려움을 식민 이후 제3세계 국가의 지속적인 빈곤과 낮은 생활수준에 대한 서구 자유주의 양심들의 죄의식과 결합시켰다. 그러나 더욱 중요한 점은 맬서스 담론이 이데올로기 담론이었을 뿐만 아니라 여러 제3세계 국가들 스스로에게 인구정책의 초석이 되었으며 이들 국가의 경제 및 사회 문제의 해결을 위해 애쓰는 주요 전략이 되었다는 것이다. '억제 안 되는' 인구 증가의 결과로 노동력의 수요와 공급의 균형이 심각하게 위협받는다면, 경제 및 사회 체제의 불안에 대한 두려움이 있을 것이다.

이러한 측면에서 가장 성공적이었던 나라가 중국이다. 1950년대에 마오는 인민을 국력과 자원의 일부로 보았으나, 1970년대에 모든 정책은 정반대로 바뀌었다. 엄격한 조치를 통해 대부분의 중국 가정은 한 자녀 이상 갖지 못했다(일부 소수민족과 시골 가정은 첫 아이가 딸일 경우 둘째 아이가 허용되었다). 극단적 형태로, 이 조치의 회피에 대한 처벌로 부모가 실직하거나 자녀가 교육받지 못할 수도 있었다. 그러나 차별정책의 결과이기도 했고 또한 국가통제가 대개 도시와 이 나라 중심지역에서 효과적이었기 때문에 이 정책의 효과는 고르지 못했다. 이는 낙후된 시골지역과 소수집단으로 편향된 인구이동을 초래했고 그 반동으로 현재 중국이 보다 우생학적인 인구억제 정책을 지향하는 징후들이 있다. "중국은 낙태와 불임시술, 그리고 금혼령을 사용하여 '열성 인자'의 출산을 피하고 인구 전체의 수준을 높일 것이다"(신화사新華社 공식발표 인용, 『워싱턴포스트』*Washington Post* 1993년 12월 22일자). 또한 가혹한 인구억제 조치가 티베트인들과 같은 공동체에 취해졌다는 보고도 있었다(Lentin, 2000).

맬서스 정책의 효과는 매우 젠더적인 경우가 많다. 엄격한 자녀수 제한의 압력이 있는 곳에서, 그리고 남아가 사회 및 경제적 이유로 귀히 여김 받는 곳에서 낙태와 유아살해의 표적은 주로 여아들이었다. 중국이나 인도의 마을에는 맬서스 정책이 시행된 후 태어난 일정 연령 집단이 100% 남성이라는 소문도 있다. 그리고 여아들은 훨씬 쉽게 해외 입양되기도 한다.

그러나 남반구의 가혹한 인구억제 조치의 이면에 있는 '국익'은 국내 정부 주도의 결과가 아니라 북반구(특히 미국) 자국의 '국익' 인식 때문에 외부로부터 유도된 경우가 많다. 몇 년 전 유출된 CIA보고는 높은 출산율의 효과가 "결국 미국의 안보문제를 일으킬 제3세계의 정치적 불안정"을 초래한다고 설명한다(WGNRR, 1991). 이로 인해 레이건 행정부는 '개발' 원조의 일환으로 인구억제를 위해 30억 불을 제공했다. 존슨이나 닉슨, 포드, 카터 행정부 시절 (비록 기독교계의 압박 덕분에 이들은 낙태시술을 지지하는 어떤 원조도 금지했음에도) 같은 목적을 위해 쓰인 총액의 세 배였다. 미 국제개발처(USAID)는 95개국에 가족계획 용도의 돈을 제공했다. 여기에는 사하라 이남 아프리카의 모든 국가 45개국, 그리고 특히 멕시코와 필리핀을 포함하는데, 사실 엘리자베스 소보Elizabeth Sobo가 밝혔듯, 아프리카의 인구밀도는 유럽의 삼분의 일이다(WGNRR, 1991).

신세계 질서 안에서 세계은행World Bank의 핵심 역할은 여타 형태의 개발금융을 통해 인구정책 구성에 영향력을 발휘하는 데 있다. 때문에 인구억제 조치는 '구조조정' 일괄 정책의 일환이 될 수 있다. 여성들에게는 불임시술을 하든가, 자궁 내 피임장치에서 데포-프라베라, 노플랜트, 퀴나크린에 이르는 장기간 피임약을 사용하라는 압박이 있다(그리고 이는 거의 언제나 여성들에게만 해당됐다). 듣자 하니 미 국제개발처는 나이지리아의 한 최고 음악가인 킹 서니 아데King Sunny Ade에게 가족계획과 적은 자녀 출산에 관한 노래를 불러달라며 35만 달러를 주었(는데 물론 그도 열두 명의 자녀가 있었)다고 한다. 이는 '가족계획의 수용과 효용에 영향을 미칠 문화적으로 적합한 방법들'에 대한 반응을 향상시키기 위한, 존스 홉킨스 대학교 인구소통서비스센터의 5개년 계획의 일환이었다(WGNRR, 1991). 정책 입안자들은 분명 어느 정도는 자신이 잘못하고 있음을 알았을 것이다. 내가 1980년 이집트를 방문하여 (한 가족을 이루는 남자, 여자, 소년, 소녀, 트랜지스터 라디오를 보여 주는) 거대한 가족계획 포스터로 카이로가 뒤덮여 있는 것을 보았을 때 이를 분명히 알 수 있었다. 이에 대해 나의 택시기사는 한마디 했다. "불쌍한 바보들, 자기네들이 늙으면 누가 돌봐 줄 거란 말입니까?"

사회적 맥락

택시기사의 말은 중요하다. 그의 말에서 우리는 이러한 정책들이 발의되고 있는 사회적 맥락을 주목할 수 있기 때문이다. 우리가 둔 자녀의 수에 대해 국가 집단체의 이익과 개인의 이익이 종종 심각한 갈등을 빚는다는 점 역시 주목해야 한다. 노인과 병자를 돌볼 복지구조가 없을 때, 사람들이 자신을 부양할 건강한 자녀를 충분히 두는 건 중요하다. 더욱이 발전된 공중보건시설이 전혀 없고 유아사망률이 높을 때, 여성들이 가능한 한 많이 임신하는 데 실질적인 관심이 쏠린다. 하트먼이 지적했듯, 인구증가율이 하락한 곳에서 유아사망률도 같이 하락한 경우는 전혀 없었다(Hartmann, 1987: 8). 소니아 코레아의 보고에 따르면(Correa, 1994: 7), '성과 생식에 대한 건강 및 권리 운동'의 어마어마한 국제 홍보를 통해 카이로에서 열린 유엔 인구 및 개발정책 회의의 정치의제를 바꾸는 데 성공했고(1994년 9월), 회의의 결의안은 이제 가족계획과 피임도구 배급만이 아니라 재생산 건강까지도 다뤘다. 이는 또한 모자보호와 암 예방, 그리고 성감염 질병을 포괄할 것이다. 그리고 비록 유엔의 공식 선언과 그 이행 사이에는 큰 거리가 있었음에도 불구하고, 공적 정치 담론에서의 이러한 변화는 모두 유익했다.

　　그러나 공중건강과 복지 기반시설의 부재가 고려해야 할 필요가 있는 유일한 사회적 요인은 아니다. 카이로 회의 기간에 있었던 바티칸/이란 근본주의 동맹의 여성 재생산권에 대한 맹렬한 저항이 그 증거였다. 이들과 여타의 종교지도자들에게는 여성들이 자기 몸을 통제하는 능력이 그들의 권위에 대한 직접적인 위협으로 보인다. 그래서 바로 신성한 종교법과 관습법에 대한 배신으로 해석될 어떤 행동이든 하게 될 때, 많은 여성들은 주저할 것이다. 하지만 이러한 맥락에서 중점은 (3장에서 면밀히 검토하겠지만) 이들이 '내재적'이고 '본질적'인 종교적 의무의 결과라기보다는 오히려 여성 및 여성의 재생산 선택권과 충돌하는 입장들을 합법화하기 위해 종교적 권위를 내세우고 있다는 점이다(Makhlouf Obermeyer, 1994).

더욱이 여성의 사회적 가치가(물론 대개는 특히 노년에 어떤 사회적 힘을 행사할 수 있는 능력 역시) 이들에게 아들이 있는지 여부에 달린 사회적·문화적 체제 안에서, 여성이 몇 명의 아이를 낳는가 하는 문제는 훨씬 더 철저하고 보다 전체를 아우르는 사회변형 과정에 좌우된다. 소니아 코레아와 로스 페체스키(Correa and Pestchesky, 1994)가 여성사회권이라 한 것과 관련할 때는 특히 그렇다. 세계화 과정 또한 경제적으로든, 정치적으로든, 사회적으로든 여성의 생식력에 압박을 가하는 모순을 낳는다. 밖에서 일하려는 여성들에게는 더 큰 압력이 있다. 그리고 종종 국제 구호단체를 통해 보다 많은 피임약을 입수하는 것이 가능해졌다. 반면 민족 및 종교 근본주의 정체성과 정치 운동의 성장으로 여성에 대한 통제가 강화되고 '관습과 전통'의 이름으로 재생산권에 대한 반대가 더 커지기도 했다.

하지만 전반적인 맥락과 아울러 우리는 또한 라니 방과 압하이 방이 지적하듯 즉각적인 효과를 위한 첨단 피임약은 여성의 생명에 영향을 미친다는 것에 주목할 필요가 있다(Bang and Bang, 1992). 많은 여성들이 어떤 식으로든 산부인과적 조건들로 인해 고생하는——이들이 불임시술이나 노플랜트 시술을 받을 때 보호받지 못하는——사회에서는 이들의 신체적 불편함은 크게 증가한다. 그리고 유엔 카이로 회의 NGO 포럼에서의 여러 증언들이 조명했듯, 여성이 하혈할 때(예를 들어 노플랜트는 잦은 하혈의 원인이 된다) 의식의 임무를 수행하지 못하며, 남편과 성관계를 갖지 못할 때 남편으로부터 버림을 받는다든가 이혼당하는 문화에서 이것은 역시 여성의 삶에 심각한 영향을 미친다. 이러한 증언들에는 노플랜트를 제거한 뒤 폐경 초기의 부작용 때문에 남편이 이들을 떠났다는 여성들의 사례도 있었다. 그래서 신체적 부작용이 단기적일 뿐만 아니라 장기적일 수도 있다.

유념할 것은 비정부 공식 단체와 비공식 단체, 그리고 (가톨릭 교회와 같은) 종교 집단과 국가 집단 모두가 여성에게 아이를 갖도록 또는 갖지 못하도록 압력을 가하고 가끔은 강요한다는 점이다. 예를 들면, 팔레스타인 여성들은 민족투쟁을 위해 더 많은 아이를 임신하라는 강한 압력을 받는다. 한 팔레스타인 여성이 내게 한 말이다. "우리에게는 싸우다 죽을 아들 하나, 감옥에 갈 아들 하나, 산유국에 가서 돈 벌 아들 하나, 그리고 우리가 늙으면 우리를 보살필 아들 하나가 필요합니다." 보도에 따르면 야세르 아라파트Yasser Arafat는 "열 달마다 팔레스타인인을 한 명씩 더 잉태하는 팔레스타인 여성은 …… 이스라엘을 내부에서 폭파시키겠다고 위협하는 생물학적 시한폭탄이다"라고 말했다(Portuguese, 1996: 311).

반면에, 혼외 자식으로 태어나거나, 혹은 훨씬 불행하게도 '적합한' 종교 및 민족의 경계 밖에서 출생한 자녀들은 가족에게 수치를 가져온 존재로 여겨질 수 있으며, 여성들은 '적'과 '우애를 다졌다'fraternize[7]는 혐의를 받고 혹독한 처벌을 받을 수도 있다. 전쟁 강간을 통해 태어난 보스니아 아이들은 가족과 민족 집단에게 수치가 된다는 이유에서 병원과 고아원에 버려졌는데, 이 역시 이러한 사례이다(전쟁 강간에 대해서는 5장의 논의를 볼 것).

결론의 말 : 재생산권, 국민 재생산 그리고 페미니즘 정치

서론에서 논의했듯, 여성의 민족 및 국가 집단체 구성원권은 이중적 성격을 띤다. 한편으로 여성은 남성과 마찬가지로 집단체의 구성원이다. 다른 한편으로 여성에게는 여성으로서 관련된 특정 규칙과 규제가 항상 따른다.

---

7 보통은 적국 국민과 친하게 지낸다는 뜻이지만 때로는 군인이 피점령국의 여자와 혹은 그 역으로 관계한다는 의미가 있다. —옮긴이

이는 우리가 여성들이 생물학적 '국민' 재생산자로 구성되는 방식의 정치적 함의를 고려할 때 특히 유념해야 한다. 항상 그런 것은 아니겠지만 대개 사회의 성/젠더 체계에서 남성이 지배적이라는 사실에도 불구하고, 여성들이 단지 이들의 재생산을 통제하는 데 목적을 둔 이데올로기와 정책들의 수동적인 희생자이자 그 대상이기만 한 것은 아니다. 이와는 대조적으로, 아주 종종 여성들이, 특히 노년 여성들이 문화적 '민족' 재생산자의 역할을 부여받고, 무엇이 '적합한' 행위이고 외양이며 무엇이 아닌지의 규칙을 정하고, '일탈자들'이라고 구성된 다른 여성들 위에서 통제력을 발휘하는 권한을 부여받는다. 아주 종종 이것은 여성들에게 허락된 사회적 권력의 원천이 되기 때문에 이들이 이에 충실히 관여하게 될 수도 있다.

대부분의 여성의 '재생산권' 관련 페미니즘 담론은, '여권은 인권'이라는 표어에서 보듯, 개인주의적 측면에서 여성을 관련짓는 경향이 있다. 코레아와 페체스키가 주장하듯(Correa and Petchesky, 1994: 109~110), '권리' 담론 비평은 권리의 가치와 의미가 언제나 정치사회적 맥락에 달려 있고, 결정되지 않은 채, 사람들이 속해 있는 사회 범주들과 집단체에 의존함을 지적해 왔다. 구체적으로는 여성 재생산권과 관련하여, 지난 몇 년간 '유색 여성'에 대한 한 가지 우려가 커졌다. 국제기구와 우익이 공통적으로 선택한 이런 표어야말로 전적으로 '인종 학살'이라고는 할 수 없지만, 흑인과 제3세계 국민들의 성장과 힘을 저지할 '인구 전쟁'의 일환이기 때문이다(이 논쟁에 대한 요약은 Petchesky and Weiner, 1990을 볼 것). 그러나 이들뿐만이 아니다. 로자 차가루시아누는 낙태금지가(물론 여성의 기타 재생산권 통제 역시) 여성을 국가재산으로 취급하는 징후라고 주장한다(Tsagarousianou, 1995). 이러한 반(反)개인주의적 관심들은 민족주의 및 종교 근본주의자들에게 흡수될 수 있다. 이들은 1993년 유엔 비엔나 인권회의의 경우가 그랬듯 국제법이 보장한 어떤 여성 재생산권에도 반대한다.

민족의 고유한 '문화와 전통'을 따를 권리가 포함된 자기 민족의 집단인권에 대한 간섭이라고 보기 때문이다.

이상의 우려들에 대한 함의는 이후의 글에서 보다 자세히 검토할 것이다. 여기에는 위의 함정들을 고려하는 재생산권과 관련된 페미니즘 정치를 위한 틀을 발전시킬 공간이 충분치 못하다. 이러한 틀은 여성들이 단지 '개인'일 뿐만 아니라 국가와 민족, 그리고 인종 집단체의 구성원이기도 하다는 사실을 고려해야 할 것이다. 물론 특정 계급, 섹슈얼리티, 그리고 인생에서 처한 위치도 포함된다. 여성들은 단지 개인이 아니며, 자기 집단체의 행위자도 아니다. '재생산권' 운동은 현대사회 안에서의 복합적이고 다차원적인 정체성들을 고려해야 하며 이 안에 있는 서로 다른 집단체들과 집단들의 각기 다른 힘의 수준을 놓쳐서는 안 될 것이다(여기에 대해서는 4장을 참조하라).

또한 이러한 운동은 '문화'가 결코 본질주의적이고 단일한 전통과 관습의 본체가 아니라 풍부한 자원으로, 대개 내적인 모순으로 가득한 특정 권력 관계와 정치 담론 안에서, 그리고 다양한 민족적 문화 및 종교 기획 안에서 항상 선택적으로 사용되는 자원임을 인식해야 한다(여기에 대해서는 3장을 참조하라).

요약컨대, '재생산권'은 보다 일반적인 여성 해방 운동의 중요한 일부로 봐야 할 것이다. 이는 결국 보다 일반적인 사회에서 일어나는 민주화 투쟁의 중요한 일부로 봐야 하며, 이때 사회에서 사람들이 처한 위치의 차이를 고려해야 한다.

3장 | 문화 재생산과 젠더 관계

'문화'는 민족 집단체와 여타 집단체들의 분석과 이데올로기 모두에 중심적인 역할을 하게 되었다. 칼-울릭 시에룹은 심지어 다음과 같이 주장했다.

> 정치 언어에 전반적인 '문화화'가 일어났다. 여기에서 반란의 전략뿐만 아니라 지배의 전략까지도 점차 민족적 특수성이라는 문화화된 용어로 표현된다. 이는 근대사회가 구성되면서 전반적으로 생긴 균열들을 명료히 규명하지 않고 대신 종종 이러한 방식을 띤다. (Schierup, 1995: 2)

알렉산드라 올룬드는 이를 "문화적인 것이 사회적인 것을 식민화했다"고 간단 명료하게 요약했다(Ålund, 1995: 319).

실제로 베레나 스톨케는 '문화 근본주의'가 우파의 기본 담론으로서의 인종차별주의를 대신하게 되었다고 주장했고(Stolcke, 1995), 레나토 로살도와 같은 좌파 페미니스트들은 지역 및 국가 수준의 정치적 이슈들에 대한 해결책으로서 '문화 시민권'을 모색해 왔다(Rosaldo, 1991). 흑인이나 여성 같은 주변집단들의 정치적 세력화 수단으로 등장했던 정체성 정치는 냉전 이후 새로운 헤게모니 담론이 된 국내 및 국가 간 다문화주의 정책들과 결합하게 되었다.

이러한 문화 담론에서 젠더화된 몸과 섹슈얼리티는 민족과 기타 집단 체들이 지닌 내러티브의 영역이자 표지이며, 이를 재생산하는 중추적 역할 을 한다. 이 장에서 살펴보게 될 젠더 관계는 대개 문화적 갈등과 논쟁에 존 재하지만, 사회적 정체성과 집단체들의 문화적 구성물들의 핵심이기도 하 다. 페미니즘은 우리로 하여금 이러한 과정들에 저항하게 할 뿐만 아니라 이들의 발생에 각성하도록 해주었다.

이 장에서 살펴볼 것은 '문화의 위치'(Bhabha, 1994a), 문화의 다양성, 문화의 변화이며, 이 안에서 젠더화된 담론과 젠더 관계가 어떻게 분명해 지고 논의되는지 점검한다. 물론 '문화'는 역동적이어서 다양하고 변화하 는 개념들을 포함하며, 이후에 논의하겠지만 문화의 다양한 측면을 제시한 다는 목적에서 각각 논의하겠다. 이 장의 첫 부분에서는 '문명'과 '민족성' 및 '정체성' 개념과 관련하여 '문화' 개념을 검토한다. 그 다음 문화적 차이 가 '타자성'이나 경계 관리 개념과 관계했던 방식에 대한 논의로 옮겨간다. 인종차별주의, 동화주의, 다문화주의, 그리고 혼종화hybridization는 권력 관 계에 대한 논쟁과 투쟁에 문화적 차이 개념이 포함될 때 수반되었던 구성 물들이다. 이 단원은 섹슈얼리티나 젠더화된 권력 관계뿐만 아니라 남성성 과 여성성 개념도 이러한 과정을 일부 구성한다는 데 동의한다. 또한 문화 의 변화, 모더니티와 포스트모더니티, 그리고 문화와 종교의 세계화 및 본 질화 과정과 같은 개념들과 관계하여 젠더의 명료화articulation도 살펴본다.

문화의 개념

사회과학의 다른 여러 중심 개념들보다 훨씬 더 많은 논쟁이 있어 온 것이 바로 '문화' 개념의 정의와 의미이다. '문화연구'의 '아버지'인 레이먼드 윌리엄스는 이 용어의 세가지 의미를 제안했었다. 일반적인 지적·정신적·미적 발달 과정인 '문명'으로서의 문화, '지적 및 미학적 활동의 작업과 실천'인 '고급문화', 그리고 '일정 기간이든 집단이든, 이에 속한 사람들의 특별한 생활방식'이 그것이다(Williams, 1983: 90). 앤서니 기든스가 지적했듯, 사회학자들이 사용하려는 개념은 바로 마지막 정의이다(Giddens, 1989: 31). 그에 따르면, 이러한 생활방식은 "주어진 집단의 구성원들이 지니고 있는 가치들, 즉 이들이 따르는 규범들과 이들이 생산하는 물질적 재화들"로 구성되어 있다(Giddens, 1989: 31).

조너선 프리드먼은 인류학에서 문화 개념의 부상을 보아 온바, 특히 "문화가 다른 것들과 구별"되었던 19세기에 문화가 지닌 "길고 혼란스러운 역사"를 묘사하고 있다(Friedman, 1994: 67~77). 이 혼란은 흔히 철학적으로는 구분되지만 인류학적으로 융합되어 있는 위의 세 가지 문화 개념의 혼용에서 비롯된 것이다. 이는 또한 민족정신Volkgeist의 형태인 '인종'과 민족people을 정의하는 특징들로 사용된 '문화'의 밀접한 연관성을 불러왔다. 20세기로 들어서던 시기가 되어서야, 프란츠 보아즈Franz Boaz의 작업을 통해, 문화는 문화의 인종적 및 인구학적 기반으로부터 분리되어 자율적 추상 개념, 즉 독자적 개념으로서의 현상으로 연구되기 시작했다. 그러나 적어도 최근까지 연구되었던 문화는 '타자'의 문화였던 경향이 있었음을 간과해서는 안 된다. 서구 사회 안에서 '고급문화'에 반하는 '대중문화'는 비교적 최근에서야 연구 주제의 적자가 되었다. 더욱이 본질화된 '문화적 차이'의 구성물들은 현대 대중적 인종차별주의의 주요 양식을 구성하고 있다(Modood, 1994; Stolcke, 1995).

문화 개념은 프리드먼이 설명한 보편주의적 문화 패러다임을 주장하는 이들과 상대주의적 문화 패러다임을 주장하는 이들의 주기적 논쟁을 통해 오랫동안 결정되어 왔다. 전자의 관점에 따르면, 다양한 사람과 집단들이 자신의 '발달 단계'에 따라 특별한 서열을 지니게 되는 인간 문화 전반이 있다. 이를 거부하고 있는 이들이 주장하는 상대주의적 문화 패러다임에 따르면, 문명마다 상이한 문화를 갖고 있어 이들이 지닌 고유한 측면에서 이해하고 판단해야 할 필요가 있다. 예를 들어 클리퍼드 기어츠Clifford Geertz는 실제로 일반적인 문화란 존재하지 않으며 다만 특정 문화들이 있을 뿐이라고 주장한 바 있다(Friedman, 1994: 73에서 인용).

이들 두 관점의 차이와 꾸준한 논쟁에도 불구하고, 파르타 차테르지가 지적해 왔듯(Chatterjee, 1986), '문화'가 상징이라는 고정되고 고유한 '문화적 속성'을 지니고 있다고 보는 본질주의적 관점이 있다. 이들의 방식은 특정 국가와 민족 집단체의 문화들을 일관되게, 아무 문제 없이 구성한다. 때문에 이들 두 방식 중 어느 것도 위치설정의 내적 차별과 차이들은 설명할 수 없다.

문화를 이론화하는 훨씬 유용한 방식이 지난 몇 년간 그람시와 푸코에게 영감을 받은 담론 분석을 이용하여 발전했다. 이에 따르면 문화는 국가 공동체와 민족 공동체 구성원 모두에게 공통된 정적이고 구체화된 동질적 현상의 형태였으나, 경쟁이 치열한 장소에서 작동하는 역동적인 사회적 과정의 형태로 바뀌었고 여기에서 여러 목소리들이 많게든 적게든 헤게모니를 장악하고 세상에 대한 해석을 내놓게 된다(Bhabha, 1994a; Bottomley, 1992; Friedman, 1994). 문화 담론은 종종 공유된 출발점이라기보다 의미의 전쟁터를 닮아 있다. 이러한 관점에서 문화적 동질성은 헤게모니화의 결과일 것이다. 그리고 이것이 수행체의 사회적 위치설정에 따라 영향을 받는다면 그 사회의 주변이 아닌 중심에서 언제나 한정적이며 뚜렷할 것이다. 질 보텀리도 다음과 같이 주장한다.

'문화'는 세상을 살아가는 특별한 방식들을 기술하는 사상·신념·실천의 측면에서, 차이를 두려워하는 이들에 의한 동질화와 평가절하, 그리고 주변화에 대한 의식적 및 무의식적 저항 형식을 발생시키기도 한다. (Bottomley, 1993: 12)

이는 문화의 지속성과 일관성에 관한 문제뿐만 아니라 상이한 문화들 사이의 관계들에 관한 문제도 제기한다. 앤서니 스미스(Smith, 1986)와 존 암스트롱(Armstrong, 1982)은 모두 문화적 신화와 상징들이 세대를 거치며 재생산되는 지속적인 능력을 지닌다고 주장한다. 그러나 바로 이 외견상의 지속 가능성이야말로 잘못된 것일 수 있다. 이에 대한 우리의 관점은 아주 개별적이고 일시적 전망에서 비롯한다. 즉 우리는 이 모든 역사적 변화들을 인내하고 살아남은 모든 문화적 속성을 우리가 파악할 수 있다고 여긴다. 그러면서 수많은 문화적 속성들이 역사적 변화 속에서 살아남지 못했음은 제대로 인식하지 못한다고 여긴다. 고고학적 역사 연구가 있었음에도 말이다. 더욱이 역사적 변화 속에서 문화적 속성의 조각들이 일부 살아남았다 해도, 이들의 의미는 근본적으로 변화를 거칠 수 있고 또한 실제로 거쳐서 흔히 그저 정체성의 상징적 표시가 될 뿐이다(Armstrong, 1982; Gans, 1979). 이와 유사하게 세상을 서로 다른 반대 문명들의 충돌이라는 측면에서 파악하는 이들이 있는가 하면, 동시대 모든 문화들의 통합이라고 파악하거나, 이 문화들이 다른 문명의 상징 공예품들이나 의미들에서 전유해 온 것들, 그리고 이 문화들 자체의 이질성을 훨씬 더 의식하는 이들도 있다 (Bhabha, 1994a).

반드시 알아둘 점은 안정화와 지속성의 경향, 지속적인 저항과 변화의 경향이라는 모순되면서도 공존하는 이 두 요소들이 문화에 작용한다는 것이다. 이 두 경향은 모두 권력 관계와 문화적 실천의 밀접한 관계에서 비롯된다(Bourdieu, 1977; Bottomley, 1992). 프리드먼이 지적하듯, 문화는 단순히 가치나 유물, 그리고 행동 유형의 자의적 집합은 아니다(Friedman, 1994: 76). 이들은 크든 적든 '안정화 속성'을 획득하는데, 이는 이들의 사회 재생산 실천에 내재해 있다. 이 사회 재생산 실천은 단지 복제의 과정이 아니라 동기화와 욕망이 자신의 역할을 하는 사회적 상호작용이기도 하다. 따라서 문화 모델들은 주체의 경험으로 가득하게 된다. 즉 개인이 스스로에 대해 경험하고 자신의 집단체와 세상을 경험하는 방식이 된다.

그러므로 종교 영역은 문화 영역과 밀접한 관계를 지니지만 둘은 서로에 환원되지 못한다. 종교는 신성의 영역, 궁극적 의미의 영역과 관련이 있다(Beyer, 1994; Durkheim, 1965; Geertz, 1966; Luckman, 1967; Tillich, 1957). 종교는 개인에게 특정 사회적·역사적 맥락 안에서 사람들이 알아내고자 고심해야 하는 세 가지 기본 질문에 대한 분명하고 또는 함축적인 답을 제공한다——인생의 의미와 목적은 무엇인가, 사람들은 죽으면 어떻게 되나, 선과 악은 무엇인가? 일상 생활의 세계와 신성한 종교 영역 사이의 관계는 대개 간접적이다. 토마스 루크만이 '의미의 단계들'(Luckmann, 1967: 58)이라 한 여러 가지 것들이 한 사회 전통의 일대기가 지닌 사소하고 '세속적'인 의미와 '궁극적'인 의미 사이를 중재한다. 그리고 다원주의적 사회에서 이 단계들이 모두 같은 종교적 근원으로부터 나와야 하는 것은 아니다. 특정 종교 제도와 신(들)에 대한 신앙에 공통점도 있지만 결코 이들이 이러한 방식으로 정의된 종교의 필수 요소는 아니다. 그러나 일단 이렇게 "초월적이고 상위에 놓인 통합적 의미 구조가 사회적으로 객관화되고 나면", 루크만(Luckmann, 1967: 25)의 용어를 이용하자면, 역설적 상황이 종종 전개된다. 이들의 궁극적 의미로 인해, 종교와 신앙은 특정 집단체의 범위와 가장 다루기 힘들고 변경 불가능한 문화전통들의 상징적 경계의 수비대가 된다. 이는 뒤르켕(Durkheim, 1965)이 종교에서 가장 기본적인 사회적 응집 행위를 보았을 정도로 상당하다. 종교를 통해 상징적으로 사회가 '집단 양심'collective conscience[1]을 숭배하기 때문이다. 동시에 종교는 종종 자신의 대답을 단지 특정 집단체의 구성원만이 아닌 인간 전반의 상태와 관련이 있다고 제시하면서 포교라는 요소를 자신에 포함시키는 경향이 있다. 이는 다른 집단체에 속한 구성원들의 자발적 혹은 비자발적 개종과의 연관을 의미하는데, 이들은 문화적으로나 정치적으로 다른 대부분의 방식에서 제외될 것이다. 동일한 종교가(그것이 기독교든, 이슬람이든, 불교든) 상이한 집단체들의 헤게모니 전통에 포섭되었고, 종교는 이러한 집단체와 연관시킬 특정 문화 기표들을 습득한다. 동시에 종교의 장에 대한 이러한 정의는 또한 자율적이며 그 어떤 형식화된 종교 코드와 제도에도 굴종하지 않는 존재라는, 이데올로기적 구성물로서의 개인의 정체성을 포함한다. 다시 말해, 근대성 및 세속주의의 성장과 연관 맺어 온 이데올로기 구성물들은 이렇게 접근하여 고려해 보면 확실히 종교적이다.

비록 분석적으로는 종교와 문화의 담론이 권력 관계와 구별되지만 (Assad, 1993), 구체적으로 그리고 역사적으로는 항상 권력 관계가 이들 안에 박혀 있다. 이는 종교 제도나 문화 제도 안에서의 권력 서열이나 사회 안에서의 보다 일반적인 계급과 권력 구조와 관련하여 생각할 때도 그렇지만, 종교적 또는 문화적 상상력, 그리고 포용하거나 배제하도록 구성된 것들은 물론이고 이들에 대한 호감도 순위와 연관시켜 봐도 그렇다. 그리고 그 중심에 섹슈얼리티와 젠더가 있다(King, 1995).

---

1 보통은 영어로 collective consciousness(집단 의식 또는 집합 의식)라고 하는데, 유발 데이비스는 뒤르켕의 원래 불어 용어인 conscience collective를 영어로 그대로 옮겨 사용했다. 다른 뒤르켕 이론의 불영 번역물들에서도 '집단 양심'(collective conscience)으로 옮긴 예를 흔히 볼 수 있는데, '한 사회의 일반 구성원들에게 공통된 신념과 정서'라는 뒤르켕의 정의를 명료히 하기 위해 이성적 사유의 기관인 '의식'(consciousness)보다는 도덕적 태도이며 행동의 기관인 '양심'(conscience)을 선택한 듯하다. 아울러 'collective consciousness'라는 용어에 대해 사회과학과 정신분석의 여러 학자들이 자신들에게 익숙한 '의식' 개념을 뒤르켕의 이론에 적용시킨 결과라는 주장도 있다. ─옮긴이

또한, 문화에 대한 사회적 재생산의 중심적인 중요성 때문에, 젠더 관계는 종종 세대에서 세대에로 전해 내려오는 '생활양식'으로서 문화의 '본질'을 구성하는 것으로 보이게 된다. '가정'이라는 구성물은 여기에서 특히 중요한데, 여기에 포함된 가족 내 성인들 간의 관계 및 성인과 아동 간의 관계, 요리와 식사, 가사노동, 놀이, 잠자리 이야기 등으로부터 윤리적이고 미학적인 모든 세계관이 자연화되며 재생산된다. 하지만 플로야 앤시어스와 내가 지적해 왔듯(Anthias and Yuval-Davis, 1989: 7~8), 우리는 오직 성장, 쇠퇴, 변형의 과정들이 그 안에 포함되어 있을 경우에만 재생산이라는 문제적 개념을 고수할 수 있다.

문화는 시간의 차원과 분리해서는 이해할 수 없는 사회적 맥락과 공간적 맥락 안에서 모두 작동한다(Massey, 1994). 다른 위치에 처한 문화는 사회적으로나 지리적으로 집단체의 안과 밖 모두에서 명료화되고 사용되는 방식이 다르다. 게르트 바우만이 지적한바, 지배 담론이 문화와 공동체의 일치를 가정하는 반면, 대중 담론은 이를 부정하는 경향이 있다(Bauman, 1994). 이러한 '대중' 담론의 분명한 예가 '사우설의 흑인자매들'Southall Black Sisters과 '근본주의에 반대하는 여성들'Women Against Fundamentalism이 사우설의 가정폭력반대 시위와 이슬람주의자들의 반反루시디 시위[2]에서 불렀던 구호, "우리의 전통은 저항이요, 항복이 아니다!"이다.

---

2 살만 루시디(Salman Rushdie)는 인도 출신의 영국 소설가이다. 그는 『악마의 시』(*The Satanic Verses*)라는 작품에서 예언자이자 이슬람교의 창시자인 마호메트를 부정적으로 그리고, 그의 열두 아내를 창녀에 비유하면서, 코란의 일부를 '악마의 시'라고 언급했는데, 이 같은 부분들이 마호메트를 모독하는 행위라 하여 이슬람계의 격분을 촉발한 사건을 루시디 사건이라 한다. 파키스탄을 선두로 한 이슬람 여러 나라에서는 즉각 이 책의 발간 중지를 촉구하였고, 많은 나라들도 이 소설의 판매 및 번역 금지 등을 표면화하였다. 루시디는 이후 이란의 이슬람 최고지도자인 고(故) 호메이니(Ayatollah Ruhollah Khomeini)로부터 사형선고를 받았다. 호메이니는 그의 암살에 대해 100만 달러의 현상금을 걸기도 했다. 이 사건으로 영국과 이란은 단교했고 루시디는 오랫동안 피신해야 했다.─옮긴이

따라서 '문화적 속성'은 고정되고 동질적인 전통과 관습들이기보다 오히려 대체로 내적 모순이 가득한 풍부한 자원으로 묘사될 필요가 있다. 상이한 사회 행위체agent들이 다양한 사회적 기획을 통해 집단체 안과 밖에서 벌어지는 구체적 권력 관계와 정치 담론 안에서 선택적으로 이용되기 때문이다. 젠더, 계급, 집단체 구성원권, 연령대 이 모두에 따라 이러한 자원의 접근과 활용의 정도가 다르며, 이를 사용하고 있는 실제 위치도 다르다.

그러므로 문화 담론, 정체성 내러티브, 그리고 민족 융합의 진행을 차별화하고 기피하는 것이 중요하다(Anthias and Yuval-Davis, 1992; Yuval-Davis, 1994b). 정체성은——개인과 집단체 모두——자아와 타자의 공통점과 차이점들을 구성하는 특정 형태의 문화 내러티브이며, 사회적 위치설정을 다소 안정적인 방법으로 해석한다. 이들은 흔히 (역사적으로 타당하든 타당치 않든) 한핏줄common origin이라는 신화와 그리고 같은 운명common destiny이라는 신화와 관련이 있다. 마틴은 이러한 내러티브들의 특징들로, 전략적 제설혼합주의syncretism[여러 다른 종교·철학·사상의 혼합], 기억상실을 해방시켜 이룬 전통의 발명, 그리고 변화를 합법적으로 하려는 노력을 언급했다(Martin, 1995: 10). 그는 또한 정체성 내러티브와 정치적 과정 사이의 밀접한 관계를 지적한다.

정체성 내러티브는 정치적 감성을 전달하여, 이 감성이 권력의 균형을 수정하려는 노력에 기름을 붓고 과거와 현재에 대한 인식을 변형시키며 인간 집단의 조직을 바꾸고 새로운 조직을 창조한다. 그리고 어떤 특징들을 강조하고 의미와 논리를 비틀어 문화를 변경한다. 정체성 내러티브는 세상에 대한 새로운 해석을 야기하여 세상을 수정한다. (Martin, 1995: 13)

그러나 스튜어트 홀이 지적하듯, 문화 정체성은 종종 유동적이고 교차적이다(Hall, 1992). 이러한 범주의 불안정성을 통해 우리는 차이의 정치에 대한 중요한 통찰을 얻는다.

정체성 내러티브는 흔히 민족 기획의 주요 도구들을 구성한다. 민족성은 집단체 경계의 정치와 관련이 있으며, 정체성 내러티브를 이용하여 세상을 '우리'와 '그들'로 나눈다. 민족 기획은 투쟁과 타협의 과정에 작용하여, 집단체 안 어딘가에 자리 잡기 위해 집단체를 추동하거나 집단체의 유리한 점을 영구화하려는 목표를 두고 국가와 시민사회 권력에 접근한다(Yuval-Davis, 1994b).

그러므로 이러한 정의에 따르면, 민족성은 일차적으로 정치적 과정이다. 민족성이 구성하는 집단체와 '그 이익'은 일반적으로 사회 속에 존재하는 타자들과의 관계 속에 집단체의 위치를 설정한 결과일 뿐만 아니라, 구체적으로는 '민족적 정치'에 관여하는 이들이 이 집단체 내부에 있는 타자들과 갖는 관계들의 결과이기도 하다. 특정 민족적 정치 구성의 중심에는 젠더, 계급 및 그 외의 차이들이 있고, 동일한 집단체의 상이한 민족 기획들이 헤게모니를 차지하려고 맹렬히 경쟁과 투쟁에 참여한다. 이들 기획 가운데 몇몇은——예를 들면, 영국 '흑인' 공동체의 경계들에 대한 논쟁의 경우에서와 같이(Brah, 1992; Modood, 1998; 1994)——집단체의 실제 경계의 구성에 여러모로 관여한다. 민족성은 억압받는 소수집단 특유의 것이 아니다. 오히려 헤게모니 민족성 성취의 척도 가운데 사회문화적 구성물들에 대한 '자연화'naturalize[3]의 성공 정도가 포함된다.

민족 기획들은 이들을 추진하는 데 유용하고 적절한 모든 자원들을 동원한다. 여기에는 정치적인 자원도 있고, 경제적인 자원도 있으며, 또한 관

---

3 어떤 개체나 개인이 지닌 특징에 대해 본질적이며 자연스럽고 당연한 속성으로 파악한다는 의미이다.——옮긴이

습, 언어, 종교 그리고 기타 문화 산물들이나 기억들과 같은 문화적인 자원도 있다. 계급, 젠더, 정치 및 개인적 차이들로 인해 집단체 안에서 서로 다른 위치를 점하고 있는 사람들은 특정 민족 기획들을 추구하면서도 가끔은 정반대의 정치적 목표의 추진을 위해 동일한 문화자원을 이용하기도 한다(예를 들면, 이집트의 사례에서처럼 다양한 코란의 구절을 이용하여 산아제한의 지지 혹은 반대의 정치를 정당화하거나, 영국의 사례에서처럼 극우파 반대 혹은 지지에 사람들을 동원하기 위해 록 음악을 사용하기도 한다). 유태인 사회주의자들Bundism이 이디시어語를 동유럽 유태인들의 정체성의 경계로 삼는 민족국가 기획의 언어로 사용했듯, 그리고 시오니즘 운동가들이 전 세계의 모든 유태인들을 자신들의 기획에 포함시키기 위해 현대 히브리어를 (재)발명했듯(이때까지 히브리어는 기본적으로 종교적 목적으로만 사용되었다), 어떤 시기에는 상이한 문화자원들이 집단체의 민족 기획들의 경쟁을 정당화하는 데 이용된다. 이와 비슷하게 영국에서는 동일한 민족이더라도 민족-인종차별주의 정치 기획이 다르면 구성도 달라져 '파키스'Pakis[파키스탄인을 비하한 호칭]이거나, '아시아 흑인'이거나 '무슬림 근본주의자들'이 된다.

이를 고려한다면, 민족성이 왜 문화로 환원될 수 없으며, '문화'를 왜 고정되고 본질적인 범주라 할 수 없는지 분명해진다. 알렉산드라 올룬드가 평했듯, "민족성과 문화를 융합시키려는 경향은 민족 차이의 정치 역학을 주목할 수 없게 한다"(Ålund, 1995: 17). 더욱이 문화와 정체성, 그리고 민족성을 이러한 방식으로 정의하고 차별화하는 것은 '진위' 개념에 관한 논의들을 봉쇄해 버린다. 진위 여부는 문화와 정체성, 그리고 집단의 고정되고 본질적이며 유일한 구성물을 가정한다. '진짜 목소리'는 이들의 '참' 대표로 인식된다. 우리가 정체성 정치와 다문화주의를 논의하면서 살펴보겠지만, '진위' 개념은 특정 민족 기획의 정치경제적 자원이 될 수도 있으나 또한 코베나 메르세(Mercer, 1990)가 말한 '대표성이라는 짐'과 암리타 차치(Chhachhi, 1991)가 다소 다른 맥락에서 말했던 '강요된 정체성'을 유발할 수도 있다.

특히 종종 여성들에게 이러한 '재현의 짐'이 요구되는데, 이는 여성이 개인적으로든 집단적으로든 집단체의 정체성과 명예의 전달자라는 상징으로 구성되기 때문이다. 클라우디아 쿤즈는 히틀러 청년 운동 당시 소년 소녀들에게 주어졌던 여러 모토들을 인용한다(Koonz, 1886: 196). 소녀들을 위한 모토는 "정숙하여라, 순결하라, 독일인이어라"였다. 한편 소년들을 위한 모토는 "충실히 살아라, 용감히 싸워라, 죽을 때 웃어라"였다. 소년의 민족적 의무는 민족을 위해 살고 죽는 것이다. 소녀들은 행동할 필요가 없었다. 이들이 해야 했던 것은 민족의 구현이었다.

여성상, 혹은 종종 어머니상은 어머니 러시아, 어머니 아일랜드, 어머니 인도와 같이 여러 문화에서 집단체 정신을 상징한다. 프랑스 혁명의 상징은 라 파트리La Patrie[조국]로 아이를 출산하는 여인상이다. 그리고 키프로스에서는 거리 포스터의 울고 있는 난민 여성의 이미지가 터키침공 이후 그리스 키프로스인 집단체의 고통과 분노를 구현하고 있었다. 농민 사회에서는 '어머니 대지'Mother Earth의 풍요에 의존했기 때문에, 의심의 여지없이 집단 영역, 집단 정체성과 여성성은 밀접한 연관성을 보였다. 한편 여성은 다른 방식으로 상징되기도 한다. 신시아 인로가 지적했듯, 남성들이 군대에 가는 것은 아마도 '여성과 아이들'을 위해서일 것이다(Enloe, 1990). 여성들은 집단 상상력을 통해 아이들과 연관되어 있고 그에 따라 가족의 미래뿐만 아니라 집단의 미래와도 연관된다. 이는 전쟁기간 중에만 일어나는 것이 아니다. 예를 들어 최근 브래드퍼드에서 무슬림 청년들에게 불을 당긴 폭동에 참여했던 한 사람은 한 기자에게 다음과 같이 이들의 행동 이면의 동기를 밝혔다.

이는 매춘이나 실업 때문도, 경찰서장의 부조리 때문도 전혀 아니다. 그것은 경찰들이 우리 여성 한 명에게 한 태도 때문이다. (*The Guardian*, 1995년 6월 18일자)

집단체의 정체성과 미래의 운명이 여성에게 주는 '재현의 짐' 역시 여성을 집단체의 명예를 지닌 존재로 구성했다. 마나르 하산은 얼마나 많은 팔레스타인 여성들이 이들의 행동이 그들의 가족과 공동체에 '치욕'을 가져왔다는 이유에서 남성 친족들에 의해 살해당했는지 기술한다(Hasan, 1994). 1994년 상당한 대중들의 관심을 끌고 대중 운동으로 발전된 사례의 장본인이었던 일라스 바삼Ihlas Basam은 38세의 드루즈파Druze⁴ 여성으로 이스라엘군 소속 군인이던 남동생에게 살해되었다. 그녀의 '죄'는 이스라엘 텔레비전과 인터뷰하는 동안 서구식 의상을 입고 나타났다는 것이었는데, 짧은 치마에(그렇게 짧은 치마는 아니었을 것이다) 블리치한 머리, 립스틱 정도였다. 그녀는 뉴욕에 살던 중 드루즈 지역사회를 위한 기금 모금 행사를 막 성공적으로 마치고 인터뷰를 했다. 보도대로라면, 이 지역사회의 '저명하신 분들'이 당일 먼저 그녀를 찾아와, 이 기금에 대해 대단히 고마워했다. 하지만 그 동일한 '저명하신 분들'은 살해범을 정죄하지 않으려 했다. 일라스의 살해를 목격한 그녀의 한 자매가 신경쇠약에 걸렸지만, 보도에 따르면 나머지 가족들은 그의 '의무'를 다한 형제를 자랑스러워했다. "우리는 우리 종교, 우리 문화를 보호해야 한다." 그녀는 '선'을 넘었던 것이다.

여성들은 이들의 '올바른' 행위, 이들의 '올바른' 의상으로, 집단체의 경계를 의미하는 선을 구현한다. 다른 주요 사회의 여성들 역시 간음이나 집

---

4 시리아, 레바논, 이스라엘 등에 사는 이들로 아랍어를 사용하고, 이슬람에 영향을 받은 비교를 믿는다. ─옮긴이

에서 도망쳤다는 이유 혹은 이들의 남성 친척들과 그 공동체에 불명예와 수치를 가져왔다고 인식된 그 밖의 문화적 위반 행동 때문에 자신의 친척들에게 고문받고 살해당한다(그 예로, Chhachhi, 1991; Rozario, 1991을 볼 것). 집단의 명예를 배신한 여성들에 대한 보다 약한 보복이 여성들의 집단 삭발이다. 2차대전 후 여러 유럽 국가에서 전쟁 중 점령군 나치와 교제한 사실로 고소당했던 이들이 바로 이러한 경우다(Warring, 1996).

이와 같이 극단적이고 예외적인 상황까지는 아니더라도, 문화전통과 전통의 (재)발명들은(Hobsbawm and Ranger, 1983) 종종 여성의 통제와 억압의 합법적 수단으로 이용된다. 남성들뿐만 아니라 집단체 전체가 '타자'에 의해 위협받는다고 느끼는 상황이라면 이 현상은 강화될 것이다. 베리티 사이풀라 칸은 영국 브래드퍼드와 브래드퍼드 이민자들의 출신지인 방글라데시 몇몇 마을에서 여성들의 퍼다purdah[5]를 연구하면서, 방글라데시보다 브래드퍼드에서 더 엄격하고 극단적으로 퍼다가 시행된다는 것을 발견했다(Saifullah Khan, 1979). 이는 디아스포라 공동체들에서 발생하는 보다 일반적인, 엄격하고 '동결'되어 버린 문화의 한 측면에 불과하다.

문화적 차이와 '타자'

'타자'와의 조우가 국가 간에, 그리고 국가 안에서 생기면 이때 문화적 차이의 관리와 통제가 요구된다.

지그문트 바우만은 포스트모던 시대의 도덕성에 관한 저서인 『파편화된 삶』*Life in Fragments*에서, 종래의 관점으로는 도덕성을 특정 문화의 도덕

---

5 이슬람이나 힌두 국가들에서 여성들이 남성들의 눈에 띄지 않도록 집안의 별도 공간에 살거나 얼굴과 몸을 가려 외간 남자들에게 보이지 않게 하는 것 —옮긴이

규범을 내면화한 것으로 보고 있으나, 이와 달리 도덕성을 전前사회적인 것으로 봐야 할 필요가 있다고 했다(Bauman, 1995). 일단 개인이 '타자'가 존재하며 그 '타자'를 어떻게 다뤄야 할지 선택해야 한다고 의식하게 되면 도덕성이 나타난다. 바우만은 이것이 모든 사람이 도덕적이라는 의미는 아니며, 인간의 도덕성에 대한 요구가 특정 종교나 기타 문화 제도보다 선행하지 이들에 뒤이어 나오는 것이 아니라는 뜻이라고 서둘러 명시한다.

도덕성에 대한 바우만의 정의는 다양한 문화적 도덕 제도의 핵심에 경계 구성의 관리와 통제를 놓는다. 모든 사회들은 문화전통과 집단기억, '상식'을 공유한다. 여기에서 '타자'와 타자를 어떻게 다루어야 할지에 대한 '규칙'의 이미지를 찾을 수 있다. 물론 여느 문화 생산과 마찬가지로, 문화적 '타자성'의 구성은 역동적이고 모순이 가득하며 다른 사회적 범주나 집단에 각기 다르게 차별적으로 이용할 수 있다. 비록 국가 및 민족이라는 '상상의 공동체'(Anderson, 1983)들이 대체로 젠더나 계급, 지역 및 기타 차이들을 초월한다고 하더라도, 아주 흔히 이들은 기표가 될 수 있는데, 적어도 부분적 '타자성'을 다른 '종족' 출신으로 규정할 수 있다.

여성들은 대개 집단체 안에서 양가적 위치에 있다. 한편으로는 위에서 언급한 대로 흔히 집단체의 통일과 명예, 그리고 참전과 같은 특정 국가 및 민족 기획의 존재 이유를 상징한다. 그러나 반면, 이들은 종종 정치 통일체인 '우리'라는 집합에서 배제되고, 주체의 위치가 아니라 오히려 대상의 위치에 남게 된다(이 문제에 대해서는 4장의 논의를 보라). 이러한 점에서 여성성이라는 구성물은 '타자성'의 속성을 지닌다. 무엇이 '올바른 여성'인가에 대한 엄격한 문화적 규범이 발전하면 종종 이러한 열등한 권력의 자리에 여성을 둔다. 이러한 사태를 정당화하기 위해 이용되는 집단 '지혜'를 들어보면, "여자들은 멍청하다"든가 "여자들은 위험하다", "여자들은 부정하여 우리를 타락시킨다"처럼, '타자'를 배제하고 열등하게 만들어 종속시키는 그 밖의 '상식'적인 개념들과 종종 매우 흡사하다.

'타자'의 종류는 매우 다양하다. 집단체의 경계는 그들이 처한 상황과 민족 기획에 따라 어떤 '타자'는 포함시키기도 하고 어떤 '타자'는 배제하기도 한다. 예를 들어, 현재 유럽에서는 이민자, 흑인, '오래된' 혹은 '새로운' 소수집단 구성원, 다른 종교 출신의 어떤 이, 다른 억양으로 말하는 어떤 이가 타자일 수 있다. 이 가운데 어딘가에 또는 전부에 해당하는 이들이 혹은 어디에도 속하지 않은 이들이 상황에 따라 어떤 이들에게는 '타자'가 될 수 있다. 다시 말해, 문화적으로 인식된 어떤 기호든 세계를 '우리'와 '그들'로 나눌 경계의 기표가 될 수 있다(Anthias and Yuval-Davis, 1992).

'타자성'의 전달자들만이 복합적인 것은 아니다. 그들과 함께 발전될 수 있는 관계의 유형들도 복합적이다. 알렉산드라 올룬드는 '이방인'의 두 모델을 구분한다(Ålund, 1995). 하나는 문학이 그려 온 '이방인'이며, 또 다른 모델은 자신이 살고 있는 집단체와 다소 다르게 관계하는 이방인이다. '이방인'은 "가까움과 멂의 통합"(Simmel, 1950: 407)으로 정의되어 왔으며, 또한 정통 지향점의 분별력에 대한 실제적 위협은 아니더라도 그러한 도전이라고 정의되어 왔다. 알프레드 슈츠가 묘사한 '이방인'은 자신의 고향이라는 터전을 떠나 쉼터, 혹은 도피처를 필요로 한다(Schutz, 1976). 그는(이러한 문학작품에서 이방인은 대개 '그'로 구성된다) 전형적으로 자기삭제 중이며, 이방인이기를 그만두기 위해 자신의 새로운 환경에 동화되려 할 것이다. 그러나 이러한 동화 기획은 실패하게 된다. 극복 불가능한 "문화적·심리적 차이로 인해 자연화된 간극"(Ålund, 1995: 312)이 그와 지역 사이에 존재하기 때문이다. 차이를 안 보이게 하는 이런 능력이 궁극적으로 전혀 도움이 되지 않는 이유는 자신의 본질적 차이를 숨기고 온당하게 자신의 것이 아닌 것을 자신이 취할 수 있음이 두렵기 때문이다. 그는 이방인이며 앞으로도 영원히 그렇게 이방인으로 남을 것이다. 유태인에 대한 음모 이론이 이러한 '타자성' 구성의 한 예이다.

두번째 '이방인' 모델을 전개한 이는 게오르크 지멜(Simmel, 1950)이다. 그가 말하고 있는 이방인은 슈츠의 이방인보다 더 나은 권력의 위치에 있다. 그는 출신 집단체 안에서 사라지기 위해서가 아니라 출신 집단체와 대화하기 위해 노력한다. 비록 그가 이 집단과 같은 혈통의 신화를 공유하지 않더라도 그에게 집단 연대감을 부여할 수 있는 새로운 특성을 이 집단에 가져올 수 있다. 하지만 이러한 이방인과 집단체 사이에서도 역시 긴장이 발생하는 경향이 있다. "이방인이 '그 자체'로서의 개인이 아니라 오히려 이방인임을 상징"하기 때문이다(Simmel, 1950: 403).

사회적·문화적 혁신가로서 '이방인'의 역할은 후에 혼종성hybridity 개념을 논하면서 살펴볼 것이다. 여기에서 강조점은 위에서 정의한 '이방인'이 되기 위해 그 사회의 신참, 즉 이민자가 될 필요는 없다는 데 있다. '새로운' 소수집단뿐만 아니라 항상 거기에 있어 왔던 혼종민족을 포함한 '오래된' 소수집단 역시 이러한 "가까움과 멂의 통합"을 구성한다. 심지어 이방인의 가까움은 정서적인 것으로 반드시 지리학적이어야만 할 필요는 없다. 아마도 주인과 노예의 관계만큼이나 가까워질 수 있으면서 동시에 궁극적으로는 타자성에 의해 정의되는 관계는 별로 없을 것이다.

더욱이 지금까지의 '이방인' 논의는 소수의 입장에서뿐만 아니라 적어도 상대적으로 권한을 박탈당한 입장에서도 설명되어 왔다. 그러나 '공동체'와 '이방인'의 관계에 대한 어떤 비서구 중심적 논의도 역시 정복자, 식민주의자, 정착민과 같은 지배 이방인들과의 관계를 포함시킨 적이 없다. 경계의 구성과 유지 과정은 이러한 상황에서도 지역 인구의 수용 그리고/혹은 저항 과정의 일부로 발생하며(Chatterjee, 1986; Stasiulis and Yuval-Davis, 1995), 식민지의 '타자들'인 여성들은 이러한 과정에서 특별한 역할을 한다(Jayawardena, 1995). 동시에, 주도세력인 소수집단에 비해 '낯섦'

strangeness과 '타자성'otherness이라는 특징을 획득하는 것은 다수의 사람들이다. 세력을 잃은 소수집단들 역시 생존 전략과 경계 관리법을 개발해야 한다. 이들은 가끔 배타와 악마화라는 적대적 구성물의 형태를 취하기도 한다(그러한 예로, 비유태인들을 대하는 유태인들의 태도에 관한 Shahak의 1994년 연구와 백인과 유태인들을 대하는 흑인들의 태도에 관한 Gilroy의 1996년 연구를 참조하라). 이러한 점에서 출신과 운명이라는 정체성 서술은 누가 '속해 있으며' 누가 속하지 않은지에 대한 규칙 및 규제와 마찬가지로 중요하다. 이러한 경계의 구성에 결혼 및 이혼과 관련된 종교적 규율과 문화적 규율은 중요하다.

　'타자성'이라는 구성체가 불변의 '타자'를 배제하고/하거나 착취하기 위해 사용될 때 인종차별주의가 발생한다(Anthias and Yuval-Davis, 1983; 1992). 미셸 비비오르카Michel Wieviorka는 그가 '인종차별주의의 공간'이라 말한 것이 그가 정체성과 차이의 문제들과 연결시켰던 요소와 근대성과 불평등의 문제들과 연관시켰던 요소 모두를 포함한다고 주장한다. 그는 오늘날의 세상에서 지배적인 네 가지 유형의 (관념적) 인종차별주의를 구별했다. 첫번째 유형은 보편주의적 인종차별주의로 타자를 비근대적 혹은 전근대적인 열등한 존재로 본다. 두번째 유형에는 '백인 빈민의 반응'이라는 표제가 붙었는데, 현대 산업화 세계의 물질적 혜택으로부터 배제되고 이로인해 손해를 보게 되어 이를 타자의 탓으로 비난하는 불안증에서 유래되었다. 세번째 유형은 반反근대적 어조를 지닌다. 이 경우 공동체, 종교, 그리고 민족의 전통에 호소하며 지나치게 '현대적'이라고 생각되는 이들을 악마로 취급한다. 네번째 유형은 특정 집단들 간의 적대감에서 뿜어져 나오는데, 여기에는 특정 역사 속에 모더니티의 조건들이 끼어들어 서로 복잡하게 관여한다. 인종차별주의의 동일한 대상이 다른 혹은 반대 유형의 인종차별주의의 대상이 될 수 있다. 예를 들어, 유태인들은 지나치게 근대적이라는(막스 베버의 표제를 이용하자면, '자본주의 정신'이라는) 비난과, 전근대적이라는(씨족 중심이고, 종교적이며, 민족주의적이라는) 비난을 받아 왔다. 그러나 '타자' 정체성과 특정 전통, 특정 '타자'가 연상되는 집단기억뿐만 아니라 사회적 위치설정의 차별 역시, 특정 인종차별주의가 발생할 때 강도뿐만 아니라 그 내용에도 영향을 미친다.

비록 인종차별주의가 '인종' 구성체로 환원될 수는 없다 하더라도, 모든 인종차별주의 구성체는 최소한 어느 차원의 '타자'에 대한 신화적 전형을 지니고 있다. 이는 신체의 어느 부분에도 연결될 수 있다. 한 예로, '우리는 어떻게 그들을 확인할 수 있는가'라는 제목이 붙은 1920년대 미국의 한 반유태주의 포스터를 보면, 신체의 부위들을 언급하면서 '유태인의 코'라는 악명 높은 이미지를 추가하고 '유태인스러운' 팔꿈치와 무릎도 언급했다!

그러나 피부색이 인종차별주의의 주된 기표가 되면서 '홍'red, '황'yellow, '백'white, '흑'black이라는 신화적 인종이 성립되었다. 예컨대, 호주에서 대부분의 '백호주의' 이민법 입법은 동남아시아인들의 '황색 위험'에 대비하여 이뤄졌으며(De Lepervanche, 1989; Pettman, 1995), '백'은 선이며 '흑'은 악이라 연상하는 서구문화의 전통으로 인해 '흑' 구성체는 유난히 신랄하게 인종차별주의 이데올로기와 그 실천의 정당화 수단으로서 기능했을뿐만 아니라 기표가 되었다. 이에 대해 헨리 타즈펠은 다음과 같이 지적한다.

> '흑'과 '백'은 인류 집단들이 지닌 피부색의 차이를 매우 조야하게 대표하여 악과 선, 지옥과 천국, 악마와 천사, 오염과 순결의 구분을 상징하는 데 사용되었다. (Tajfel, 1965: 130)

'흑'과 악의 인종차별주의적 연관은 서구문명의 보다 심층적이고 가끔은 무의식적인 수준에서 작동하는 특정한 역사적·문화적 전통의 표현이고, 악마학적인 집단 재현의 표현이며(De la Campagne, 1983), 이와 마찬가지로 유럽인들의 문화자원과 유산의 일부를 구성한다. '흑'과 '흑인들'의 실제 피부색 간의 바로 이 엉성한 관계를 런던 시 경찰의 '신분확인 암호'에서도 볼 수 있다(나는 이것을 1987년 한 런던 경찰청 경관으로부터 받았다). 여기에서 세번째 범주는 '흑인종 유형(밝은 혹은 흰 피부일 수도 있다)'이었다(Anthias and Yuval-Davis, 1992: 146). 제임스 데이비스가 그의 책『누가 흑인인가? 민족의 정의』에서 지적하듯, 미국(과 영국)에서 '한-방울-법칙'은 이 사회에서는 '한 방울'의 '검은 피'라도(분명 이는 볼 수 있는 것이 아니다) 한 사람을 흑인으로 구성하기에 충분하다는 의미를 지니며 작동한다. 주디 스케일스-트렌트가 지적하듯, 흑을 다룰 때에는 인종과 색을 구분해야 한다(Scales-Trent, 1995). 더 나아가 샌더 길먼은 흑을 유태인이나 무어인(그리고 나는 집시도 추가하고 싶다)과 같은 '비非흑'non-black 소수집단들의 특징들로도 구성하여 흑의 인종화된 함의를 이들에게 추가하고자 했다(Gilman, 1991). 그러나 흑은 다른 인종차별주의적 문화기표들과 마찬가지로 이에 반하여 폄하받고 차별받아야 할 사람들의 범주를 표시할 수도 있다. 그럼에도 불구하고 출생을 넘어선 인종적 전형화의 특정 내용과 전형화가 긋는 그 민족적 경계가 반드시 고정되거나 일관된 것은 아니다. 상이한 특정 인종차별주의의 이미지들은 상이한 '흑'인종 소수집단과 연관되어 있으며, 이들의 특정 내용들이 ('난폭한' 아프리카-카리브인과 '나약한' 아시아 남성들처럼) 대조적일 수도 있을 것이다.

흑은 악, 괴물, 그리고 저급한 섹슈얼리티와 연관되어 왔다. 러디어드 키플링Rudyard Kipling의 고전 시에 따르면 "반은 악마고 반은 아이"인 존재는 바로 빅토리아 시기 '백인의 짐'[6]이었던 '컴컴한 민족들'이었다. 이에 원스럽 조던은 다음과 같이 지적한다.

영국인들은 섹슈얼리티를 흑, 악마와 결합하여 인식하고, 처음 인간을 창조한 신의 심판은 '천사'와 같을 뿐 아니라 '백'과 결합되어 있다고 인식한다. (Jordan, 1974: 23)

이러한 악마주의 전통은 엘리자베스 시대의 유럽 이전에도 있었다. 중세에 와서야 비로소 '흑'이란 단어가 부정적 함의를 갖게 되었지만, 흑에 대한 유럽인들의 선입견은 흑인들과 대면하기 이전부터 중세를 거쳐 내려온 관념으로 그 모양을 갖추었다. 이에 대한 극단적인 예가 샌더 길먼(Gilman, 1985)의 극지방인들에 대한 묘사인데, 이들은 흑인들과 직접적인 접촉이 전혀 없었는데도 매우 정확하게 흑인으로 구성되었다. 대니얼 시보니(Siboni, 1974)와 그를 뒤이은 필 코언은 이러한 악마주의를 인종차별주의의 무의식적인 섹슈얼리티와 연결시켰다. 필 코언의 말에 따르면,

시보니는……인종차별주의 담론의 타자 구성이 [인종차별주의가] 무의식의 수준에서 기능하는 특유의 양식을 그대로 따르고 있다고 본다. [인종차별주의가] 의식의 수준에서 추론하는 표면 구조를 추적해 올라가 보면 섹슈얼리티와 생식의 재현물들이 유난히 도착적으로 조직된 판타지 체계에 이르게 된다. 우월한 위치의 인종의 몸은 이상적인 탈성화한desexualized 이미지, 즉 '무염시태'[7] 내지 영생 부활의 운명을 연상하게 하지만, 열등한 인

---

6 영국 시인 키플링의 시. 1899년 출판 당시 "The United States and the Philippine Islands"라는 부제로 나왔다. 시에서 말하는 백인의 짐이란 표면상 자신의 이득을 위해 다른 나라사람들을 식민지화하고 통치하라고 백인들에게 내려진 명령으로 보이지만 사실 시인은 이 과장된 명령을 통해 제국주의 정책에 냉정한 경고를 던졌다. 하지만 제국주의 정책을 정당화하는 특징으로 이해되어 유럽 중심의 인종차별과 개발도상국을 지배하려는 서구의 야심을 상징한다고 읽히기도 한다. ─옮긴이
7 원죄 없는 잉태. 성모 마리아가 다른 인간들과는 달리 원죄를 지니지 않고 이 세상에 태어났다고 보는 로마 가톨릭의 교리 가운데 하나 ─옮긴이

종은 타락하거나 짐승 같은 몸으로 연상되며, 그의 섹슈얼리티 능력은 클수록 억압받는 완전히 부정적인 원리로 환원된다. (Cohen, 1988: 8)

시보니와 코언은 이러한 정신/몸=우/열 분리 이데올로기와 인종차별주의/성차별주의의 이중 잣대가 무의식의 수준에서 서구문명의 이성의 역사의 한 부분이었으며, '타자들'에 대한 계급 및 민족적 지배의 도구로 기능해야 했었다고 주장한다. 이는 '논리적' 반反인종차별주의 전략에 대한 뿌리 깊은 저항을 어느 정도 설명하고 있다.

인종차별주의와 섹슈얼리티

비슷한 성적 특성을 지닌 악마주의들은 인종화된 대상에 대한 공포와 부러움이 뒤섞이며, 흑인들과의 관계 속에서만 존재하는 것이 아니라 대부분의 인종화된 '타자'의 다른 이미지들에서도 존재한다. 이에 대해서 시보니와 길먼은 이를 유태인과 관련하여 보여 주었고, 에드워드 사이드와 같은 이들은 중동지방과 극동지방의 '이국적'인 민족을 인종화하는 오리엔탈리즘의 문화전통과 관련하여 보여 주었다. '타자'가 인종화하여 구현될 때, 섹슈얼리티는 인종화된 이미지들 한복판에 놓여 금지된 쾌락과 무능의 두려움에 대한 꿈을 '타자'에게 투사한다.

이러한 꿈들은 언제나 고도로 젠더화되었다. 그렇다고 항상 이성애적이었던 것은 아니다(Sedgwick, 1992). 상이한 사회·정치적 맥락의 섹슈얼리티와 상이한 권력 관계들의 조합은 물리적 방식, 정치적 방식, 그리고/또는 경제적 방식과 같은 다양한 방식으로 드러난다. 노예와 주인, 식민지 이주자와 주민, 지역 주민들과 '낯선 사람들' 간의 권력 관계와 마찬가지로 남녀 간에 상호작용하는 권력 관계는 몇 가지 비슷한 시나리오들을 만들어 하나 이상의 맥락에서 연출되는 경향이 있었다. 예를 들면, 1950년 남아 프리카에 관한 도리스 레싱Dorris Lessing의 소설 『풀잎이 노래하고 있네』*The Grass is Singing*와 1958년 이스라엘에 관한 아모스 오즈Amos Oz의 『나의 미카엘』*My Michael*, 1960년대 미국에 관한 하퍼 리Harper Lee의 『앵무새 죽이기』 *To Kill a Mocking Bird*에서 공통된 문학주제는 헤게모니 집단체에서 힘을 상실하고 고립된 여성이 인종차별을 받는 집단체에서 하인이나 노동자로 있어 상대하기 쉬운 남자와의 성관계를 상상하거나 때로는 실제로 과감하게 발전시키는 내용이다. 이러한 내러티브에서 헤게모니 집단체의 남성들은 '타자'를 열등하고 비문명화된 존재로 보는 한편, 그를 두려워하기도 하고 부러워하기도 하며, 그를 섹스와 욕망에 전능하다고 보기도 한다. 신화[또는 허구인 경우]가 좀더 많긴 했지만 백인 여성과의 실제 성관계는 이러한 담론 안에서 오직 강간으로 구성될 수 있었기 때문에 이 경우 흑인 남성의 처형은 흔히 합리화되었다. 강간범으로서의 '타자' 신화는 인종을 차별하는 여러 맥락에서는 흔한 이야기다. 테레사 웝(Wobbe, 1995: 92)이 주장하듯, 이방인들에 의한 젠더화된 도전이 신체에 영향을 미치는 수준에서 구성된다는 점은 인종차별의 폭력을 이해하는 데 중요하다. 이러한 구성의 중심에는 이방인 남성이 '우리' 여성을 희롱, 위협하거나 또는 실제로 강간할 때, 우리 여성의 정조는 보호받아야 한다는 전형이 있다.

그러나 이방인=강간범 신화가 지배적이라 해도, 강간이 인종화된 다른 집단체의 여성들(과 때로는 남성들)을 목표로 하는 흔한 폭력 행위라는 점도 인정해야 할 것이다. 테레사 웝도 지적하듯 "'우리'와 '그들'의 사이가 구성하는 집단체 경계는 또한 사회적 의무 및 사회 규범의 한계와 교차점을 나타낸다"(Wobbe, 1995: 94). 웝은 이를 중심으로 일상의 인종차별 폭력과 여성 폭력을 이해한다고 본다. 타자를 향한 사회적 책임의 부재가 종종 폭력과 공격의 자유를 내포하고 있기 때문이다. 이러한 공격의 대상은 '그들'의 여자뿐만 아니라 혼종 결혼의 아내와 같은 '반역자'들일 수 있다.

그러나 인종화된 타자들 간의 관계에 항상 폭력만이 개입하는 것은 아니다. 신시아 인로(Enloe, 1989: 2장)는 오리엔탈리즘에 빠진 남성들은 교묘한 섹스관광 산업을 통해 무궁무진한 성적 쾌락의 공용 시설을 꿈꾸며, '이국적'인 섹스 상대는 식민 이후 빈곤한 개인과 공동체들의 주요 경제적 생계 수단이 된다고 설명한다. 그런데 공교롭게도 이러한 지역의 위치는 태국, 남한, 필리핀과 같이 미군의 '휴식과 여가'를 위해 준비된 장소였던 경향이 있다(Enloe, 1989: 36). 가끔 이러한 관계들은 단순한 섹스 관계를 넘어서기도 한다. 동양 여성들은 곧 아름답고 온순하며, 근면하고 의존적인 '완벽한 아내'라고 구성된 탓에 우편주문 신부mail order bride[8] 회사들이 성행했다. 이러한 결혼은 이 여성들이 (그리고 종종 이들의 가족들도) 이들의 출신 사회에서의 믿겨지지 않으리만치 고단한 삶으로부터 도피할 수 있는 유일한 기회처럼 보일 수 있다. 최근 '우편주문 신부' 시장의 위치는 (경제적인 면과 인종차별주의적인 면을 모두 고려해 볼 때) 동유럽으로 점차 이동 중이다.

여성 관광객이 있는 곳에서의 '셜리 밸런타인'Shirley Valentine[9] 현상은 남성들의 경우와 다소 비슷하다. 여기에서는 남성 지골로의 형식을 띤 공식적인 매춘보다는 일상적인 혹은 그다지 일상적인 않은 섹스 합의가 더 흔하다. 이때 교환은 쾌락의 대가로 돈을 주기보다는 상호 쾌락을 기초로 한

---

8 본래는 미국과 캐나다에서 국제결혼 소개소를 통해 소개받아 편지왕래로 교제하고 결혼하는 신부를 의미하며 19세기 하와이나 미국 서부에서 일하던 이민 노동자들이 본국의 여성을 신부로 맞이하는 경우 사진 신부(picture bride)라고도 했다. 우편주문라는 표현에서 결혼할 상대여성을 인격적인 존재가 아닌 배송상품 정도로 취급하고 있음을 알 수 있다. 현재 한국은 세계적으로 우편주문 신부 시장이 성행하는 대표적인 사례로 손꼽힌다. —옮긴이
9 동명의 연극의 주인공. 평범한 중산층 백인 주부 셜리 밸런타인은 현실과 원칙, 고정관념, 역할에 매여 살던 일상에서 벗어나 마음속에 품고 있던 그리움의 땅 그리스로 떠난다. —옮긴이

다. 서구 여성 관광객들은 집을 떠난 동안 성의 모험과 실험을 좇고, 지역 남성들은 엄격한 사회통제를 받고 있는 지역 여성들로부터 얻을 수 없는 프리섹스를 얻는다. 가끔은 이러한 성관계들이 연애나 결혼으로 발전하기도 하는데 이렇게 되면 배우자 가운데 한 명은 이민을 한다. 연구에 따르면, 남자들의 동기는 흔히 '우편배달 신부' 현상과 비슷하게 비자 혹은 그린카드(미국 시민권)를 얻어 이민가고자 하는 데에 있다(Cohen, 1971). 동예루살렘 상점 종업원들에게 실시한 다른 연구에 따르면(Bowman, 1989), 현지 남자들의 또 다른 동기는 일반화된 좌절과 능력 상실의 감정을 배출하기 위함에 있다고 지적한다.

글렌 바우만은 상점 직원들과 관광객들의 성관계를 여성화된 남성과 스스로에게 고전적 남성 역할을 맡긴 여성들의 관계로 분석했는데(Bowman, 1989), 이는 이들이 활동적이고 부유하며 권력을 지닌 이들이기 때문이다. 그러나 이러한 분석틀은 너무 단순하다. 첫째, 비록 여성 관광객들이 권력을 지녔고 상대적으로 부유하고 활동적이라 해도 정사를 시작한 쪽은 대개 남성이며, 이들의 마초주의machoism가——제한적이어서 전혀 위협적이지 않은 맥락이지만—— 여성들이 끌리는 매력의 주요 원천이기 때문이다(이 문제에 관해서는 1995년 BBC2의 '에스더'Esther라는 텔레비전 프로그램에 잘 드러나 있다). 둘째, 바우만은 여성화가 곧 남성성 상실이자 권한 박탈이라 보고 있는데, 여성성이 남성성에 대한 부정적이고, 수동적인 거울 이미지로 파악되는 모델인 것은 맞지만, (그리고 프로이트'마저'도 이를 인정하지만) 아무리 제약이 심한 사회체제라 하더라도 실제 여성성은 전혀 이런 이미지가 아니다.

다른 저자들은(Meaney, 1993; Nandy, 1983처럼) 이를 보다 일반화하여 여성화된 이미지가 식민지 사회의 특성이라고 보았다.

식민지화의 역사는 여성화의 역사이다. 식민의 권력은 자신의 지배를 받는 사람들을 수동적이고, 보호가 필요하며, 자기통치의 능력이 없으며, 다루기 힘들고, 낭만적·열정적·야만적이라고 규정한다. 이 모든 속성들로 인해 아일랜드인들과 여성들이 전통적으로 찬양받기도 하고 경멸당하기도 했다. (Meaney, 1993: 233)

다시, 이러한 이미지들을 통해 여성화와 권한 박탈은 동등시되고 있다. 놀랄 일도 아닌 것이 프란츠 파농(과 매우 많은 그의 추종자들)은 해방을 마초주의와 동등시해 왔다(Fanon, 1986). 여기에서 추측해 본다면 역설적으로 '해방된' 여성도 권한을 박탈당할 수 있게 된다.

동화주의와 분리주의

차이의 인종화가 지배적이라 해서, 이것이 사회 안에서 문화적 차이를 관리하는 유일한 방식이라는 뜻은 결코 아니다. 그리고 모든 인종차별주의의 강도와 형태 역시 동일하지 않다. 비비오르카는 인종차별주의를 편견처럼 약하고 불분명한 형태의 인종차별주의에서부터 총체적 인종차별주의에 이르는 네 수준으로 구분한다(Wieviorka, 1994). 이 수준들은 각기 뚜렷이 구별되는 단계라기보다 하나의 연속체로 보아야 할 것이며, 당연히 구체적인 사회 현실에서는 강도와 형태가 상이한 인종차별주의들이 공존하고 꾸준히 변동한다. 이러한 공존은 대체로 상이한 수준과 형태의 인종차별주의뿐만 아니라 동화주의, 분리주의, 다문화주의, 혼종화와 같이 다소 인종화된 그 밖의 차이의 관리도 포함된다.

인종차별주의가 타자를 배제하고/하거나 착취하고 있다면, 동화는 그와 정반대로 보일 수도 있다. 동화주의는 분리의 넘을 수 없는 경계를 계속 세우려 하지 않고 오히려 이를 보이지 않도록 하고 건너갈 수 있게 했다. '용광로'라는 미국의 꿈, 그리고 자유^{liberté}, 평등^{égalité}, 우애^{fraternité}라는 프랑스의 꿈에는 특정 공동체의 구성원권이 그 집단체의 구성원권이나 이에 수반하는 모든 권리들을 위한 전제조건이라는 언급이 없다. 이와는 대조적으로, 호주 동화주의의 중심 주창자인 프랭크 크노펠마허 교수는 문화와 출신의 본질주의적 관련에 대해 명백히 반대하고 나온다(Knopfelmacher, 1984; Yuval-Davis, 1991c: 15~16). "호주에 확고히 자리 잡아 바위처럼 정착한 앵글로색슨형^{anglomorphy}[10]과 아울러, 이 나라의 '영국적' 특성은 이민자들의 '인종'과 상관없다."

그러나 이렇게 가정한 보편적 포괄성은 매우 오해의 소지가 있을 수 있다. 첫째, 배제에 대한 어떤 공식적인 범주도 존재하지 않을 수 있는 반면, 집단체의 본질에 대한 가정이 있다면 동화는 당연히 가능하지 않을 것이라는 의미일 수 있기 때문이다. 폴 길로이가 지적하듯, "만일 유니언 잭^{Union} ^{Jack}[영국의 국기] 안에 흑(인)은 없다"면(Gilroy, 1987), 그리고 영국적^{British}이기 위해서, 또는 적어도 잉글랜드적^{English}[11]이기 위해서 당신들은 백(인)

---

10 크노펠마허는 우리가 현재 'English'라는 단어로 나타내는 지시대상을 이 단어로 다 나타낼 수 없다고 생각한다. 이는 특정 지역을 국한하여 일컫는 표현이며 국가로서의 영국(The United Kingdom) 전체를 포함하지 못하기 때문이다. 예로 영국의 정부 제도는 얼마 전까지만 해도 The English System of Government라고 했으나 요즘은 English 대신 British라고 한다. 그러나 국가 개념인 British 역시 충분하지 못하다. 영국의 정부 제도에는 호주와 같은 과거 영국의 식민지였던 영연방 국가들도 참여하고 있기 때문이다. 그래서 그는 호주의 영국적 특성을 영국제도(British Isles) 전체를 포괄하는 의미의 '앵글로색슨형'(Anglomorphy)이라 설명한다. 한편, 호주의 주류문화를 단지 '호주백인'들의 문화라고도 설명할 수 없다. 호주의 정치-사회-문화적 특성의 주류가 그 어떤 다른 나라보다도 영국출신 이주자들과 아일랜드나 스코틀랜드, 웨일스 출신 이주자들의 영향을 받았기 때문이다(Frank Knopfelmacher, "Chapter One: The Crown in a Culturally Diverse Australia", *Upholding the Australian Constitution* vol. 2, 1993 참고). ─옮긴이
11 사실 영국이라는 국명이 England에서 왔음에도 편의상 British와 English는 각기 영국적, 잉글랜드적이라 옮긴다. ─옮긴이

이어야 할 필요가 있으며, 그렇다면 어떤 흑인도 영국인 집단체에 진정으로 동화될 수 없어야 한다. 더욱이 캐시 로이드가 지적하듯, 계몽사상에서 비롯된 보편주의는 새로운 권리를 통해 발전하며 구성되었기 때문에, 여기에는 보편적 인간 본성에 대한 주장들이 포함되어 있다(Lloyd, 1994). 이러한 주장들을 따라 가정해 본다면 사람들은 자신과 같은 (문화-민족적) '부류'와 소통하고 싶어 할 것이다. 비록 동화가 원칙적으로 가능하거나 혹은 환영받는다 할지라도, 이러한 보편주의는 오해이다. 새로 온 이들에게는 지원, 언어 지식, '올바른 종류'의 교육 등 공식, 비공식적 연결망의 측면에서 상대적 불이익이 많을 것이기 때문이다.

둘째로, 동화의 보편적 포괄성이 오해인 것은 개인이 헤게모니 집단체의 이러한 기반에 들어간다 해도 그의 집단 정체성은 포함되지 못하기 때문이다. 사르트르(Sartre, 1948)는 유태인들이 스스로 유태인으로 존재하기를 그만두는 조건에서 국민으로 받아들여질 수 있다는 '자유 반反유태주의'를 논한 바 있다. 비슷한 논리가 1950년대 아보리진Aborigine 아동들의 집단 제거라는 잔인한 행위 뒤에 깔려 있다. 그리고 이들은 호주 백인으로 양육되었다. 수백 명의 예멘계 유태인의 유아들이 이들의 어머니에게는 이들이 죽었다고 말하고 납치되어 아슈케나지Ashkenazy[12] 중산층 가족에 입양된 사실로 인해 비난이 일자 현재 이스라엘에서는 공개수사가 일고 있다. 공동체와 가족을 붕괴시키고 아이들을 부모에게서 떼어 놓는 일은 종종 강압적 동화주의 행위들의 중심이 된다. 이러한 정책으로 종속된 위치에 처한 출신은 소수집단에게서 권한을 박탈하여 자신의 위치를 강화할 수 있다.

분리주의는 흔히 인종차별주의와 동화주의 모두에게 저항의 전략이 된다. 분리주의 기획들은 대개 권한을 박탈당한 소수들의 민족 기획이며, 목

---

12 북동 유럽계 유태인으로 옛날 카자르왕국을 세웠던 터키계 카자르인의 자손——옮긴이

적은 집단체에서 상대적으로 더 나은 위치에 있고자 하는 데 있다. 그리하여 이들은 집단체의 경계, 집단 정체성과 사회결속력, 집단의 사회·경제·정치적 자족성의 강화를 촉진한다. 분리주의 기획은 대개 자신의 목적을 위해 특별한 문화 정신ethos을——종교, 민족, 그리고 인종적 정신을——이용하고 있는 집단체 안에서 특별한 집단구성을 통해 추진된다. 이러한 정신을 하나 이상 통합하는 분리주의 기획의 예가 바로 미국의——지금은 영국 British의——흑인 '이슬람민족'Nation of Islam[13]이다. 이 단체는 생산자이자 소비자로서 흑인의 경제적 자족성과 흑인으로서 적극적인 자기 정체성 확인 self-identification을 식민주의 기독교 전통에 대항하는 제3세계 흑인들의 이슬람 개종과 (무슬림 노예 매매에도 불구하고) 결합한다. '이슬람민족'의 지도자인 루이스 파라칸Louis Farrakhan이 시작한 1995년 워싱턴 '백만인 행진' Million Men March에는 제시 잭슨Jessie Jackson과 같이 이전에 분리주의를 거부했던 많은 기존의 흑인 지도자들도 참여했는데, 이러한 운동이 얼마나 유혹적이고 강력한지를 분명하게 보여 주었다.

여기에서 분리주의 운동과 자치 운동을 구별할 필요가 있다. 실천에 있어 항상 다른 것은 아니지만 매우 다른 이데올로기를 지니고 있기 때문이다. 일단 보다 큰 권한과 자신감을 느끼면, 분리주의 운동은 출발점에서부터 이들의 경계를 절대적인 것으로 구성하는 반면, 자치 운동은 강조점을 타자와 협동할 수 있는 최초 단계로서 풀뿌리 행동주의, 자치권, 그리고 자족성에 둔다.

권한박탈 집단들의 자치 운동과 분리주의 운동의 성장은 정체성 정치와 다문화주의 정신과 밀접하게 관련되어 왔다.

---

13 미국의 흑인 이슬람교도로 구성된 과격파 흑인 단체로 회원은 블랙 무슬림(Black Muslim)이라 한다.——옮긴이

다문화주의와 정체성 정치

트린 민-하는 사회문화적 차이에는 두 가지가 있다고 설명한다(Minh-ha, 1989: 89~90). 위협적인 것과 그렇지 않은 것이다. 다문화주의는 위협적이지 않은 종류의 차이들을 양성하고 지속시키는 데 목적이 있다. 앤드류 자쿠보비츠는 호주의 다문화정책과 관련하여 이렇게 결론 내렸다.

> 다문화주의는 정부의 도움을 받아 자신의 상이한 문화들을 유지하고 육성하는 임무를 민족 공동체에 맡긴다. 그러나 차별 정책이 개인이나 계급에 영향을 미칠 때 이에 대한 투쟁에는 관여하지 않는다. (Jacubowicz, 1984: 42)

칼-울릭 시에룹(Schierup, 1995)은 다문화주의가 복지국가의 변화를 계획하는 대서양 연안 국가들 간의 동맹을 위한 이데올로기의 토대라고 주장했다. 이 동맹은 포스트모더니티의 시대라는 현 시점에서 신조의 헤게모니를 갖고자 열망한다. 그러나 한편으로는 기존의 다문화주의들의 패러독스와 딜레마들을 통해 '진짜 사회주의'가 '사회주의'에 제기했던 문제들과 유사한 문제들을 이 동맹의 이데올로기적 틀에 제시한다고도 지적했다.

다문화주의는 영국에서 과거에 식민지였던 나라들을 떠나온 이민자들과 난민들의 정착을 수용하기 위한 주요한 형식으로 개발되었으며, 그 형식은 미국과 더불어 캐나다나 호주와 같은 과거 제국주의 정착민 사회에서 이러한 목적을 위해 개발되었던 입법 및 정치 기획의 형식을 따랐다. 이러한 나라들에서는 모두가 단일하고 동화되는 국가 집단체의 지속적인 구성을 원하는 사람들과 민족 다원주의 및 소수민족의 문화 보호를 합법적 국가 기획의 일환으로 제도화하자고 요구해 온 이들 간에 꾸준히 논쟁이 있어 왔다. 이 논쟁의 관심은 집단체 정체성과 문화의 보호가 그 자체를 목표로 중요한가 아니면 집단의 의지의 결과로 그렇게 될 뿐인가 하는 문제였다. 이 외에 문화 보호를 목표로 하는 기획이 이들 문화의 물화와 본질화를 피할 수 있겠는가 하는 논쟁도 있다. 이에 대해 플로야 앤시어스는 이렇게 설명한다.

> 문화의 다양성에 관한 논쟁은 문화와 민족성에 혼란을 준다. …… 이것이 지켜져야 할 경계인가, 아니면 철조망의 역할을 하는 문화 공예품들인가? 하지만 이 문제는 단지 동질성에 관한 것일 뿐만 아니라 서구문화 헤게모니에 관한 것이기도 하다. (Anthias, 1993: 9)

예를 들어, 호주 민족 집단체들의 구성원들은 다문화주의에 반대해 온 사람들에게, 위에서 인용한 크노펠마허가 증명한 바와 같이, '앵글로셀틱' Anglo-Celtic[14] 출신이 아님에도 '앵글로색슨형'의 사회이기를 요구해 왔다 (Knopfelmacher, 1984; Yuval-Davis, 1991: 14). 미국에서 이데올로기적인 목표는 미국적 '용광로'melting-pot였다. 그러나 미국적 맥락의 다문화주의를 반대해 온 사람들은 미국의 유럽적 문화유산을 최우선으로 강조한다. "교사들이 미국 문명의 유럽적 기원을 숨겨야 한다고 어느 누가 진지하게 주장하겠는가?"(Schlesinger, 1992: 122) 이러한 구성에 있어서 중요한 요소는 집단체 구성원의 출신 민족과 피부색보다는 집단의 문화 정체성이다.

---

14 본래 영국과 아일랜드 및 인근 섬들을 포함한 영국제도(British Isles)를 의미한다. 영국에 정착한 게르만 민족인 앵글로색슨족을 나타내는 Anglo-(Anglo-Saxon의 약자)와 현재 아일랜드, 스코틀랜드, 웨일스, 컴브리아와 콘월의 다수 주민인 셀틱족인 Celtic(Italo-Celtic의 약자)이 합쳐진 단어다. 그러나 영국의 식민지였던 호주에서는 호주에 거주하는 영국과 아일랜드 출신을 뜻하기도 한다. ─ 옮긴이

그럼에도 불구하고 다문화주의를 지지하는 사람들이 시민사회에서 모든 문화 정체성들이 똑같이 적법하게 받아들여지리라 생각한다면 잘못이다. 예를 들어 호주에서는 다문화주의 관련 정부 문서에서 '다문화주의의 한계'를 강조하고 있으며(Office of Multi-culturalism Affairs, 1989), 다문화주의를 공식 정책으로 하는 모든 국가에서는 (복혼이나 약물 사용과 같이) 정식도 아니고, 합법도 아닌 것으로 간주되는 문화관습이 있을 때 헤게모니 다수집단의 문화전통에 우선권을 부여한다. 더욱이 서구 헤게모니 문화가 자연화되는 동안 소수문화들은 다문화주의 정책을 통해 계속 구체화되고 규범적 인간 행위로부터 차별화된다.

존 렉스는 다문화주의에 대해 "문화다양성을 인정함으로써, 민주주의를 살찌우고 강화하는" 복지국가의 형태를 향상시킨다고 설명한다(Rex, 1995: 31). 그의 주장에 따르면, 이는 세 가지 요소의 결과다. 특정 문화의 가치는 그 자체만으로도 사회 전반을 살찌울 중요한 가치를 지닌다. 소수 공동체의 사회조직은 그 공동체에 정서적 지원을 제공한다. 그리고 이 조직은 또한 보다 많은 지원을 얻어 이들의 집단권리를 지키는 보다 효과적인 방법을 제공한다. 하지만 이러한 집단권리의 성격과 아울러 이질적 개인과 집단체 인구를 지향하고 충족시키기 위해 국가가 대비해야 할 것들에 관한 의문이 든다. 라크시리 자야수리야는 이와 관련하여 별개의 두 문제점을 지적한 바 있다. "하나는 복지의 집단적 준비에 필요한 것들의 중심성이요, 다른 하나는 자기 권리주장 요구의 경계를 묻는 어려운 질문이다"(Jayasuria, 1990: 23).

4장에서 좀더 포괄적으로 논의하겠지만, 이 질문들에 있어서 가장 문제적인 측면은 이러한 준비가 고용이나 복지의 접근을 상이하게 다룬다는 것이 아닌, 문화마다 요구하는 민족성이 다르다는 설명과 관계가 있다. 자야수리야(Jayasuria, 1990)는 필요한 것needs와 원하는 것wants을 구분한다. 필요한 것은 본질적이어서 국가를 통한 충족을 요구하는 것을 말하는 반면, 원하는 것은 공공부문 밖에 빠져 있어서 자발적으로 사적인 영역 안에서 충족해야 하는 것을 말한다.

공적 영역과 사적 영역의 차이는 문헌에서 시민권 경계를 기술하는 데 있어서는 중요한 역할을 하지만(4장에서 논의할 것이다), 공적 영역이 국가와 시민사회를 모두 포함한다는 사실에는 주의를 충분히 기울이지 못하고 있다. 예컨대 터너는 국가가 사적 영역에 들어가거나, 들어가기를 자제한다는 측면에 시민권 지형도의 기반을 두었다(Turner, 1990). 그러나 위의 사례들이 보여 주듯, 이분법적 공/사 구성체 안에서 공적/사적 영역은 젠더뿐만 아니라 문화적으로도 확연하다(Yuval-Davis, 1991b). 다문화주의 논쟁의 전반적인 걸림돌은 차이의 경계가 사회권의 경계와 더불어 특정 헤게모니 담론에 의해 결정되며, 보편주의의 개념 용어들을 사용하기는 하지만 절대적으로 보편적인 것은 아니라는 사실이다. 그리고 위에서 언급한 바와 같이 이들이 가리키는 것들을 차별하는 위치설정positioning을 고려하지 않는 보편주의 담론은 종종 인종차별주의(와 덧붙이자면, 성차별주의, 계급차별주의, 연령차별주의, 장애인차별주의 등)의 구성체들을 포함하기도 한다.

특정 문화를 물화하고 동질화하는 다문화주의적 관점의 기본적인 사례 중 하나가 1993년 유네스코가 출판한 라슬로Laszlo의 『다문화 행성』*The Multi-Cultural Planet*이라는 책이다. 이 책에서 세계는 문화적 동질성을 띤 지역들, 즉 '유럽 문화'('러시아 및 동유럽 문화'도 있다), '북미 문화', '라틴아메리카 문화', '아랍 문화', '아프리카 문화' 등으로 나뉘는데, 이들 간의 대화와 개방성을 발전시켜야 한다.

비록 다문화주의가 일반적으로 인종차별 반대주의의 주요 전략으로 그 옹호자들에게 환영받음에도 불구하고, 좌파들에게 비판을 받는 이유는 다문화주의가 권력 관계의 문제들을 무시하고, 그 공동체의 다수 구성원들과 전혀 다른 계급과 권력 관계에 속한 사람들을 소수집단으로 받아들여, 소수민족 집단 구성원들을 다른 흑인들과 결합하지 않고 오히려 이들 간의 문화적 차이들을 강조함으로써 분열을 초래하고 있기 때문이다. 이때 다른 흑인들이란 (모두를 아우르는 흑/백의 이분법의 측면에서) 이들과 함께 인종차별주의적 차별과 종속, 경제적 착취를 당하고 있는 이들이다(Bourne and Sivanandan, 1980; Mullard, 1980). 좌파에서 비롯된 그 밖의 비판들은 '다문화주의'와 '인종차별주의' 모두를 지적했다(Rattansi, 1992; Sahgal and Yuval-Davis, 1992). 이 비판들은 양쪽 모두 특정 문화 집단체 구성원들이 똑같이 그 문화에 충실하다는 가정을 내재하고 있다고 지적했다. 이들은 소수집단체 구성원들을 기본적으로 동질적이며, 하나의 통일된 문화적·인종적 목소리로 말하는 존재로 구성하려는 경향이 있다. 그러나 이 목소리들은 '다른' 존재가 될 수 있도록, 다수의 문화로부터 (다문화주의의 경계 안에서) 가능한 한 뚜렷해지기 위해 구성된다. 따라서 '다문화주의' 안에서는 '공동체 대표'의 목소리가 전통적일수록, 그리고 다수 문화로부터 거리를 둘수록, 더욱 '진짜' 목소리로 인식될 것이다. '반인종차별주의' 안에서도 이러한 관점이 우세하다. '흑인'의 목소리는 종종 마초 해방영웅의 것으로 구성되어, 백인 유럽 중심 문화와 연관됐을 모든 것들을 거부해 왔다.

이러한 구성물들은 내부의 권력 갈등과 계급이나 젠더, 문화의 노선에 따른 갈등처럼 소수집단체의 구성원 간에 이익이 다를 수 있는 여지를 허용하지 않는다. 더욱이 이들은 성장과 변화의 여지를 두지 않은 채, 고정적이고, 안정적이며, 탈역사적이고, 본질주의적인 집단체 경계를 가정하는 경향이 있다. 진위 여부는 중요한 정치적 자원이 될 수 있으며, 이를 통해 경제 및 기타 자원을 국가로부터 요구할 수 있는 이들은 공동체 대표의 자리에 있는 이들이다(Cain and Yuval-Davis, 1990). 애나 이트먼은 이를 다음과 같이 주목했다.

집단이 진보적 사상을 갖기 위해 분명히 해야 하는 것은 한 가지 권위주의적 성격을 지녀야 한다는 것이다. 즉, 집단에는 하나의 권위적 목소리로 말함으로써 동일한 목표를 대표할 수 있는 책임자가 있어야 한다. 이를 위해, 여러 관점과 이익에 잠재된 다른 목소리들과 재현의 정치는 억압해야 한다. (Yeatman, 1992: 4)

그러므로 이렇게 집단의 목소리를 진보적으로 구성하게 되면, 자신의 집단체의 문화와 종교의 참된 '본질'을 재현할 것을 주장하고 여성과 여성의 행위의 통제를 자신의 매우 중요한 현안으로 여기는 근본주의 지도력과 충돌할 수 있다(Sahgal and Yuval-Davis, 1992).

다문화주의의 효과는 여성에게 특히 해롭다. '다른' 문화전통들이 문화적으로 특수한 젠더 관계의 측면에서 종종 정의되고, 여성들이 스스로, 특히 노년 여성들이 여성 행위의 통제에 참여하고 협조하여 민족 경계의 재생산에 이용되기 때문이다(Yuval-Davis and Anthias, 1989). 이러한 공모 중한 예로, 영국에서 한 판사는 베일 쓰기를 거부한 후 이란에서 도망쳐 나와야 했던 한 이란 여성이 올린 망명 요청을 거부했는데, 이유는 '이것이 그들의 문화'라는 이유 때문이었다(이 사건의 설명은 재키 바바Jacqui Bhabha 변호사에게 들었다). 다른 사례는 부모의 구속과 통제 때문에 부모의 집에서 도망친 한 무슬림 어린 소녀의 경우로, 이 소녀는 소녀의 바람과 '아시아 여성의 쉼터'Asian Women's Refuge의 변호에도 불구하고 사회복지 기관을 통해 훨씬 더 경건한 다른 무슬림 가정에 보내졌다(이 사례는 '사우설의 흑인자매들'로부터 설명을 들었다).

지니 마틴(Martin, 1991)은 모순된 '다문화의 실제'를 설명하는데, 이에 따르면 '(타)문화 가정'의 실제 사례들을 '좋은 사회' 모델에 비교한다고 하지만, 이 모델이란 것이 '(타)민족 여성들을 위한' 앵글로색슨의 몇몇 불특정 가정의 규범이나 다름없으며, 이들이 주목하는 것들은 '다문화적 다양성의 한계들'인 음핵절제술이나 아동결혼과 같은 '원시적 실제 사례들'이다. 마틴은 이러한 접근을 호주 다문화주의 이론가들 중에서도 '민족차별주의자들'ethnist의 전형이라고 설명하면서, 이들이 여성에 대한 진정한 관심에서 비롯된 것은 아니라고 지적한다. 민족차별주의자들은 여성들의 종속이 가족을 최우선으로 하는 자연의 질서의 일부라고 가정하고 있기 때문이다. 이 담론 안에서 앵글로 모델이 이상적이고 긍정적인 모델로 구성된 이상, 앵글로 모델로부터 일탈한 존재라는 관점에서 이러한 가정은 오히려 남성에 서열을 매기는 장치이다.

호미 바바는 문화 다원주의의 대안이 될 역동적인 모델을 개발했다 (BhaBha, 1990; 1994a; 1994b). 공간/시간, 구조/과정의 구분을 없애고, '상상의 공동체'로서의 국가에 구성된 경계와 그 집단의 문화 담론을 구성하는 내러티브들의 지속적으로 변화하고 경쟁하는 성격을 강조하면서, 바바가 주목한 것은 대항 내러티브들이다. 대항 내러티브는 국가의 주변에서, 즉 이민이나 추방 때문에 하나 이상의 문화를 살았던 국가 또는 문화의 '혼종들'에서 등장한다. 이러한 혼종들은 자신을 채택한 국가가 '총체화하는 경계들'을 환기시키기도 하고 삭제하기도 한다. 물론 이러한 대항 내러티브들이 이민자 소수집단에서 비롯될 필요는 없다. 토착민족들의 커져 가는 목소리들이 안으로부터 들려오는 대항 내러티브의 한 예다. 더욱이 '국가'의 경계에 대한 대항 내러티브들은 구 유고슬라비아와 소비에트 국가들을 붕괴시켰으며, 다른 민족 공동체들에서도 그만큼 급진적이지는 않았지만 민족과 그 경계의 구성은 어디에서나 꾸준한 논쟁거리였다. 이러한 맥락에서 주목해야 할 중요한 점은 호미 바바가 고려하지 못한 것, 곧 '대항 내러티브들'이, 그 형식에 있어서는 급진적이라 할지라도, 반드시 메시지 자체가 진보적일 필요는 없다는 점이다. 애나 로웬하웁트 칭이 주장하듯, 이러한 대항 내러티브들은 의미와 권력을 보다 폭넓게 협의함과 동시에 지역적 이해 관계와 특수성을 인식하는 범위 안에 있어야 한다(Lowenhaupt Tsing, 1993:9).

바바의 접근이 지닌 또 다른 위험은 본질주의를 뒷문을 통해 몰래 삽입했다는 점이다. 즉 '다문화주의'의 근본주의적이고 헤게모니를 지닌 집단체가 오랫동안 구성되어 온 원인인 바로 그 동질적 집단체로부터 이 '혼종들'이 등장하였고, '용광로' 이미지인 사회의 신화를 '뒤섞인 샐러드' 이미지인 사회의 신화로 교체했다. 이 입장의 특징을 보여 준 사례가 트린 민-하Trin Minh-ha다. 인종차별주의와 페미니즘에 관한 비엔나 회의(1994년 10월)에서 한 자신의 이야기에서, 그녀는 마치 이들 주류 문화와 자기 집단의 문화가 각각 자기 자신의 구성물들 밖에 있는 동일하고 고정된 존재들인 양, '주변'에 서서 두 문화에 저항한다.

하지만 바바는 누구도 '진정한' 식민 이전 경험에 근거해서는 자신의 정체성을 실제로 조금도 구성할 수 없음을 알고 있다. 그는 그렇게 시도하는 혼종들이 본질화된 향수로 쉽게 흘러들어가 버리는 결과를 초래하는 위험에 주목한다. 이러한 방식으로 혼종성은 종종 동질화된 유럽 중심성을 흉내 내는 형식을 취한다. 스만다 라비(Lavie, 1992:92)는 이 혼종 모델을 글로리아 안잘두아(Anzaldua, 1987)가 발전시킨 모델에 대비했다. 그는 이 두 모델이 민족과 제국 사이에 존재하는 내부 경계지대에서 살아온 혼종들의 경험을 텍스트로 삼는 양극단을 제시한다고 주장한다. 두 모델 모두 민족과 제국 모두를 지향하는 혼종의 양가성이 촉매가 되어 이들 사이의 모호한 경계지대의 지도를 다시 그릴 수 있다고 주장한다. 하지만 바바는 혼종성의 반응-지향 모델을 주장한다. 혼종에게 권한을 부여하지 않았기 때문에 혼종에게는 수행능력이 없다는 것이다. 안잘두아는 혼종들이 과거를 파헤쳐 들어갈 때 그것이 본질화된 향수이거나 '오염되지 않은' 식민지 과

거의 구원일 필요는 없다고 주장했다. 반면, 과거의 재구성은 그 스스로 혼종성을 드러내며, 이 혼종의 과거를 현재적 입장에서 인식하고 인정한다는 것은 공동체를 세력화하고 수행능력을 제공한다. 공동체에 대한 안잘두아의 강조는 바바의 가정과 첨예하게 대립한다. 바바는 혼종은 파편화된 개인 타자이자 트린 민-하가 자기에 대해 설명했던 것이라고 가정했다. 그러나 혼종들은 개인화를 거부함으로써 스스로 세력화하여 한 공동체로서의 수행능력을 갖춘다(이는 물론 문제가 되는 모든 것들과 관련되어 있다. Yuval-Davis, 1991b; 4장의 논의도 볼 것). 또한 이를 통해 유럽 중심성에 반응할 뿐만 아니라, 경계지대에 새로운 창조적 공간을 창출해 넘으로써 유럽 중심성의 헤게모니에 저항한다.

이러한 종류의 혼종화 공동체야말로 얀 네데르베인 피에테르서가 보았던(Nederveen Pieterse, 1994), 오늘날 세계적으로 일어나고 있는 지구화 과정의 기초이다. 물론 동질화를 더욱 강조하여 지구화를 설명하고자 하는 모델이 더 흔하지만 말이다.

문화 변화와 근대성

파르타 차테르지(Chatterjee, 1986)가 주목했던 것은 문화적 탈식민지화가 정치적 탈식민지화를 예상하고 이를 위한 길을 예비했다는 점이다. 20세기의 특징이 된 중요한 결렬이었던 이 과정은 국가적 과거의 신화적 황금시대로 거슬러 올라가지 않고 오히려 더 커진 세력화 의식, 자유와 독립의 민족적 궤도의 발전에 관심을 두었다. 이러한 문화 탈식민지화 과정의 중심주제는 섹슈얼리티와 젠더 관계의 재정의와 재구성이었다. 프란츠 파농(Fanon, 1986)은 흑인 남성들에게 "자신의 남성성을 되찾으라"는 그의 유명한 요구를 통해 이를 어느 정도 요약했다. 아시스 난디(Nandy, 1983)가 주장했듯, 식민지 남성은 식민지 담론에서 여성적으로 구성되었으나, 해방과 세력화의 방식은 이러한 주장을 부정하는 것처럼 보인다. 여러 문화체계에서 잠재력과 남성성은 동의어인 듯 보인다. 이러한 관점은 여러 반反식민주의 운동과 블랙파워 운동의 극단적 '마초' 스타일을 정당화했다. 또한 이러한 민족 집단체들에서의 여성의 이차적 위치도 정당화했다.

그럼에도 '여성 해방'은 터키나, 인도, 예멘, 그리고 중국의 다양한 혁명 및 탈식민지 기획 안에서 사회변화와 근대성을 지향하는 보다 폭넓은 정치적·사회적 태도의 기호가 되었다(Kandiyoti, 1991b). 차테르지(Chatterjee, 1990)가 지적했듯, 여성은 식민주의의 시선으로 토착 문화를 정의할 때 중심의 위치에 있어 왔기 때문에 문화변화의 상징적 선언도 바로 여기에서 비롯되었던 것이다. 이는 민족 또는 국가의 기획이 ——내적으로나 외적으로—— 근대화를 향한 자신의 움직임을 나타낸 중요한 메커니즘의 하나이기도 하다. 그러나 이러한 변화들에 양가성이 없는 것은 아니다. 이들이 근대화와 민족독립을 동시에 나타내야 했기 때문이다. 흉내 내기 과정은, 있었다 해도, 매우 제한적이었다.

이와 관련된 논의들의 한복판에 어느 정도까지 근대화를 서구화와 동등하게 볼 것인가 하는 문제가 있었다. 식민세계의 많은 민족지도자들에게 민족주의와 사회주의는 이들이 유럽이라는 식민지의 적을 성공적으로 패배시키기 위해 채택해야 할 근대성의 척도였다. 이 때문에 차테르지(Chatterjee, 1986)는 식민 이후 세계의 민족주의를 파생 담론이라 본 것이다. 그러나 그렇다고 해서 둘을 동일시해야 한다는 뜻은 아니다. 안잘두아(Anzaldua, 1987)의 세력화한 혼종화 집단모델은 이 과정을 설명하기에 훨씬 좋은 방법이다. 여러 토착 문화 및 종교 전통들은 적어도 상징적으로는 국가의 상징물들이나 정체성의 상징적 '경계 수비대'를 설정하는 자원으로 전유되었다.

식민 이후 세계에서 근대 민족국가의 헤게모니는 종종 매우 제한되었고 도심과 상류계급에 대체로 제한되었기 때문에, 문화 및 종교 전통을 상징적 경계 수비대로 이용함으로써 '근대'의 중심부는 사회의 선근대적 부분들과 광범위하게 계속 공존할 수 있었다. 또한 이후에는 여러 경우, 동일한 관습과 전통으로 전향하여 매우 다른 종류의 국가 기획을 발전시킬 수 있었던 새로운 세대의 지도자들이 부상할 수 있었다. 옛 기획에서 진보와 근대성을 상징했던 것들이 이제 이러한 기획에서는 유럽 문화제국주의로 구성되었다. 집단체의 '진짜' 문화적 본질이라는 근본주의 구성이 대안으로 도입되었다. 그러나 이 구성은 종종 사람들이 이러한 사회에서 역사적으로 살아가기 위해 이용했던 방법과 비슷할 뿐 이전의 '민족 해방'도 아니며, 이들이 근대성과 그 도구들을——근대적 매체이든 첨단 무기이든——버렸다는 것도 아니다.

여성들은 또다시 이 기획에서 중요한 역할을 차지한다. 여성들은 변화의 상징이 아닌 '전통 운송자'의 역할 속에 구성된다. 해방 기획의 중심 역할이던 베일 벗기라는 상징적 행위는 이제 혁명 이후 이란에서 발생했던 사례에서처럼 베일 강요 캠페인에 의해 억압받는다. 근본주의 운동은 인도의 사티[sati][미망인 화형식]와 같은 실천조차도 주목하여, 여성들이 전통을 따르는 것에 민족 문화의 본질의 안전보호장치가 있다고 보는데, 이러한 작용은 이와 같은 실천들을 중심으로 '타자성'을 구성하는 식민의 시선이 반영된 거울 이미지이다(Chhachhi, 1991).

근본주의와 근대성

근본주의는 아마도 우리 시대에 가장 중요한 사회 운동일 것이다(Contention, 1995). 전 세계의 근본주의 운동은 이들의 이질성에도 불구하고 기본적으로 정치 운동이며, 종교적 혹은 민족적 책무를 지니고 다양한 방식으로 폭넓은 차이를 보이는 상황들을 추구하여 근대국가와 미디어 권력이라는 장비로 이들의 신조credo를 채운다. 이 신조란 특정 신성한 텍스트, 즉 카리스마적 지도자에 연계되어 있는 복음주의 실험 운동에 근거하며, 종교, 민족 문화, 진리라는 유일하게 유효한 형식으로 제시된다(Sahagal and Yuval-Davis, 1992). 따라서 종교 근본주의 운동은 해방신학과 차별화할 필요가 있다. 해방신학은 매우 종교적이면서 정치적이며 비종교적 정치투쟁(에 종속된다기보다는)과 협력한다.

근본주의는 상이한 국가들의 상이한 정치적 동향에 스스로 맞춰 가며 여러 형식으로 자신을 드러낸다. 이는 정통 교리의 형식, 즉 '전통 가치'의 유지로, 또는 '본래의 근원에로 회귀'하면서 불결하고 타락한 종교 형식을 떨쳐 내는 부흥 운동의 급진적 현상으로 나타날 수 있다. 예를 들어, 이스라엘의 유태 근본주의는 기본적으로 두 형태로 나타났다. 하나는 우익 시오니즘의 형태로, 여기에서 이스라엘 국가 수립은 그 자체로 긍정적인 종교 행위이다. 다른 하나는 반反시오니즘 운동, 아니면 비非시오니즘 운동으로, 이스라엘 국가를 자기들만의 유태주의를 추진하기 위해 필요한 경제력과 정치력을 얻을 수 있는 편리한 자원으로 바라본다. 이슬람에서 근본주의는 (마드라사madrasa[15]의 근본주의인) 코란 경전으로의 회귀로, 그리고 (울레마 ulema[16]의 근본주의인) 종교법 샤리아로의 회귀로 나타난다. 미국에서는, 프

---

15 마드라사는 아랍어로 교육기관을 의미한다. 영어권, 특히 영국과 미국에서 이해하는 마드라사는 부정적인 함의를 지니는데, 반(反)서구 소명의식과 결합한 근본주의 이슬람 교육을 뜻하거나, 극단적인 경우 테러리스트들이 이데올로기적으로 형성되는 장소를 뜻하기도 한다. 물론 근본주의 이슬람이 지배적인 지역에서 마드라사가 급증하는 경향이 있으며 1980년대 파키스탄에서는 이들 학교가 무장세력 형성을 지원했던 과격파를 양산하기도 했으나, 전반적으로 마드라사는 탈정치적이며 국가가 외면한 빈민 지역에 교육과 거처를 제공하고 있다. ─옮긴이

로테스탄트 근본주의 운동에 본래적 의미의 근본주의자들——성경 텍스트로 돌아가고자 하는 사람들——과 감정적 종교 경험에 훨씬 더 의존하는 '거듭난 기독교인들' 모두가 포함된다(Maitland, 1992를 볼 것).

(미국의 복음주의 뉴라이트들이나 호메이니의 이란, 그리고 유고슬라비아의 세르비아 민족과 같이) 사회의 보편적 지배를 추구하는 국가의 지배 다수집단들의 근본주의 운동과 (하시드파hassids[17] 계열 루바비치파lubavitche들의 유태 근본주의와 영국의 힌두와 시크 근본주의와 같이) 국가와 매체권력, 그리고 자원을 이용하여 대개 민족의 측면에서 정의되는 특정 지지층에 일차적으로 자신의 신념을 홍보하고 강요하는 소수집단들의 근본주의 운동들을 구별하는 것은 중요하다. 그러나 다양하고 상이한 형태의 근본주의 운동을 확인한다고 해서 특정 사회현상으로서의 '근본주의'라는 용어의 사용을 무효화하지는 못한다. 주요 사회 운동들은 모두——민족주의 운동이든, 사회주의 운동이든, 페미니즘 운동이든——비슷하면서도 이질적이었다.

최근 근본주의의 부상은 근대성의 위기와 연결되어 있다. 여기서 근대성이란 계몽, 합리주의, 진보의 원칙에 대한 믿음에 근거한 사회질서에 관한 것이다. 자본주의와 공산주의 모두 사람들의 물질적, 정서적, 영적 요구들을 가져다줄 수 없다는 것이 입증되었다. 일반적 의미의 절망과 방향 상실이 사람들에게 위로의 근원이 될 초월적 종교를 열어 주었고 이때 의미 구성의 중심은 개인으로부터 종교 지도자와 종교 기관으로 이동했다.

---

16 울라마(ulama)라고도 하며 이슬람의 여러 학문 분야에서 연구하는 무슬림 학자들과 같은 교육받은 계급을 가리킨다. 특히 이들은 샤리아법의 결정권자로 알려져 있다. 넓은 의미에서는 이슬람의 여러 학문을 수학하고 수련한 무슬림 성직자들을 설명하기도 한다. 이슬람 근본주의는 주로 이슬람의 도시 지역에 거주하는 엘리트 중산층들의 지지를 받아 왔는데, 특히 이슬람 종교법을 더욱 엄격히 강화하여 법을 집행하려는 울레마들이 근본주의자들의 주장을 많이 포용하고 있다.——옮긴이
17 정통 유대교의 한 갈래. 신비주의를 유대교 신앙의 근본적 측면으로 보고 이를 내면화하고 보급함으로써 영성과 기쁨을 얻을 수 있다고 주장한다.——옮긴이

여성의 통제와 가부장제 가정은 대개 사회질서라는 근본주의 구성물의 중심이었다. 이들은 종종 모든 사회병폐들의 만병통치약으로 보였다.

널리 확산된 복음주의적 확신은 가정의 안정이 다른 사회문제들의 해결의 열쇠라는 것이었다. 일단 '방랑자'들이 '집'에 오면, 그리고 가난한 이들이 기독교적 강한 가족애에서 발견되는 책임감을 갖게 되면, 가난은 그친다는 것이었다. (Marsden, 1980: 37)

그리고 여성들이 자신의 온당한 사회적 역할을 포기한다는 것은 사회적 재난을 의미할 수도 있다.

여성들은 그렇고 그런 정도의 생물학적 장애와 가족에 대한 엄청난 책임감을 갖고 있어서 질서가 잘 잡힌 사회에서는 퍼다purdah를 내려놓을 수 없다. (Pundah Mandrudi, Hyman, 1985: 24에서 인용)

근본주의와 관련된 역설 하나는 여성들이 근본주의 운동이 이들에게 맡긴 공간 안에서 공모하기도, 편안함을 찾기도, 가끔은 세력화 의식을 얻기도 한다는 것이다(Ali, 1992; Foster, 1992; Maitland, 1992; Yuval-Davis, 1992a를 볼 것). 일반적으로 종교 제도 안에서 굴종의 위치에 있게 됨에도 불구하고, 다수 여성들은 스스로 적극적인 구성원을 구성한다. 이는 억압당하는 이들에게 위로의 근원이 되는 종교와 연결되어 있는 것뿐만 아니라 젠더 사이의 정서적 분업과도 연결되었다고도 볼 수 있다. 여기서 여성들은 자기 식구의 정서적·도덕적 안녕의 수호자로서 역할함으로써 종교 영역에서 활발히 활동할 수 있다(Beth-Halakhmi, 1996). 또한 종교 운동에 참여함으로써 여성들은 그렇지 못할 경우 이들에게 차단될 공적 영역에서 적법한 장소를 갖게 된다. 특정 상황에서는 여성들이 자신의 목적을 위해 어린 소녀들과 부모와의 관계에서처럼 이런 장소를 전복하기도 한다. 이것은 동시에 위협이 덜할 수도 있으며 개인적으로 성취할 수 있는 도전이자 공간이 될 수 있다. 때문에 비숙련 노동자 계급 여성들과 좌절한 중산층 여성들이 이에 매료될 만하다. 또한 소수인종이나 소수민족의 여성들에게 이는 스스로를 방어하면서 아울러 인종차별주의 헤게모니 문화에 저항할 수 있는 방편을 제공하기도 한다. 하지만 근본주의 운동의 전반적인 효과는 여성에게 매우 유해했으며 여성의 역학과 활동을 제한하고 규정하며 이들이 이들에게 예정된 한계 밖으로 나가려 하면 이들을 적극적으로 억압한다.

근본주의 정치와 연관된 정체성의 물화와 본질화 역시 세계화 과정에 대한 방어적 반응으로 제시되었다. 스튜어트 홀(Hall, 1996)과 베레나 스톨케(Stolcke, 1995) 모두 문화근본주의에 대해(비록 변경 불가능한 집단체 경계에 대한 강조점을 고려할 때 이를 민족근본주의라고 부르는 편이 더 좋을 것도 같지만) 논한다. 정치 자치권과 통치권의 의미가 점점 줄어드는 듯한 세계 정치 체제 안에서 세계 자본주의가 성장하고 권한 박탈감이 증가한다면, 더욱더 많은 사람들이 스튜어트 홀이 말했던 미래를 직면하기 위한, 집단체 문화의 과거로 상징적으로 후퇴할 필요성을 느끼게 된다. 한핏줄과 같이 고정되고 변형 불가능하며 탈역사적이고 동질적 구성물이라는 신화는 비슷한 방식으로 종교근본주의에도 사용된다. 사실 종교는 종종 이러한 문화근본주의 구성체들의 문화적 기표로서 중심적인 역할을 한다.

베레나 스톨케가 지적하듯, 휴머니티의 공유라는 염원이 어떤 인간 존재도 배제하지 않을 듯한 일반성의 사상을 포함한다면, 민족의 개념은 문화특수주의로 번역될 수 있는데, 이 두 개념 사이에서 보이는 근대 자유주의의 모순은 이데올로기적으로 극복된다. 문화적 '타자', 즉 한핏줄이라는 같은 신화를 공유하지 못하는 다른 공동체의 구성원인 이민자는 외국인 체류자로, 그리고 잠재적 '적'으로 구성되어 '우리' 민족이자 문화의 온전함과 고유함을 위협한다. 그럼에도 이데올로기를 좀더 비틀어 보면, 문화적 특수성이라 해석되는 민족 정체성과 소속감은 인간으로서, 원칙적으로, 당연히 이르러야 하는 소통에 넘을 수 없는 장벽이 된다. 완전한——공간적이라 하는 것이 더 낫겠지만——격리가 인류 공통의 복지에 중요하다고 간주하는 것이다. 알렉산드라 올룬드(Ålund, 1995)가 지적하듯, 인간 존재는 "경계 없이 경계를 긋는 창조물"이다. 문화적으로 자신의 고유한 존재의 경계를 표시하려는 인간의 요구와 인간들 사이에 놓인 경계를 사회적으로 넘어설 수 있는 능력 사이에는 미묘한 변증법적 관계가 있다.

세계화와 문화

그러나 이러한 경계 넘기는 대칭적이고 포괄적인 방식으로는 결코 이루어지지 않는다. 이매뉴얼 월러스틴은 '세계체제' 모델을 처음 발전시켰을 때, 이를 기본적으로 중심과 주변부 간에 불평등한 관계가 존재하는 세계 경제의 발달이라는 측면에서 설명했다(Wallerstein, 1974; 1980; 1989). 세계화의 다른 모델들은(예를 들면, Beyer, 1994; Meyer, 1980; Robertson, 1992; Turner, 1994 참고) 이 모델에 세계정부, 세계문화, 세계사회의 측면을 추가했다. 세계화 과정의 발달에서 특히 중요한 것은 정보기술의 발달과 그에 따른 시간/공간의 압축이었다(Cohen, 1995). 동시에 세계화 과정이 반드시 균질화의 과정을 가져오지는 않는다는 사실을 인식하는 것이 중요하다. 균질화 과정은 근대화 담론 안에서 이해되어 왔으며, 세계의 차이들을 동일한 경로로 서구 모델을 지향하는 기본적으로 다른 위치/단계로 보고 있기 때문이다. 얀 네데르베인 피에테르서가 지적했듯, 이는 오히려 혼종화를 가져온다(Pieterse, 1994). 복수의 (경제적·정치적·사회적·문화적) 세계화 과정이 작동 중이라고 한다면, 세계화는 구조의 혼종화, 혼합된 형태의 새로운 기업과 문화 혼종화의 부상, 지역포괄적[18] 혼합물 문화mélange culture로 보아야 할 것이다. 탈랄 아사드는 '역사'의 인류학적 개념과 함께, 유럽의 팽창주의와 세계화의 맥락 안에서 '자율적인 역사'의 개념을 어떻게 구성할 수 있는가를 탐구했다(Assad, 1993). 피에테르서와 마찬가지로 아사드도 총체적 동질성으로 귀착되는 세계화와 문화 차용 개념의 모호함을 발견하고 그 대신 번역 개념을 제안한다. 번역이란 단순한 정체성의 재생산이 결코 아니다. (강제로 부과하거나 자발적으로 빌려 옴으로써 발생하는) 번역의 유형과 조건들의 영향을 받으며 권력의 유형과 조건들이 생산되고, 새로운 가능성이 열리게 된다.

이러한 가능성들의 결과가 충분히 예측되지 않는다 할지라도, 이 가능성들이 만들어 낸 언어는 점차 서구 사회와 비서구 사회 안에서 공유되고, 이에 따라 권력과 종속의 특정 형태들도 구성된다. (Assad, 1993: 13)

그러나 이러한 세계화 과정은 반드시 '포스트모던의 틀' 안에서 분석해야 하는 것은 아니다(Rattansi, 1994). 자칫 세계화가 포스트모던 시대 이전

---

18 지역포괄성(translocality)은 세계화의 과정에서 지역의 중요성과 의미를 생각해 보게 하는 개념이다. 세계화가 지역을 탈중심하고 세계적 자본과 문화가 지역으로 유입되는 현상을 설명하고 있다면, 지역포괄성 논의는 이러한 탈중심 세계화 과정의 맥락에서 지역의 문제를 설명하고 보다 광범위하게 접근해 보려는 시도라고 할 수 있다. 세계화와 함께 자기 동네를 세상의 중심으로 보던 유아론적 사고가 탈중심화되었고, 이로 인해 지역에 대한 논의의 새로운 토대가 필요하게 되었다. 여기서 나온 것이 지역에 관한, 혹은 지역 중심의(on the local) 논의가 아니라 지역을 넘나들며 진행되는(over the local) 논의였는데, 이러한 논의 가운데 설명되는 지역 관련 개념들이 지역포괄성(translocality)이다. 접두사 trans-의 의미를 생각해 보았을 때, 지역의 탈중심화 이후의 지역 관련 개념임을 이해할 수 있을 것이다. trans-에는 '넘어선다'는 의미까지 있기 때문에 지역 중심성을 극복한다는 뜻도 된다. 그리고 여기에는 지역 너머에서 논의되는 지역 담론(예를 들면 자국 내 이슬람 여성의 차도르 착용에 대한 프랑스의 법적 조치에 대한 이슬람 문화권의 반응) 역시 포함될 수 있다. ─옮긴이

에는 존재하지 않았으며, 심지어 이 과정에 연관된 모든 사회들이 이미 '근대성'의 시대를 경험했다고 잘못 생각할 수도 있다.

'세계'global 개념은 대개 '지역'local 개념의 반대로 구성된다. 지역 공동체들마다 세계화 과정과 맺는 관계는 다를 수 있고, 적어도 어느 정도는 여전히 세계화 과정 바깥에 존재한다. 이들은 세계 환경/영향과 공존하고 세계화 과정에 대한 반응으로 구성될 수 있으며 그에 대한 저항의 자리가 된다. 그러나 세계화 과정의 함축적 의미가 반드시 이러한 공동체 안에서 다른 계급이나, 민족적 입장, 젠더적 입장에 위치한 사람들 간에 동일해야 한다고 가정해서는 안 된다. 일례로 탈랄 아사드에 따르면(Assad, 1993: 9~10), 제임스 클리퍼드가 "현재의 지리적, 심리적 기동력으로 감당할 수 있게 된 인간 수행능력의 영역이 확대됨"을 축하했다면(Clifford, 1988), 이와는 대조적으로 자신 역시 나치 난민이었던 한나 아렌트는 매우 비관적으로 "현대 대중들의 저주였던 뿌리 뽑힘uprootedness과 남아돎superfluousness"에 대해 역설했다(Arendt, 1975).

그럼에도 불구하고 최근 교통과 커뮤니케이션의 기술적 발전은 '공동체들'이 서로 멀리 떨어져 살고 있는 사람들, 특히 계급과 직업의 위상을 통해 이러한 커뮤니케이션 수단들에 접근할 수 있게 된 이들에 의해 성립될 수 있음을 의미한다. 세계/지역 관계에서 특히 중요한 것은 디아스포라 공동체의 존재다. 새로운 커뮤니케이션 기술로 인해 이민자 공동체들이 출신국뿐만 아니라 다른 나라에 있는 같은 나라 출신의 다른 이민자 공동체들과도 계속 접촉하는 것이 그 어느 때보다 훨씬 쉬워졌다. 비디오, 라디오, 텔레비전, 그리고 인터넷이 비교적 빠르고 저렴한 국제여행 수단과 함께 언어와 대중문화를 재생산하고, '모국'과 다른 나라의 디아스포라 공동체에서 일어나는 일들에 '뒤떨어지지 않게' 하고 있는데, 이는 그 어느 때보다 훨씬 쉬워졌다. 이로 인해 자신만의 고통스런 역설을 야기할 수 있다. 필 코언은 (1996년 이스트런던 대학교 신新민속학 분과 연례 강의에서) 한 방글라데시 남성에 대해 말했었다. 그는 아일오브덕Isle of Dog[런던 동쪽 끝에 위치한 지역. 원래는 섬이었음]에서 인터뷰했는데, 이메일을 통해 자신의 방글라데시 고향 공동체와 연락하며 유대를 느끼고 있는 반면, 동시에 인종차별 공격이 두려워 현관문 열기가 두렵다고 말했다.

'비非영토 공동체'의 다른 차원은 남아시아와 정통 유대교 공동체와 같이 디아스포라와 '고국' 사이에서뿐만 아니라 서로 다른 디아스포라 공동체들끼리 이뤄지는 '신부교환'이라는 중매결혼이 있는 공동체에 생기는 현상이기도 하다. 이는 '공동체'의 밀접한 연계와 포용적 경계 구성을 지속시키려는 강력한 장치이다. 이들은 지리적 영토의 경계도 다르고 다른 디아스포라 공동체 구성원들을 시민으로 하는 여러 다른 국가들의 정치적 국경들을 넘나든다.

새로운 커뮤니케이션 기술로 인해 (아프리카의 탈식민지화와 이스라엘/팔레스타인에서의 시오니즘의 승리에서처럼) 세계의 정치적 변화의 충격이 더 커졌다. 그 결과 '고국'의 보다 중심적이고 구체적인 새로운 역할이 생겼다. 그리고 유태인들이나 흑인들과 같은 디아스포라 공동체들은 여러 세대에 걸쳐 출신국가와 연결되어 있었기 때문에 상징적 의미가 더 컸다. 따라서 세계화와 국제이민 과정으로 인해 반드시 앤더슨(Anderson, 1983)의 '상상의 공동체'에 굳게 연결되었던 경계들이 약해지는 것은 아니다. 오히려 디아스포라 공동체들이 '다문화주의' 및 복수주의 사회에서 사회적·정치적 합법화를 얻는 동안 상당수 정치 기획들이 다양한 디아스포라 공동체에 등장하여, 아일랜드든, 이스라엘이든, 인도든, 르완다든 고국에서의 정치적·군사적 투쟁 지원에 관심을 갖게 된다. 이들은 고국을 '타자'로부터 '해방'시키고자 하는 목표를 갖고 있다. 이러한 기획은 앞서 서구의 동시대 인종차별주의의 지배적 형태로 논의했던 '문화근본주의'의 성장과 일치한다. 중요한 점은 이러한 문화근본주의 운동이 세계화 과정의 방어적 반응이라고 분석되어 왔기 때문에 문화와 영토의 본래적 유착을 가정하고 있다는 것이다. 이 연관은 매우 빈번히 '가정' 혹은——보다 정확하게는 독일어에서 구사된 대로——하이마트Heimat[고향]라는 개념으로 구성된다(Rätsel, 1994). 필 코언(Cohen, 1995)이 지적했듯, '가정'이란 고도로 젠더화된 구조로, 젠더 관계와 집단체 구성물이 지닌 깊은 연관성의 다른 측면이다. 최악의 경우 이러한 구성물들에서 나올 수 있는 '인종청소'의 깊숙이 젠더화된 특징(5장의 논의를 볼 것)은 본질화된 정체성 정치와 이와 다른 방향으로 잡아끄는 정치적·경제적 현실 사이의 모순을 '해결'하려는 하나의 시도이다.

결론

제임스 도널드는 "국가는 자신의 문화로 자신을 표현하지는 않는다. 문화가 '국가'를 생산한다"(Donald, 1993: 167)고 주장했다.

　　이 장에서 (그리고 이 책 전체를 통해) 개진한 입장은 '문화화'에——즉, '문화에 의한 사회적 존재의 식민화'에——저항한다. 그리고 권력 관계의 복합 과정과, 미시적이고 거시적인 사회·경제·정치 활동과 그 구조가 무엇보다 중요함을 깨닫는다. 그러나 이러한 맥락 안에서, 다양한 문화자원의 활용은, 특히 상징적 경계 수비대는(Armstrong, 1982), 집단체와 집단 정체성의 지속적인 (재)구성과 이들의 경계의 관리/통제에 중요한 역할을 한다. 여기서 문화란 구체화되고 고정된 '것'이 아니라 오히려 역동적인 과정이다. 지속적으로 변화하고 내적 모순으로 가득한데, 이 모순을 이용하는 사회적·정치적 수행체들도 다르고, 이들이 처한 위치도 다르고, 방법도 다르다. 그러나 각기 다른 이용과 의미에 저항할 능력을 지닌 '문화적인 것'이라면, 헤게모니 문화기획은 더 쉽게 자연화되어 버린다. 사회적 타자에 대해 이야기하는 사회적, 정치적, 도덕적으로 근본적인 요구는 종종 다른 문화들을 완전히 다른 별개의 것들로 구성하려는 요구를 더 악화시키기도 한다. 그러나 역사적으로 어떤 동시대 문화라도 다른 문화들로부터 완전히 고립된 채 발전해온 적은 없으며(Lowenhaupt Tsing, 1993), 영향의 방향은 동-서이며 남-북이었지만 그와 다른 방식으로 진행되기도 했다. 이와 비슷하게, 대항 내러티브들, 그리고 차지하고 있는 위치가 각자 다른 이들이 추진하는 여러 기획들이 '포스트모던 시대'만의 특별한 것도 아니다.

이 장은 문화 구성물들과 정체성 서술, 그리고 이들이 독점의 방식과 포섭의 방식으로 경계 관리에 이용되어 온 방식에 대해 검토했다. 또한 문화 변화와, 탈식민지화, 세계화의 과정들이 여러 다른 양식의 혼종 정치와 근본주의 정치에 연결되어 온 방식도 보았다.

이 장에서 논의된 모든 문제들과 관련하여 정체성과 차이의 문화적 구성물들에 대한 젠더 관계와 섹슈얼리티의 중심성을 도출해 보았다. 헤게모니 문화는 세계의 의미와 사회질서의 성격에 대해 특정 관점을 제시한다. 남녀 관계는 이러한 전망을 위해 중요하며, 이 점에서 대부분의 사회에서는 남성들의 여성 통제가 중요하다. 여성들은 종종 집단체의, 집단체 경계의 문화적 상징으로, 집단체의 '명예'의 잉태/전달자이자 세대를 잇는 집단체 문화 재생산자로 구성된다. 특정 법령과 규제들은 '올바른' 남자와 '올바른' 여자란 누구/무엇이며 집단체 구성원들의 정체성에 무엇이 중요한지를 정의하면서 대체로 발전한다. 식민과 종속 과정에서 비롯되는 권한 박탈의 감정들은 식민화된 남성들을 통해 종종 남성성 박탈과/이나 여성화의 과정으로 해석된다. 저항과 해방의 과정에서 남성의 ——그리고 더러는 보다 중요하게 여성의 ——역할 (재)구성은 대부분의 이러한 투쟁에서 중심이었다. 그러나 문화들이 동질적이지 않은 만큼 그리고 특정 헤게모니 문화구성물들이 집단체 안에서 지배적인 지도력의 관심과 밀접한 관계가 있는 만큼, 이러한 헤게모니 구성물들은 종종 이러한 헤게모니 기획을 지향하는 입장을 거스르기도 한다.

이러한 양가성은 다음 장에서 여성의 시민권과 사회적 차이와 관련하여 논의할 것이다.

4장 | 시민권과 차이

'시민권'은 최근 몇 년간 페미니스트들에게는 물론 좌파나 우파 모두에게, 국가적으로나 국제적으로 매우 인기 있는 토론 주제였다. 여기에서 '시민권'이란 특정 여권 소지의 권리를 갖는다는 협의의 형식주의적 의미뿐만 아니라 개인과 국가 간의 관계를 요약하는 포괄적 개념으로도 사용된다. 이에 대해 멜러니 필립스가 설명했듯(Phillips, 1990), "누구도 이것이 실제로 무엇인지 아는 바 없으면서도 이에 대한 동경은 큰 듯하다".

그리고 사실, 시민권은 (워낙 이런 것들이 많지만) 모호한 개념이다. 사회마다 각기 다른 방식으로 구성해 왔으며 같은 국가나 사회 안에서도 역사적으로 변화했기 때문이다. 시민권은 좌파와 우파 모두로부터 공격받을 수밖에 없는 이데올로기였으며 포괄적이면서도 배타적인 조직 원칙으로, 정치적 동원 도구로, 인구집단의 탈정치화 수단으로 사용되었다. 또한 이 말이 보편적 용어임에도 불구하고 한 나라 안에서도 다른 인구집단에게는 다르게 적용되었다.

4장에서 내가 논의하게 될 시민권은 복층의 구성물로, 다양한 집합체의 사람들에게 주어진 ——지역적, 민족적, 국가적, 초국가적인 —— 구성원권 membership에 적용된다. 시민권의 비교연구가 남성들의 시민권을 대조할 뿐만 아니라 여성들의 지배 집단 혹은 종속 집단과의 제휴와 관련하여 여성 시민권의 문제를 고려해야 한다는 것이 4장의 기본 주장이다. 또한 이러한 시민권들의 위상이 지구적이며 초국가적이라는 점도 고려해야 할 것이다.

이렇게 함으로써, 본 장은 네 가지 주요 문제를 언급할 것이다. 먼저, 개인적 현상인 시민권과 집단적 현상인 시민권의 관계, 그리고 이들의 민족주의와 '공동체'라는 개념과의 연관성을 살펴볼 것이다. 그 다음으로 사회적 권리와 사회적 차이의 개념을 검토하고 이들이 다문화주의와 젠더 관계에 관련된 논의들과 연관되어 있음을 살펴볼 것이다.

브라이언 터너(Turner, 1990)는 공/사 그리고 소극/적극의 축이라는 두 차원에 근거하여 영향력 있는 시민권 비교 유형론을 구성했다. 흥미로운 점은, 터너의 유형론이 젠더를 고려하지 않았음에도(Yuval-Davis, 1991b; Walby, 1994), 종종 일반적인 젠더 차이와 여성의 시민권과 관계된 특정한 차이의 묘사에 이 두 차원이 이용되어 왔다는 것이다(Grant and Newland, 1991; Pateman, 1988). 따라서 이 장에서는 계속하여 이러한 두 가지 차원을 살펴보면서, 젠더화된 시민권을 분석하는 비서구 중심의 비교 관점을 구성하려 할 때 이 두 차원을 어떻게 이론화할 것인지 생각해 볼 것이다. 셋째로, 이 장은 공/사의 이분법과 가족/시민사회/국가의 구분의 관계에 관한 주요 문제를 언급할 것이다.

그리고 끝으로 적극적 시민권 개념들을 살펴볼 텐데, 이들이 정치적·사회적 영역 안에서 좌파와 우파에 의해 구성되어 온 방식, 그리고 이들이 시민권의 권리 및 의무와 어떻게 관련 맺고 있는지를 아울러 살펴볼 것이다.

그러나 이 장이 다루고 있는 다양한 문제들의 고찰을 시작하기 전에 일러둘 말이 있다. 시민권 개념을 다룰 때 명심할 점은, 플로야 앤시어스와 내가 전에 언급했듯(Yuval-Davis and Anthias, 1989: 6), 시민권 개념 자체로는 사회적 삶의 다양한 영역에서 벌어지는 모든 차원의 통제와 타협을 적절히 요약할 수 없으며 국가 자체가 자신의 정치 기획을 형성하는 방식을 적절히 말할 수도 없다는 것이다. 그러나 시민권 연구를 통해 개인과 집합체, 그리고 국가 간의 복합적인 관계들에 관련된 몇몇 주요 문제들과 젠더 관계가 이들에 영향을 주고받는 방식을 조명할 수 있다.

시민권, 국가주의 그리고 공동체

자유주의 전통은 시민권을 완전히 개인주의적인 용어로 구성해 왔다. 시민권의 정의는

> 민족국가와 그의 개인 구성원들 간의 관계를 구체화하며 구성원들의 권리와 의무를 절차에 따라 설정하는 일단의 규범적 기대와 이러한 기대들을 실현하는 일단의 실천들이다.(Mary Waters, Peled, 1992: 433에서 인용)

이 정의는 영국에서 가장 영향력 있는 시민권 이론가였던 마셜의 시민권 정의(Marshall, 1950; 1975; 1981)와 유의한 차이가 있다. 마셜에 따르면, 시민권이란

> 한 공동체의 모든 구성원들에게 부여된 지위이다. 이 지위를 소유한 모든 이들은 이 지위로 부여된 권리와 의무의 측면에서 평등하다. (Marshall, 1950: 14)

이러한 권리와 책임들은 공민권, 정치권, 그리고 사회권과 관계가 있다. 마셜은 권리를 부여받은 이들의 집단이 누려 온 권리 형태와 함께 역사적으로 확대되었던 시민권 진화 모델을 개발했다. 마셜은 공민권의 형성시기

가 18세기이며, 정치권은 19세기, 사회권은 복지국가의 발전과 함께 20세기라고 정확히 짚었다.

자유주의의 정의가 시민을 한 국가의 구성원 개인으로 구성하는 반면, 마셜의 정의는 시민을 한 공동체의 구성원으로 구성한다는 점에서 두 정의의 가장 중요한 차이가 있다. 왜냐하면 마셜의 정의에 따르면 상위국가 집단체들과 하위국가 집단체들 모두에게 복층 구조의 시민권이 가능하며, 아울러 상위국가 집단체들과 하위국가 집단체들이 국가와 맺는 관계에 대해 문제를 제기할 수 있기 때문이다.

스튜어트 홀과 데이비드 헬드는 '국가'보다는 '공동체'와의 관계로 시민권을 설명한 마셜의 정의의 유용성을 지적한다(Hall and Held, 1989). 광의의 사회적 정의에 따른 시민권을 단순히 민족국가의 문제로 규정하지 않으려 했기 때문이다. 시민권은 본래 이를 도시에 국한했던 그리스 폴리스의 이데올로기로 등장했다. 요즘에는 시민권을 지역 정치, 특히 1980년대 영국의 런던광역시의회Greater London Council[1]와 같은 모험적인 사업들과 급진적 지역 공공기관들과도 연결시킬 수 있어야 한다. 마찬가지로, 많은 나라에서 국가가 시민사회에 침투했던 것은 극히 일부였다. 이때 전통적인 민족 공동체들은 일부 자율성을 지니며, 이들의 규율은 거의 모든 차원에서 일상 생활을 구성한다(Joseph, 1993). 동시에, 유럽연합이 성장했고, 경제 및 커뮤니케이션의 세계화에 따라 자발적으로든 강제적으로든 집단 이주가 발생하며, 아울러 민족국가들의 자치권이 점차 제한받고 있는 상황에

---

1 1965년에서 1986년까지 있던 영국 런던 중심의 지방정부. 전신인 런던시의회(London County Council)보다 훨씬 넓은 범주의 런던 주변지역까지 포함한 광역단체. 1980년대 노동당 시의원들 중심의 런던광역시의회는 무상임대주택의 매매전환, 예산삭감을 감행하던 대처 내각과 갈등을 빚어 오다 결국 폐지되었다. 이후 2000년 블레어 수상의 노동당 정부는 런던광역정부를 부활시켰다. 런던 카운티와는 별도로 교통, 경찰, 소방 및 비상계획, 도시전략계획, 에너지 정책 수립 등의 기능을 수행하고 있다. ─옮긴이

서, 시민권 역시 실질적인 지구화의 차원에서 분석해 내지 못한다면 국가 간의 국제 관계의 차원에서 분석해야 한다. '지구시민권' 역시 신세계 질서 New World Order와 유엔의 정치, 군사 및 법적 역할에 관련해서뿐만 아니라 생태 문제의 국제 간 상호의존성과 관련해서도 언급되어 왔다.

마셜의 정의에 사용된 '공동체'community 개념은 마을village이 '지구촌' global village 개념으로 확대되는 것만큼이나 모호하다. 하지만 동시에 시민권의 정의에 나타난 '공동체' 개념은 시민권이 제공할 수 있는 강한 '소속 의식'과 국가 정체성 의식을 떠올리게 한다. 이는 '공동체'와 국가 간의 관계의 문제와 이것이 국민들의 시민권에 어떤 영향을 미치는지의 문제를 제기한다. 이에 대한 문헌 속에 담겨 있는 '자유주의자들'과 '공동체주의자들'의 논쟁과(예로, Avineri and Shalit, 1992; Daly, 1993; Nimni, 1996; Philips[Derek], 1993을 볼 것) '공화주의자들'의 논쟁(Oldfield, 1990; Peled, 1992; Peled, 1987; Sandel, 1982)이 이러한 문제들과 관련 있다.

모리스 로셰(Roche, 1987)가 설명하듯, 자유주의 전통에서 개인 시민이란 동등한 지위, 동등한 권리와 의무 등을 전제로 하기 때문에, 젠더, 민족성, 계급 혹은 다른 맥락들에서 비롯된 불평등의 원칙들이 시민권 자체의 위상과 관련이 없을 것이다. 그러므로 시민으로 구성되는 이들은 '공동체의 구성원'이 아닌 서로에게 이방인인 존재들이다. 하지만 이들은 서로에 대해 일단의 복합적인 기대와 가정들을 공유하는데 이들이 충족되지 못할 경우 국가가 이를 집행할 수 있다.

그러나 이러한 개인의 추상화를 비난해 온 '공동체주의자들'은 평등과 사생활의 개념뿐만 아니라 권리와 의무의 개념까지도 특정 공동체의 맥락 밖에서는 아무 의미도 없다고 주장한다(Ackelsberg, 2000). 이러한 상대주의적 주장에 대해서는 이 장의 후반부에서 좀더 심도 있게 논의할 것이다 (다문화주의에 관한 3장의 논의도 이와 관련이 있다). 그러나 다른 근거에서 마이클 샌델(Sandel, 1982) 같은 공화주의 지지자들 역시 개인주의적 시민권 구성에 불만이 많았다. 이들에 따르면, 이러한 구성은 '공익' 개념이 개인의 시민권 선택에 선행하는, '도덕 공동체'의 구성원권을 구성하는 시민권의 가능성을 부인한다는 것이다. 샌델에 따르면, 자유주의 시민권 구성은 '유익보다 권리'가 우선할 것을 가정한다. 대신 공화주의는 시민권을 하나의 신분일 뿐만 아니라 '공익을 결정하고, 실천하며, 추진하는' 일에 적극적으로 관계 맺고 참여하는 수단으로 구성한다. 참여의 의지와 능력은 한 사람의 공민 도덕을 구성하며 시민권의 표현일 뿐 아니라 조건이기도 하다.

그러나 요아브 펠레드가 언급했듯, "이는 공화주의 (도덕) 공동체가 구성되는 방식과 이에 적극적으로 참여하는 데 요구되는 자질의 문제를 제기한다"(Peled, 1992: 433). 그에 따르면, 공동체의 두 가지 분명한 개념이 최근 공화주의의 부활을 통해 뚜렷이 구분되는데, 본질적으로 자발적인 구성원권을 구성하는 약한 공동체와, 구성원들에 의해 구성되는 것이 아니라 발견되는 강한 역사 공동체가 그것이다. 강한 공동체에서 '계속 존재한다는 것은 그 자체로 중요한 가치'이며 최고까지는 아니더라도 '도덕 공동체'의 가장 중요한 의무사항들 가운데 하나가 된다.

그러므로 '강한 공동체'의 구성원권은 완전히 자발적이지도 않고 선택의 문제도 아니며 '오랜 애착'으로 함께 결속하는 것이다. 이는 반드시 그런 것은 아니지만 종종 한핏줄이라는 신화의 결과이다. 다시 말하면, 이 '강한 공동체'는 민족이라는 '상상의 공동체'이다. '강한 공동체'라는 점에서, 공화주의 '도덕 공동체' 구성과 게마인샤프트Gemeinschaft형[2] '민족 공동체' 구

---

2 독일의 사회학자 페르디난트 퇴니에스(Ferdinand Tönnies)는 구성원의 결합 의지에 따라 사회를 '게마인샤프트(공동사회)', '게젤샤프트(이익사회)', '게노센샤프트(협동사회)'라는 세 범주로 구분했는데, 이 가운데 게마인샤프트는 가족·친족·민족·마을처럼 혈연이나 지연 등 애정을 기초로 하여 이루어진 비타산적 공동사회(共同社會)를 뜻한다. ─옮긴이

성은 차이가 없다. 공동체주의자들은 더 나아가 "한 공동체를 구성하는 개인들에 대해 말하는 것은 의미 없다. 오히려 공동체가 개인을 구성한다"고 주장한다(Ackelsberg, 2000: 5).

그렇다면 떠오르는 질문이 하나 있다. 이 '공동체'의 모든 구성원들이 시민사회의 구성원이 될 수도 없고 되려 하지도 않는다면 이런 시민사회 구성원들에게 혹여 생길 수 있는 문제는 무엇일까? 실제로 현재 어떤 국가에든 이주자들과 난민들, '새로운' 소수민족들과 '오래된' 소수민족들이 있으며, 정착민 사회settler society[3]에서는 (여기에 식민지 기획이 새로운 독립국가 집단체를 구성했다 해도[Stasiulis and Yuval-Davis, 1995]) 헤게모니를 쥔 국가 공동체에 속하지 않은 토착민들이 있다. 뿐만 아니라 시민사회에는 에번스(Evans, 1993)가 지칭한 '사회의 주변부 매트릭스'에 완전히 혹은 부분적으로 포함된 이들이 많은데, 이들은 '공동체'와 같은 기원의 신화를 공유한다 하더라도, 성, 종교 및 다른 문제들에 대해 다수의 인구와 중요한 헤게모니 가치 체계를 공유하지 못하고 그로 인해 '도덕 공동체'에 제대로 속하지 못하는 경우가 많다.

펠레드(Peled, 1992)에게 이 정도의 현실로는 공화주의적 입장을 거부하지 못한다. 공화주의는 역사상 계속 존재해 온 '강한 국가 공동체'를 통해 도덕적 명령을 본질적인 것으로 본다. 그러나 이는 모든 '외부인들'outsiders을 계속 배제해 왔다는 뜻이기도 하다. 그의 해법은 (Oldfield, 1990에 따르면) 시민권을 두 겹으로 구성하는 것이다. 즉, 포함될 수 있는 이들에게는 '강한 공동체'의 정식 구성원권이, 그렇지 못한 이들에게는 "잔여분의 불완

---

3 신대륙에 정착한 유럽인들이 세운 사회를 뜻한다. 미국이나 호주에서와 같이 신대륙에 정착한 유럽인들은 이들만의 사회를 구성하고 국가를 세우면서, 본국과는 식민지 관계를 맺으면서 한편으로 이 땅에 이미 살고 있던 토착민들과는 공존 혹은 갈등해야 했다. —옮긴이

전한 지위가 주어진다. 이는 시민권을 권리들의 모둠으로 보는 자유주의의 개념과 유사하다. 이러한 시민권 소지자들은 자발적으로 공익을 준수하지는 않으면서 기본 인권이라 여기는 것은 확실하게 소유하고자 한다".

다시 말해서 펠레드는 배타적 이중체계 시민권의 제도화를 제안함으로써 시민사회의 경계와 헤게모니 국가 집단체 경계 간의 괴리를 해결하고자 한다. 물론 이 해법은 정치적으로 전혀 만족스럽지 못하다. 국가 차원에서 시민을 차별하고 인종적으로 구분하는 것을 공개적으로 묵과하기 때문이다(펠레드는 이스라엘과 1948년 이래 자국 시민이었던 팔레스타인인들에 대한 이스라엘의 조처를 이러한 체제를 성공적으로 관리한 국가의 이상적 사례로 인용한다). 이는 또한 이론적으로도 부족하다. 인구를 국가 집단체 안에 있는 이들과 밖에 있는 이들이라는 두 개의 동일한 집단체로 이분화하면서, 젠더나 국내 인종성, 계급, 성, 능력, 인생주기의 단계 등과 같은 다른 사회적인 구분과 사회적인 위치의 차원들에 대해서는 주목하지 않기 때문이다. 나는 이들이 개인은 물론이며 시민권의 구성에도 중요하다고 주장하고 싶다.

그러나 이러한 고려사항들을 모두 유보한다면, 펠레드의 입장은 적어도 개인적이면서도 공동체적이고, 포괄적이면서도 배타적인, 잠재적으로 고유한 시민권의 모순된 성격을 알고 있다. 마셜의 저작(Marshall, 1950; 1975; 1981)에서는 이러한 주제들이 전혀 문제화되지 않았고, 시민사회의 경계와 국가 공동체의 경계의 겹침을 당연시했다. 우연은 아니겠지만, 테오도어 샤닌(Shanin, 1986)은 영어에는 (러시아어나 히브리어와 같은) 다른 언어와 달리, 국가state 안에서의 정식 시민권citizenship에 해당하는 국적nationality과 차별화되면서 민족 정체성ethnic nationality 개념을 표현할 용어가 없다고 언급한 바 있다.[4] 다른 사회나 국가에서는 공식적인가 비공식적인가, 특정한 하나 혹은 여러 개의 민족/국가 집단체를 우선시하는가에 따라 둘의 관계가 크게 다르다. 이러한 구성원권이라면 구성원의 정체성에 무엇보다 중요할 수도 있고 그렇지 않을 수도 있으며, 이로 인해 모든 영역의 사회·경제·정치 시설들에 대한 접근이 보다 쉬워지거나 더 어려워질 수도 있다. 또한 구성원들이 속한 집단체가 다르다면 여러 영역의 인권적, 정치적 및 사회적 시민권 권리에 대한 자격도 달라진다. 예를 들어, 유럽에서도 이와 비슷한 신분이 있는데, 대부분의 사회적 권리와 인권의 자격을 갖추면서 정치적으로 국가적 투표권은 박탈된 '거류민들'denizen[여기서는 '귀화한 외국인']의 지위이다. 역설적으로 비록 마셜의 시민권 이론은 이러한 문제들과 전혀 관련이 없다 해도, 국가 아닌 공동체의 구성원이라는 그의 시민권 개념 정의는 우리들에게 사람들이 자신의 민족 공동체, 지역 공동체, 그리고 최근 더욱 빈번해지고 있는 초국가 조직 속에서 지니는 다양한 다중 시민권의 구체적 사례들을 연구하는 틀을 제공한다.

하지만 여기에 경계할 것이 있다. 내가 다른 글에서 자세히 서술했듯 (Cain and Yuval-Davis, 1990; Yuval-Davis, 1991b), 중요한 점은 '공동체'는 태생적으로 주어진 기정사실이어서, 우리가 소속될 수도 있고 소속되지 않을 수도 있는 그런 집단으로 보면 안 된다는 것이다. 샹탈 무프가 적절하게 지적했듯, "정치는 정치 공동체 구성에 관한 것이지 그 안에서 일어나는 어떤 것이 아니다"(Mouffe, 1993: 81). 집단체와 '공동체'는 이데올로기적이면서 물질적인 구성물로, 그 경계나 구조, 규범은 지속적인 투쟁과 타협 과정들 혹은 보다 일반적인 사회발전의 결과이다(Anthias and Yubal-Davis, 1992). 이는 스튜어트 홀과 데이비드 헬드가 지적했듯, 현실정치에서는 인

---

4 민족과 국가의 구분이 제대로 구성되지 않은 한국어에서도 역시 국적에 상응하여 민족 안에서의 신분을 표현하는 용어가 없다고 볼 수 있다. 즉 외국에 체류 중인 한국 (국적의) 사람과 (이미 현지 시민권을 획득하고 한국의 국적은 없는) 한인, 그리고 현재 한국에서 살고 있는 이주민으로 한국 국적을 갖고 있는 사람을 구분할 수 있는 용어가 따로 있지 않다.—옮긴이

종과 이민의 문제들과 —— 달리 말하면, 민족과 국가 모두에 관련된 '공동체'의 정체성과 경계들 모두에 도전해 온 문제들과 —— 관련 있는 분야가, 유일하지는 않더라도, 시민권에 대한 문제들이 여전히 최근까지 살아남았던 주요 무대였다.

그러나 문제는 바깥 경계들에 관한 것만은 아니다. '태생'적으로 기정사실인 사회로서의 '공동체' 안에 존재하는 어떤 개념의 내적 차이도 이 유기적 구성에 포섭될 수 있다. 이 차이는 '공동체'의 순탄하고 효율적인 작용에 기여하기 위한 기능적 요구에서 비롯되었을 수도 있기 때문이다. 그러나 그렇지 않을 경우, 이상 현상들 즉 차이들은 공동체를 위협하는 병리학적 일탈이라는 특징을 갖는다. 때문에 '공동체' 개념이 젠더 분야를 포함하고, 심지어 노동계급 분야까지도 어느 정도 포함한다고 해도, 공동체는 문화, 정치 그리고 성의 다양성을 모두 용인하지는 않을 것이다.

따라서 개별 집단체로서의 공동체의 존속을 지지하는 것이 '공동체의 선善'이라고 해석하는 공화주의의 도덕적 명령이나, 전통적인 '공동체적 가치'를 지지하는 것이 개인의 사회적 구성이라고 보는 공동체주의의 집단 주장은 공동체의 어떤 내적 혹은 외적 변화를 위협으로 보려 하는 극단적인 보수 이데올로기가 될 수 있다. 바로 이 지점에서 민족주의와 인종차별주의가 가장 강하게 이어져 있다. 이에 반하는 정치적인 이동을 모색한다면 국민의 정체성이 집단체들과의 관계 속에서 구성되었다는 것을 고려해야 할 것이다. 또한 국민을 구성원으로 하는 집합체들이 저마다 다른 만큼 국민의 신분도 대체로 국가와 관련하여 결정된다는 사실도 고려해야 할 것이다.

따라서 다음에는 마셜의 시민권 개념이 차이 개념에 적용될 때 제기되는 몇몇 문제들을 검토할 것이다.

사회적 권리와 사회적 차이

시민권의 자유주의적 정의는 모든 시민들을 기본적으로 동일하게 구성하며 계급, 민족 등의 차이들이 시민이라는 지위에 상관 없다고 본다. 우연히도 맑스도 이와 비슷한 관점에서 이를『유태인 문제』라는 글에서 발전시켰다(Marx, 1975). 반면, 마셜을 비롯한 이들의 설명처럼, 복지국가에서 발달한 사회적 권리의 전반적 개념은 차이의 개념이 사회적 요구에 의해 결정된다고 가정한다. 존 에드워즈의 말에 따르면, "비슷한 요구를 지닌 이들은 비슷한 자원들을 얻어야 하며, 상이한 요구를 지닌 이들은 상이한 자원들을 얻어야 한다. 혹은, 보다 간결하게 말해 동등하게 취급되는 것이 아니라 취급을 동등하게 보는 것이다"(Edwards, 1988: 135).

윌리엄 베버리지(Beveridge, 1942)와 다른 이들이 파악한 것과 같이, 사회복지권은 본래 계급 차이와 직접 관련이 있다. 복지권은 노동계급의 삶의 질과 아울러 자본주의의 순조로운 활동을 향상시키는 데 목적이 있다. 마셜이 '하이픈 사회'hyphenated society[5]라고 했던 복지사회에서는 자본주의 경제, 복지국가, 그리고 근대국가의 자격 조건들 사이에 긴장이 불가피하다(Marshall, 1981). 데이비드 해리스의 묘사처럼 시민들의 정치 공동체 안에서 복지는 사회적 연대의 제도적 인식으로 파악된다(Harris, 1987).

데이비드 에번스는 사회 주변부 매트릭스 안에 존재하는 민족, 인종, 종교, 성과 같은 다양한 집단 구성에 의해 이러한 사회적 연대가 위협받고 있음을 지적한다.

---

5 '하이픈으로 연결된 사회'라고 직역할 수 있는데, 일반적으로 하이픈 사회란 'Afro-American' 이나 'Anglo-Saxon'에서처럼 둘 이상의 복합적 집단 정체성을 지닌 사회를 가리킨다. 마셜은 복지국가 사회의 다원적 성격을 설명하면서 '민주-복지-자본주의적 하이픈 사회'(the hyphenated democratic-welfare-capitalist society)라고 표현했다. ─옮긴이

이러한 하위 집단체들은 공식적으로든 비공식적으로든 차별을 경험하는데, 이는 이들의 사회적 가치를 낮게 여기는 믿음과 일치하고, 그리고 특히 성적 소수자들의 경우, 영국 도덕 공동체 안에서의 상대적 부도덕성과 일치한다. (Evans, 1993: 6)

인종적 및 민족적 소수자들의 시민권에 대한 논쟁(Gordon, 1989; Hall and Held, 1989)은 공민권이나 정치권, 사회권 등 모든 수준의 시민권을 건드려 왔다. 그러나 앞서 언급했듯, 이에 대한 여러 투쟁과 논쟁들의 일차적 관심은 보다 기본적인 권리, 일단 입국한 이후 특정 국가에 남아 있을 권리 —즉 입국권 —와 관련 있었다. 시민권 구성과 관련하여 포용과 배제에 따른 경계 구성이 중요한 투쟁의 장임에도 완전히 마셜의 시민권 이론의 의제에서 제외된 것은 경계 구성이 민족이나 인종적 구분은 물론 계급이나 젠더에 따른 구분까지도 관련된 다양한 수준에서 이루어지기 때문이다. '유럽공동체 내부이동의 자유', 이스라엘인 귀환법, 그리고 영국 이민법안의 편파적인 조항들은 어떤 이들에게는 규제 없는 이민을 허용하면서 어떤 이들에게는 이를 완전히 봉쇄해 버리는데, 이 모든 사례가 이데올로기적이며 종종 인종차별주의적이기도 한 경계들을 구성한다.

입국과 정착에 관한 문제들이 해결되었다 해도 인종적 소수자들인 사람들에 대한 관심은 사회의 다른 구성원들에 대한 관심과는 다를 것이다. 예를 들어, 이들의 형식적 시민권의 권리는 이들이 살고 있는 나라의 규율과 규제뿐만 아니라 출신국의 규율과 규제 및 둘 간의 관계에 달려 있을 것이다. 영국에 몇 년간 정착한 적이 있는 카리브 해 섬 출신 사람들은 이들의 출신국이 이중 국적을 인정하지 않는다는 이유로, 그리고 출신국의 독립 이후 출신국의 시민권을 철회하겠다는 의도를 제때에 신고하지 않았다는 이유로 영국 여권을 지닐 수 없다는 말을 들었다. 친척들에 대한 걱정과 출신국 방문 불허에 대한 두려움 때문에 (이란인들이나 터키인들과 같은) 이들은 자신의 원래 시민권을 포기하지 못한다. 따라서 비록 다른 나라에서 여생을 보내게 된다 해도 이들은 거기에서 기껏해야 제한된 정치권을 갖게 될 것이다(이는 사회권이 언제나 공민권과 정치권을 따른다는 마셜의 진화 모델과는 모순된다). 이주여성 운동에 특히 초점이 되어 왔던 문제로 다른 나라에 아이를 둔 여성 노동자들이 종종 다른 어머니들과 같은 아동 관련 혜택을 받을 자격이 없다는 규칙이 있었다. 또한 국적법의 특수한 조합들에 따라 이스라엘이나 영국과 같은 나라에서는 아이들이 국적 없이 태어날 수도 있다. 이 나라들은 그 나라에서 태어난 이들이 아니라 부모가 시민인 이들에게 시민권을 부여하기 때문이다.

이민자들은 또한 다른 사회 구성원들이 향유하는 사회권을 박탈당할 수도 있다. 어떤 국가의 입국권은 종종 이민자든, 그 이민자의 가족이든, 국가로부터——일가친척의 주보호자가 될 이민자 여성의 위치에 특히 영향을 줄——어떤 복지 혜택도 요구하지 않겠다는 이민자의 약속에 달려 있기도 하다. 대개의 경우, 은행에 상당한 재산을 보유하고 있음을 입증할 수 있는 높은 신분의 위치라면 한 국가에 정착할 수 있는 권리의 민족적·인종적 할당량보다 우선할 수 있다. 캐나다의 외국인 가사 노동자 여성들과 관련하여 에버게일 바칸과 다이바 스타시울리스가 주장했던 것처럼, 시민권 구성의 개념을 재확립하려면,

국내와 세계의 권력 관계를 모두 반영해야 한다.…… 시민권 권리에 대한 접근을 결정하는 헤게모니 국가의 규제 당국의 인정이 단지 이러한 권리를 획득하기에 누가 적당하고 누가 아닌지를 인종과 젠더로 규정하는 정의에 반영되어 있는 것만은 아니다. 이는 …… 제3세계 국가들의 비非헤게모니적 지위를 상정할 때도 분명하다.…… 선진/자유 민주주의 안에서의 불평

등한 시민권 권리의 분배는 주로 계급, 인종, 젠더의 불평등과 나란히 이뤄진다. 만성 빈곤과 궁핍으로 고생하는 시민들의 비율이 훨씬 더 많음에도 그 정반대편에게 시민권 권리의 불평등은 모호해지고 그 중요성은 후퇴해버린다. (Bakan and Stasiulis, 1994: 26~28)

시민권은 국내 수준에서뿐만 아니라 하나 이상의 국가들의 수준에서 여러 공식적·비공식적 시민권들과 연관하여 검토할 필요가 있다. 무엇보다 중요한 것은 국내에서 개인과 집단의 신분이 다르게 규정된다는 관점뿐만 아니라 국가들의 위상도 저마다 다르게 규정된다는 관점에서 이러한 시민권들을 살펴볼 필요가 있다는 점이다(과거 제국주의 시기 시민권이 국가들 간에 차별적으로 구성된 사실의 의미에 대해서는 캐서린 홀Catherine Hall의 1994년 연구를 볼 것).

전혀 다른 종류의 시민권 문제가 정착민 사회의 토착 소수민족들과 관련하여 생길 수 있다(Dickanson, 1992; Stasiulis and Yuval-Davis, 1995). 한 국가에 살고 있는 토착민들이 이 국가가 공식적으로 이미 구성해 놓은 시민권 집단에 유입되었다 해도, 그것이 최근의 일이라는 점만이 문제는 아니다.[6] 이들이 국가에 뭔가를 요구했다는 것에 문제가 있다. 예를 든다면, 토지권이라는 형식을 통해 이들이 진지하게 정식으로 국가에 요구할 경우, 이것이 정착민 민족 집단체의 합법화 요구와 완전히 갈등을 빚게 될 것이라는 문제도 있다. 토착민 인구를 다른 '소수민족'으로 변형시켜 이 문제를 해결하려 했던 시도들은 대체로 강력한 저항에 부딪혔고 이는 그럴

---

6 미국의 예를 생각해 본다면, 유럽에서 신대륙으로 들어와 신대륙의 주민/주인이 된 정착민들은 본토와 갈등하는 동시에 이들보다 먼저 들어와 살고 있던 토착민을 착취하고 억압하며 이들의 생존과 권리를 자신의 것으로 전유하여 국가를 구성했다. 정작 토착민들은 '아주 최근에서야' 이 국가의 시민권을 갖게 되었다. ─ 옮긴이

만했다(De Lepervanche, 1980). 호주에서는 공식 협약들을 통해 아보리
진들Aborigines이 말하는 소위 '강요하는 사회'와 토착민 사이의 관계를 법
으로 제도화하고 고착시키려 했는데, 종종 동일 영토에 두 민족 통치체들
이 —전자는 국가를 소유하고 후자는 국내에서 국가 없는 통치 사회의 수
립을 시도한다— 있을 경우 복합적인 상황이 생긴다. 인종 문제가 아니더
라도 스스로 민족을 구성해 온 국가들의 경우, 민족 자결권을 주장하는 지
역주의 분리주의 운동의 투쟁들이 자주 발생한다.

　　이러한 상황은 개인의 권리와 집단의 권리가 더 이상 국가에 의해 독점
적으로 결정되지 않는 현 사태의 징후라 볼 수 있음에도 불구하고, 정체성
은 여전히 특수하고 지역적인 범주로 파악된다. 야세민 소이살이 주장하
듯, 이러한 사태는 노동시장의 국제화와 대량 탈식민지화와 같은 몇몇 요
소의 결과로 2차대전 이후를 즈음하여 나타났다(Soysal, 1994). 후자는 새
로운 형태의 이민이동을 야기했다. 하지만 이보다 더 중요한 것은 이로 인
해서 생겨난 신생 국가들이 보편적인 매개변수들을 통해 자신의 권리를 주
장하고 유엔이나 유네스코와 같은 국제기구에 참여하면서 입법은 물론 국
제 인권 담론까지 발달하게 되었다는 점이다. 이러한 국제 인권 담론은 여
성이나 흑인, 제4세계 국민, 장애인 등과 같은 다양한 사회 주변부와 집합
체들의 불이익에 대해 그리고 차별에 반대하여 저항했던 남반구뿐만 아니
라 북반구에서도 새로운 사회 운동의 발달로 보다 폭넓어지고 강해졌다.
그러나 이러한 국제적 권리 강령을 집행할 주체도 국가이고 국제단체에 가
입한 주체들 역시 국가이기 때문에, 어떤 국제기구도 다른 국가의 '내정을
간섭할' 권리가 없다.[7]

　　소수인종과 소수민족을 위한 시민권 권리가 가장 문제시되는 것은 사
회권과 다문화주의의 개념과 관련이 있을 경우이다(그 예로 Parekh, 1990;
Jayasuriya, 1990; Yuval-Davis, 1992b 참고). (Harris, 1987; Lister, 1990처럼)

저마다 차이는 있겠지만 이 문제는 시민 각자의 영역에 남아 있다. 해리스가 주장하듯,

> 그 목적은 모든 이에게 다원주의의 혜택을 즐기고 이에 참여할 수 있는 수단을 제공하는 것이다.……최소한의 기준을 효율적으로 정의할 수 있는 문화 변수들의 저변에는 공통요소들이 있다. (Harris, 1987: 49)

지위평등의 강조를 상호존중으로 재해석하면서 마셜의 동질 공동체는 다원주의 공동체로 변형된다(Lister, 1990: 48). 그러나 이러한 모델은 상이한 시민 집단 구성에 잠재된 이익갈등을 고려하지 않으며, 소수민족 구성원들에 제공하는 특별지원을 집단적 성격이 아닌 오히려 개인적 성격으로 파악한다(Jayasuriya, 1990: 23).

필요한 것들에 대해 집단에 따라 지원할 것인가 하는 문제는 개인의 권리보다는 집단을 목표로 하는 적극적 우대조치와 관련이 있다. 다문화주의 정책은 인구를, 아니 그보다는 인구 안에 있는 빈민과 노동자 계급을, 인종 및 민족 집단체의 측면에서 구성한다. 이러한 집단체들의 특징은 자신들이 지닌 구조적 불이익이나 문화적 차이에 따른 집단적 요구를 한다는 것이다. 정책에 대한 이러한 저항은 집단권의 측면에서 고용과 복지 정책의 구성이 개인의 권리와 갈등할 수 있으며 따라서 차별적일 수 있다는 주장의 표현이라 할 수 있다. 그러나 캐나다나 영국, 미국과 같이 공식적으로 다

---

7 예를 들어 국제노동기구(International Labor Organization, ILO)나 국제엠네스티(Amnesty International, AI)에 가입한 국가에서 이러한 국제기구가 규정한 원칙을 위반한 사례가 발생했을 때 해당 국가의 정부가 이를 처리할 의지가 없을 경우, 이들 기구는 사실상 어떤 제재도 불가능하다. 제재를 결의하고 행사해야 하는 회원들 역시 국가의 자격으로 활동한다는 점에서 국가 간의 관계로 본다면 제재는 곧 특정 국가에 대한 다른 국가들의 내정간섭이 될 수 있기 때문이다.—옮긴이

문화 정책을 채택한 나라에서 단지 이데올로기로서가 아닌 실질적인 영향을 미치는 인종차별주의를 극복하기 위한 유일한 효율적 조치는 집단 구성원권에 기초한 집단적 대처와 적극적 우대조치뿐이다(Burney, 1988; Cain and Yuval-Davis, 1990; Young, 1989). 이와 유사한 정책들이 인도나 남아프리카와 같은 다른 다원주의 국가들에서도 구성되어 왔다.

이 문제가 더 문제시되는 경우는 고용이나 복지에 대한 접근성의 측면에서 차별적으로 지원이 이뤄지는 경우가 아니라 민족에 따라 다르게 정의되어 온 문화적 요구에 따라 차별적으로 지원하는 경우다. 이러한 지원에는 통역에서부터 종교 조직에 이르기까지 다양할 수 있다. 아주 극단적인 경우, 아보리진 관련 논쟁에서나 무슬림 소수민족들이나 루시디 사건에서처럼, 자신들만의 관습법 체계와 종교법 체계에 따라 소수민족들이 행동할 수 있게 해달라는 요구들이 있어 왔다. 이에 대해 사실상의 인종차별 제도를 내포하는 사실이라고도 하고 사회통합과 정치 헤게모니의 사례라고도 하며 반대하는 주장들이 있었던 반면, 이러한 요구들을 '소수인종'들의 사회권과 정치권으로 봐야 한다고 자연스레 추정하며 지지하는 이들도 있었다. 여기에서 제기할 수 있는 문제는 시민들의 권리의 경계를 어떻게 정의할 것인가 하는 것이다.

윌 킴리카가 구분할 것을 제안한 '두 종류의 집단권'이 있다(Kymlicka, 1995). 하나는 집단의 요구claim가 구성원들에 반하는 경우이며, 다른 하나는 집단의 요구가 보다 큰 사회(혹은 국가)에 반하는 경우이다. 킴리카는 전자의 요구를 지지하는 국가 권력의 사용에 반대한다. 이 집단 안에 있는 개인들이 종종 문화와 전통의 이름으로 억압받을 수 있다는 혐의가 있기 때문이다. 반면 두번째 경우, 이 문제는 종종 타자에 의한 불이익으로부터의 집단적 보호와 관련이 있다. 이러한 경우, 국가의 개입은 환영받아야 할 것이다. 킴리카의 주장은 대체로 지지할 수 있으나, 그는 집단의 경계를 구체화하고 자연화하면서, (동질적이지 않으면서 상이하고 갈등하는 이익을 지닌) 집단 안에서 특정 권력의 자리를 점한 사람들과 '이 집단' 자체를 구분하지 않는다.

자야수리야(Jayasuriya, 1990)는 똑같은 질문을 붙들고 씨름하면서 다소 다른 용어를 이용하여, 자신이 필요한 것needs과 원하는 것wants이라 표현한 것들을 구분할 것을 제안하는데, 전자가 본질적이어서 국가가 충족시켜야 하는 것이라면 후자는 공적 부문 밖으로 떨어져 나와 있어 자발적 방식으로 사적인 영역 안에서 충족되어야 하는 것이다.

시민사회 안의 특정 하위 집단체의 본질적 문화 요구와 비본질적 문화 요구의 객관적 차이에 따른 '필요한 것'needs과 '원하는 것'wants의 구분은 물론 매우 수상하다. 문화나 문화적으로 필요한 것들은 집단체의 탈역사적이고 본질주의적인 고정된 특징이 아니다. 3장에서 자세하게 살펴보았듯, 문화란 선별적으로 사용하는 매우 이질적인 자원이어서, 그 방식은 흔히 모순적이고, 특정 집단체의 구성원들이 추진하는 다양한 민족 기획을 통해 이용된다. 이러한 기획은 집단체 안에서 민족 기획을 추진하는 이들이 어떤 신분을 갖고 있는가에 따라, 그리고 이와 마찬가지로 국가에 대해 집단체가 어떤 위상으로 나오는가에 따라 모두 영향을 받는다. 여성들이 고통받는 것은 흔히 국가가 교육이나 결혼, 이혼, 그리고 여성 난민의 기타 조치들의 문제를 '공동체가 문화적으로 필요로 하는 것/원하는 것'이라는 구성물로 정의하기 때문이다(Sahgal and Yuval-Davis, 1992). 남아공의 경우 아프리카민족회의African National Congress, ANC 의 여성회원들은 오랫동안 열심히 투쟁하여 (불과 헌법의 최종승인 24시간 전에) '관습과 전통 존중' 원칙에 우선하는 헌법적 권위를 지니는 '비非성차별주의 남아공'의 원칙을 통과시켰다(Biehl, 1994).

자야수리야는 국가 조치의 공적 영역과 사적 영역의 경계를 마치 자연적이고 고정적인 것인 양 설정한다. 그러나 이러한 경계는 매우 문제적이며 특정 젠더와 문화에 국한된 것이다(Kandiyoti, 1991a; Yuval-Davis, 1991b). 이 장의 다음 부분은 공/사 이분법 개념을 살펴보고 이들이 싱이한 종류의 시민권 구성뿐만 아니라 젠더 관계와 노동의 분업 구성에 이용되어 온 방식을 살펴볼 것이다.

공적인 것과 사적인 것

학자마다 공/사의 경계와 이것이 정치사회나 시민사회, 가족, 경제, 자원봉사 영역 등과 같은 다른 개념들과 맺는 관계에 대해 논의하는 방식들에서 보이는 불일치는 정도가 매우 높다.

예를 들어 캐럴 페이트먼(Pateman, 1988; 1989), 레베카 그랜트(Grant, 1991)와 같은 페미니스트들이 공적 영역과 사적 영역에 대해 논의하는 방식을 보면, 이들의 저술에서 공적 영역은 정치 영역과 일치하는 반면, 사적 영역은 여성들의 일차적인 위치로 설정된 가족 영역과 주로 관련 있는 것이 분명하다.

캐럴 페이트먼은 사회 계약 이론가들의 저술을 검토하면서, 이들은 "가장 유명하고 영향력 있는 근대 정치 이야기"이며, "국가와 시민법의 구속 권위와 근대 시민정부의 적법성을 설명"한 글이라고 했다(Pateman, 1988: 1). 그녀는 이 이론가들이 사회social 계약에 대해 논의해 왔기 때문에 이들이 이야기해 온 것은 이야기의 절반뿐이라고 주장한다. 반면 그녀는 사회 계약이 성적sexual 계약에 ——즉, 남성이 여성 위에서 행사하는 권력에 ——근거하여 적법화되었다고 본다.

'우애'fraternity[8]는 자유, 평등과 함께 외치던 프랑스 혁명의 표어 가운데 하나였다. 페이트먼에게 우애는 단순히 시민들 간의 사회적 유대 혹은 더 나아가 남성적 결속에 관한 것만은 아니었다. 가부장제에서 온 사회의 헤게모니 권력 관계들은 우애로 변형되었다. 가부장제에서 아버지(또는 아버지 인물인 왕)는 다른 남성과 여성을 지배하였으나, 우애를 통해 남성들은 사적 영역에서 자기 여성들을 위에서 지배할 수 있는 권리를 얻는 대신 공적인 정치 영역에서 자신들끼리의 평등이라는 사회질서의 계약에 동의한다. 때문에 여성은 공적 영역에서 우연히 배제된 것이 아니라, 새로운 정치 체제와 그 구성원인 시민들 간의 거래의 일부가 되어 버린 것이다. 국가 시민권 개념의 부상을 기저에 둔 사회철학은 모두 보편주의적인 것과는 거리가 멀며, '남성 man의 권리'의 측면에서 구성되었다(사실은 '백인 남성의 권리'이다. 페이트먼의 1989년 연구에 따르면, 흑인들의 노예 상태 역시 드물게 거론되는 이야기의 한 부분이기 때문이다).

우르줄라 보겔은 마셜의 진화모델에서처럼 여성들이 시민권 권리에 관해서 지각생인 것만은 아님을 보여 주었다(Vogel, 1989). 여성의 배제는 남성들의 민주적 참여의 자격부여를 구성하는 일부로, 이를 통해 "개인 그 자체에게가 아니라 한 가족의 (말하자면 비시민 non-citizens 집단의) 구성원이자 대표로서의 능력을 지닌 남자들에게 시민의 지위를 부여했다"(Vogel, 1989: 2). 실제로 영국 빅토리아 시대에 여성들은 결혼하면 시민권을 상실했다. 1948년이 될 때까지 이들은 '외국인'과 결혼할 경우에도 시민권을 상실했다. 그리고 1981년에서야 비로소 자신의 시민권을 자녀에게 옮길 수

---

8 자유(Liberté), 평등(Égalité)과 함께 프랑스 혁명의 모토였던 우애(Fraternité)는 혁명에 참여한 이들 간의 연대와 결속을 의미했으나 이후 휴머니즘과 박애주의를 나타내는 박애로 해석되었다. 앞에서도 설명했듯 영어 fraternity는 중세 이후 길드의 장인 또는 메이슨들의 모임을 일컫기도 했고 (직종·이해관계·신념이 같은 사람들의) 협회나 동호회 혹은 노조나 사회단체, (미국 대학의) 남학생 사교 클럽을 나타내기도 한다. 이는 우애나 연대이든, 아니면 박애이든 남성 간의 관계가 본질적이며 보편적인 인간 일반의 관계 내지 도덕적 가치의 의미로 표현된 사례인데, 이렇게 'fraternity'로 호명된 조직이나 개념에서는 그 존재 이유에 상관 없이 암묵적으로 여성이 배제될 수 있다.──옮긴이

있는 독립적인 권리가 생겼지만(Bhabha and Shutter, 1994; WING, 1985),
이와 동시에 영국 안에서 비시민인 혹은 정착민인 어머니에게서 출생한 자
녀는 영국 시민권을 완전히 상실했다.

자야수리야(Jayasuriya, 1990)가 자신의 글에서 이렇게 사적인 것을 가
족의 영역으로 구성하는 것과 대조적으로, 위에서 언급한 바와 같이 사적
인 영역은 국가로부터 재정지원을 받거나/받지도 통제받지 않으며, 예컨대
종교 제도 등을 포함한다. 브라이언 터너는 자신의 시민권 유형을 위한 축
으로 공/사의 이분법을 이용하며, 사적인 영역에 정신 활동뿐만 아니라 자
기향상 활동이나 기타 여가활동도 포함시킨다(Turner, 1990). 실비아 월비
는 그에 대해 '사적'인 것의 두 의미를——하나는 개인의 자율성과 관련이
있고 다른 하나는 국가의 간섭으로부터의 자유와 관련이 있다——융합함
으로써 여기에 '남성의 관점'을 적용시켰다고 비난한다(Walby, 1994: 383).
그녀는 가족이 국가의 간섭으로부터 자유로울 수도 있고 자유롭지 못할 수
도 있는 반면, 여성에게 가족은 자율적이고 자유로운 공간은 아니며 가족
은 단일한 관심사를 갖고 있지도 않다고 주장한다. 남편과 아내(그리고 확
대가족의 경우, 자녀나 다른 친척들도 추가될 것이다)가 처한 사회적 입장과
권력과 관심이 가족 안에서도 다르기 때문이다.

만일 우리가 '사'private의 의미를 개인이 자율적인 것이라고 받아들인다
면, 이 점은 어느 정도는 모든 사회 영역에서 행사될 수 있는 것이다. 어떤
사회에서든 사람들은——그리고 단지 여성뿐만 아니라——사회구조와 집
단체가 제공하는 모든 구속에도 불구하고 이들의 일부분이면서 동시에 자
율적인 개인 행위체로 활동할 수 있기 때문이다. 가족 안에서든, 민간 영역
혹은 정치 영역에서든 마찬가지다. 이와 비슷하게, 사람들의 선호와 취미
에 따라, 여가 및 자기향상 활동을 가족이나 다른 개인적 친구들과 함께 보
낼 수도 있고, 노조나 교회, 민족 스포츠 모임을 함께하거나, 지방정부의 의

회 의원으로서 시간을 보낼 수도 있다. 동시에, 특히 근대 복지국가에서는 국가의 간섭으로부터 보호받는 사회 영역이란 없다. 직접적인 간섭이 없는 경우조차도 능동적이든 수동적이든 불간섭의 경계를 스스로 설정하는 것은 바로 국가이다. 달리 말하자면, 공과 사의 경계 구성 그 자체가 정치행위다. 고유한 역동성을 지닌 정치권력 관계는 일차적인 사회 관계 안에서뿐만 아니라 보다 비개인적이고 이차적 사회 관계들인 민간 영역과 정치 영역 안에서도 작용한다.

권력 노선이 수직으로뿐만 아니라 수평으로도 작용한다는 인식에서, 국가를 별개의 단일 영역으로 이론화할 필요가 없다는 푸코적 인식이 비롯되었다. 그러나 1장에서 논의했듯, 국가는 그 실제나 의도, 혹은 영향력에 있어 단일하지 않으나, 하나의 별개 영역, 즉 "기존의 집행기구를 장악하여 이를 기반으로 통제하려는 의도에 따라 중앙에 조직된 제도체"인 국가를 유지할 필요가 있다(Anthias and Yuval-Davis, 1989: 6). 국가권력은 의도성이 있든 없든 어느 정도 자율적이며, 교육이나 미디어와 같은 이데올로기적인 생산물이 국가 내부와 외부 모두에 가로놓여 있을 수 있는 반면, 개인과 집단의 권리행사는 계속해서 국가에 묶여 있고(Soysal, 1994), 국가의 지배는 계속해서 정치의 일차 목표가 된다.

브라이언 터너는, 위에서 언급했듯, 공/사 이분법을 시민권 비교모델을 위한 주요 축으로 포함시켰다(Turner, 1990). 하지만 터너는 특별히 이 이분법을 "정치 활동의 공적 공간을 창조하는 측면에서 도덕 활동에 대한 공적인 그리고 사적인 정의"로 보았다(Turner, 1990: 209). 이 정의는 실제로 우리가 전에 논의했던 개인/집단 시민권 구성체, 그리고 개인의 권리의 장소와 비교되는 '도덕 공동체' 및 '공익'의 장소와 밀접한 관련이 있다.

사적 영역의 결정에 대한 이러한 불일치와 혼란들을 모두 고려하여, 나는 공/사 구분을 유지하느니 차라리 세 개의 별개 영역, 즉 국가, 시민사회, 그리고 가족 및 친족 관계의 영역을 차별화하자고 제안하고 싶다. 월비 Walby가 지적했듯, 터너는 개인과 가족을 결합했기 때문에 다양한 종류의 시민권을 비교할 수 있는 수준을 놓쳤다. 이 수준은 시민권의 구성에 이 두 영역 모두 상대적으로 중요하다는 데 주목한다.

에스핑-안데르센의 복지국가에 대한 영향력 있는 비교분석(Esping-Andersen, 1990)에 대한 페미니즘 비평들은 앤 올로프(Orloff, 1993)나 줄리아 오코너(O'Connor, 1993)처럼, 국가가 복지 지원을 조직하는 방식을 검토할 때 국가와 시장 영역에 가족 영역을 추가할 필요가 있음을 지적했다. 이러한 바로잡기는 중요하다. 하지만 가족 영역은 또한 우리가 정치조직과 권력의 여러 위치를 논의할 때에도 추가된 적이 있다. 우리가 터너가 사용했던 매우 제한된 서구의 사례를 넘어 시민권의 비교 범위를 확장한다면 이는 특히 중요하다.

'근대 민족국가'의 부상에서 '전前근대' 민족국가들과 전혀 다른 사회 조직 형태를 보는 것은 오해의 소지가 있다. 많은 국가에서, 예를 들어 특히 식민 이후 국가에서, 확대가족과 친척 관계들은 심지어 이데올로기 정치 정당으로 구성될 때조차도 조직과 충성의 구심점으로 계속 활용되어 왔다. 정치권, 사회권, 그리고 아마 공민권조차도 어떤 시민의 가족이 어떤 신분 인가에 달려 있을 것이다(사우디아라비아나 요르단이 아마 이러한 국가의 좋은 예가 될 것이다). 하지만 이러한 현상은 보다 희석된 형태로 훨씬 광범위하게 특히 여당의 엘리트들 사이에 퍼져 있다. 이러한 국가들에서는 전통적인 사회 관계들, 그리고 특히 가족 관계들이 계속해서 작용하며, 종종 여성들은 시민권의 정식 권리를 전혀 갖고 있지 않거나 아니면 있다 해도 극히 적다. 하지만 역설적으로 가족 관계가 한 나라의 정치에 중요할 경우, 정치 지도자의 미망인이나 딸인 여성들이, 인도아대륙[9]의 경우에 그랬던 것처럼, 정치지도자가 될 기회가 매우 높다.

가족/시민사회/국가의 수행지배 연속체의 반대 극단에 구 소비에트 연방 국가들이 있다. 구소련에서는 민간 영역의 ──그리고 어느 정도까지는 가족의── 모든 측면들을 국가에 포함시키려는 시도가 있었다. 정치, 경제, 문화의 모든 활동들의 목표는 국가의 통제를 받는 것이었다. 국가(와 공산당)의 노선에 따르지 않는 모든 형태의 조직이나 표현은 억압과 통제를 받는 경향이 있었다. 그리고 공산당원 신분이면 보다 나은 공민권, 정치권, 사회권이 따라왔다. 또한 가족의 영역에서도 가족법 차원의 지대한 변화가 있었다. (비록 대개는 남성보다 낮은 위치에 있었지만) 여성들은 노동시장에서 실질적으로 완전 고용되었으며(Voronina, 1994: 733), (비록 구소비에트연방 역사에서 여성들은 중앙 정치국에서 빠져 있었지만) 공식적으로 법적·정치적으로 평등했고, (비록 여성들이 자신의 작업량 외에도 계속해서 가사노동의 짐을 져야 했지만) 탁아시설이나 공동식당과 같이 가사노동의 특정 측면들을 공영화했다. 나탈리야 코스마르스카야는 이를 설명하면서 사실 러시아에서 공적 영역에서 눈에 띄는 것은 여성이라고 주장했다(Kosmarskaya, 1995). 장을 본다든가 하는 것은 바로 여성들이며, 반면에 남성들은 이들의 작업장이라는 '사적 공간'에 갇혀 있기 때문이다.

스칸디나비아 국가들과 같은 서구 복지국가에서는 국가 공공 편의시설을 제공하여 여성의 가사 부담과 탁아를 도와 왔고, 이로써 여성들이 밖으로 나와 노동시장에 들어갈 수 있었다. 여성들은 공공 분야에서 남성보다 더 많은 일을 하며 구 소비에트연방에서와는 달리 정치대표 비율도 높다. 하지만 헬가 헤르네스(Hernes, 1987)과 앤 쇼스탁 사순(Showstack Sassoon, 1987)이 주장하듯, 노르웨이 같은 국가에서는 민간사회의 기업들

---

9 현재 남아시아에서 인도, 파키스탄, 방글라데시 등의 나라가 위치한 지역을 말하며, 지리적으로 북동쪽은 히말라야 산맥, 남쪽은 아라비아 해와 벵골 만으로 둘러싸인 지역이다. ──옮긴이

이 가장 중요한 경제 및 사회 권력을 행사하고 있으며, 이들은 대개 남성들이 통제하는 경향이 있었다.

복지국가들은 경제력뿐만 아니라 정치적 입지라는 측면에서 민간사회의 영향력이 가장 큰 나라들이다. 마셜은 자본주의 사회를 자본주의 경제와 복지국가 사이에 불가피한 긴장이 있는, '하이픈 사회'라고 설명했다(Marshall, 1981). 에스핑-안데르센은 상이한 복지국가 체제들은 시장원리나 국가가 지배투쟁에서 우위를 지니는 정도에 따라 다르다고 설명한다(Esping-Andersen, 1990).

하지만 중요하게 유념해야 할 것은 민간 영역이 단지 시장만은 아니라는 것이다. 경제 관계뿐만 아니라, 여기에 작용하고 국가에 정보를 제공하며 또 받기도 하는 정치 및 사회 관계도 있다.

여기에서 특히 우리가 중요하게 관심을 가져야 할 것은 민간사회에 있는 공식 및 비공식 조직과 단체, 협회 등이 특정 민족·인종·국가 집단체 구성원들에 의해 혹은 그들을 위해 조직된다는 점이다. 또한 어떤 국가비교 모델을 통해서든 국가들 간의 구분이 있어야겠지만, 이러한 집단체들은 그 나라의 국가 정책 구성에 그리고 정치 관계에 크든 작든 역할을 한다. 요시프 티토Josip Broz Tito는 말년에 수정헌법에서 유고슬라비아의 여러 지역의 민족 분리를 정식으로 승인하는데 이는 이 나라 역사의 주요한 발전이었으며 이후의 발전과 붕괴를 부분적으로나마 설명한다. 많은 지역에서 어느 정도까지 '다문화 사회'의 민족 단체를 통해 다양한 사회 사업과 교육 사업이 공적 영역에 제공되어야 하는가가 정치적 쟁점이 되기도 한다.

막연히 말한다면, 위의 사례들은 국가가 시민의 사회권, 정치권 및 공민권을 결정할 때, 다른 영역들 즉 가족, 민간, 그리고 국가 수행체들이 상대적으로 중요함을 입증한다. 꼭 그런 것은 아니라 해도 시민의 권리들은 국가나 사회에 따라 다양하다. 예를 들면 혁명 이후 중국의 역사는 국가 기관과 가족 구조가 헤게모니 경쟁으로 점철됐다. 분명 이 영역들 모두 결코 동질적이지 않다. 국가의 여러 부분들이 서로 상충하며 작용할 수 있고, 여러 민족, 계급, 젠더 그리고 기타 그 사회에 속한 집단들에 미치는 이들의 영향도 상이할 수 있기 때문이다. 예를 들어, 영국이나 미국과 같은 나라의 이민 당국에서는 이민자들에게 이들이 사회권 포기각서에 서명하기를 요구할 수도 있다. 이는 이들이 민간 경제 영역에서 성공하지 못할 경우 국가가 아닌 가족 영역에 있는 다른 사람들이 이들을 부양할 책임을 지도록 하기 위해서다. 다른 사례로, 특정 종교의 목회자들이 치러 주는 결혼은 대개 국가의 공식적인 승인을 자동적으로 획득하게 된다. 반면 다른 종교의식으로 치러진 결혼은 효력이 없으며 관계 당국의 추가 절차를 밟아야 한다. 소련에는 고등교육기관이 있는 곳과 같이 여러 민족출신의 사람들이 자기 '고국'을 우선시하는 특정 지역들이 있다. 반면 러시아 '정착민들'은 종종 여러 지역에서 정치권력 위에 군림한다. 소련의 몰락과 독립 공화국들의 등장 이후, 여러 해 동안 일부 산유국들에서는 이미 존재해 왔던 상황이 일어나고 있다. 공식적인 국가 시민권이 소수 인구에게만——즉 '적통'인 사람들에게만——부여될 수 있는 특권적 지위가 되어 가고 있는 것이다.

그러므로 어떤 시민권 비교 연구든 여기에는 (다른 젠더, 민족성, 지역, 계급, 인생주기의 단계 등에 속한) 시민에게 허용된 개인적 자율성을 이들의 가족, 시민사회 단체, 그리고 국가 기관과 관련하여 검토하는 작업을 포함해야 한다.

적극적/소극적 시민권

브라이언 터너의 시민권 유형 비교의 다른 축은 소극/적극이다. 그는 이를 "시민이 단순히 절대 권위의 주체로 개념화되는가 아니면 적극적 정치 수행체로 개념화되는가"에 따라 정의한다. 이 정의에서 '시민'과 '주체'라는 기존의 차별화는 제거되고 대신 소극성과 적극성의 연속체가 있게 된다.

시민권의 역사는 나라마다 다르다. 프랑스나 미국과 같은 나라에서 시민권은 민중의 혁명적 투쟁의 결과였고, 반면 영국이나 독일과 같은 나라에서는 보다 '위에서 아래로'의 과정이었다. 이와 비슷하게 인도나 케냐와 같은 일부 식민 이후 국가들에서는 민족독립이 오랜 기간의 민중투쟁 이후 성취된 반면, 카리브제도의 국가들과 같은 나라들에서는 이 과도기가 훨씬 더 평화로웠고 정치 지배가 어느 정도 순탄하게 식민 엘리트에서 지역 엘리트로 이동했다.

오늘날 사실상 전 세계 인구가 특정 형식의 시민권이 존재하는 나라에서 살고 있다. 적어도 마셜 관점의 공동체 구성원권이라는 점에서는 그렇다. 아리스토텔레스의 정의로 본다면, 시민권은 특정 형식으로 통치받을 뿐 아니라 통치에 참여한다는 의미가 있지만, 현실은 매우 다르다(Allen and Macey, 1990). 오직 소수의 사람들만이, 아마도 세계의 소수 국가들에서, 이러한 적극적 시민권의 지위를 지니게 된다. 물론 적극성과 소극성의 문제는 단지 특정 국가의 공식 헌법상의 문제만은 아니다. 가장 민주적으로 적극적인 사회에서조차도 훨씬 더 소극적인 인구 층위가 있다. 이들이 사회권을 일부 갖고 있다 해도 정치 참여권은 전혀 없는 경우도 있으며, 혹은 이들이 형식상의 권리를 갖고 있다 해도 이 역시 형식적인 투표 행위에서조차 참여할 수 있는 권리를 박탈당했거나 그마저도 할 수 없을 정도로 소외되어 있는 경우도 있다. 이 가운데 어린이들이나, 이민자들, 소수민족들, 그리고 정착사회의 토착민들뿐만 아니라 소위 '최하층 계급'이라 불리는 이들도 있다. 미국에서는 이들이 넓은 의미에서 흑인이지만 영국이나 다른 나라에서는 폭넓게 백인일 수도 있으며, 싱글맘들도 대거 밀려오고 있다 (Lister, 1990; Morris, 1994). 민족성과 계급은 물론 젠더, 섹슈얼리티, 연령 역시 공동체 및 국가와 사람들의 관계를 결정하는 데 중요한 요소들이다.

'적극적 시민'active citizen 개념은 최근 몇 년간 특히 영국의 '좌파'와 '우파' 양측에서 논쟁과 정책의 초점이 되어 왔다. '좌파' 사이에서 최근 증가하고 있는 시민권에 대한 관심은 우연히도 복지국가의 위기의 증대와 맞물려 왔는데, 복지국가에서 당연시하게 된 여러 사회적 권리들이 의료보험, 교육, 퇴직, 아동혜택 등의 영역에서 위협을 받게 되었다. 이러한 위기는 몇몇 서구 국가들에서 노동자 계급의 중요한 부류들이 보수파에 투표하기 시작함과 동시에, 또한 소비에트 연방의 몰락과 그에 따른 국가 사회주의 모델의 종말과 동시에 발생했다.

하지만 좌파(와 중도파)들은 사회적 권리에 집중하기보다 시민권을 정치적 동원과 참여의 요구로 사용해 왔다. 영국에서 대처 정부가 그랬던 것처럼 급진 우익 정부가 국민과 국가의 관계를 설명 없이 변형시키지 못하도록 시민권 자격을 소중히 간직하려는 성문법 정치동원 운동의 일부가 되기도 했다(88 헌장 운동[10]).

시민권의 언어는 또한 권리의 주요 담론이기도 했다. 영국에서 '적극적 시민권'은 복지국가에 대한 대안으로 부상했다. 여기서 '시민'은 경제적으로 성공한 중산층 남성 가장으로 해석되며, 여유 자금과 시간을 '공동체'에 기부함으로써 자신의 시민권을 완성할 것이다(Evans, 1993; Lister, 1990).

그러므로 이 담론에서 시민권은 정치 담론이기를 멈추고 시민사회 안에 자발적으로 참여하게 된다. 시민사회에서, 소극적 시민으로 해석되는 빈

---

10 88 헌장 운동(Charter 88)은 동명의 영국 NGO 단체가 주도하는 정치개혁 운동이다. 1987년 대처 수상의 보수당이 총선에서 승리한 후, 자유주의와 사회민주주의를 지지하는 영국의 지식인들과 운동가들은 영국의 제도와 정치체제의 모순을 해결하기 위해서는 기존 헌정구조의 개선만으로는 한계가 있으며 성문헌법의 새로운 헌정질서를 세워야 함을 인식하고 헌법과 선거 제도의 개혁을 주장했다. ─옮긴이

민의 사회적 권리는 적어도 부분적으로는 자격에서 자선으로 옮겨 갈 것이다. 루스 리스터는 적극적 시민권을 기업문화에 필요한 보완재로 정의한 보수당 각료인 더글러스 허드Douglas Hurd를 인용한다(Lister, 1990: 14). "공공 봉사가 한때 엘리트의 의무였던 적이 있었을지 모르지만 오늘날은 여유 자금과 시간이 있는 모든 이들의 책임이다." 그리고 그녀는 사회단결이라는 미명 아래 의무가 공적 영역에서의 세금재원으로 이루어진 혜택과 사업들로부터 사적 영역에서의 자선과 자원봉사로 옮겨 가고 있다고 주장한다. 그리고 자선이란 대개 자선을 제공받은 이들의 의존성과 수동성을 가정하고 있다. 권리는 선물이 되고 적극적 시민권은 상의하달식의 시민권 개념을 상정한다. 전형적으로 쾅고quangos[11]들은 선출이 아닌 임명으로 이뤄지는데, 건강이나 복지와 같은 다양한 공공업무를 관리하는 수단이 되었다.

이러한 시민권 개념의 탈정치화는 정부의 1992년 시민 헌장의 출간과 함께 발전을 이뤘다. 이 헌장이 구성하는 시민이란 공적 분야와 사적 분야에서 고품질의 재화와 용역을 잘 알고 선택하고 이들의 '사생활, 존엄, 종교 및 문화적 신념'을 응당 고려한 대접을 받을 자유를 갖는 것을 기본 권리로 하는 소비자이다(Evans, 1993: 10). 지그문트 바우만(Bauman, 1988: 807)이 주장하듯, "우리 시대에 개인은 무엇보다 생산자가 아닌 소비자로 (도덕적으로는 사회를 통해, 기능적으로는 사회체제를 통해) 참여한다". 이때 시민권의 균형은 복지라는 사회적 권리로부터 멀어져, 공공임대주택council houses[12] 매매권처럼, 경제적 (즉 시장 접근과 관련된) 종류의 공민권civil rights 쪽으

---

11 본래 영국에서 정부가 임명하지만 독립적으로 활동하는 독립 공공기관을 가리키는 부정적인 의미를 지닌 용어로, NGO 유사 기관(quasi NGO)에서 나온 표현이다. 정식 명칭은 비정부 공공기관(Non-Departmental Public Body, NDPB)인데, 국민들의 의사를 반영하지 않고 장관들의 임명을 통해 적절한 기준 없이 선정된 탓에 이런 단체들이 난립했고 남용되었다. 1990년대 보수-자유연합정권 이후 현재 노동당 정부까지 비정부 공공기관을 축소하고 개선해야 한다는 비판이 있다. —옮긴이

로 이동했다. 그러나 이러한 시민권 구성이 여전히 시민권 정의定義에 포함되느냐 아니냐 하는 논쟁이(Oliver, 1995) 있는 것은 시민권의 목표가 개인과 공동체의 관계보다 개인의 인격과 자율성을 증진하는 데 있기 때문이다(그럼에도 개인과 공동체의 관계는 위에서 묘사된 자유주의적 유형의 시민권의 범위에 분명 포함된다). 하지만 분명한 점은 이러한 시민권 구성이 계급적 편견이 매우 심해서, 존 에드워즈(Edwards, 1988)가 설명하듯, "평등한 대우라기보다는 평등한 사람들로 대우"하는 데 목표를 두었던 복지국가에서는 시민권 구성을 일축해 버린다. 뉴라이트의 시민권 유형을 따른다면, 피터 골딩Peter Golding이 언급하듯, "가난하다는 것은 조건부 시민권을 참아내는 것이다"(Lister, 1990: xii 서문).

시민권을 소비주의로 보는 대처주의의 개념은 그 보편주의 수사에도 불구하고 물론 완전한 자유시장 모델에 기초한 것은 아니다. 루스 리스터가 언급하듯,

> 이제 우리는 시민이 아닌 소비자로 파악된다. 그러나 그렇다고 해서 우리에게 절대 권력의 소비자로서 권한이 주어지는 것은 아니다. 우리의 가치와 우리의 권리의 한계는 우리의 구매력만큼일 뿐이다. (Lister, 1990: 1)

다양한 주변부 혹은 소수집단들이 이들의 종교 및 문화적 신념이나 경제적 요구들을 평등한 수준에서 추구하지 못하게 하는 법적·도덕적 제약

---

12 council estate 또는 council housing이라고도 하며, 노동자 계급에게 제공할 주거 형태로 지방의회에서 건설하여 운영한다. 19세기 말 시작되어 2차대전 후 파괴된 주거지역에 이 공공주택지역 건설 붐이 일었으나 점차 실제 절박하고 가난한 노동자보다는 임대료를 낼 여유가 있는 지역 주민이나 아시아계 이민자들을 위한 공간이 되었다. 이후 대처 정부가 주택소유를 권장하면서 임대권에서 매매권으로 계획이 바뀌었다. ─옮긴이

들이 있다(Evans, 1993: 6). 이러한 '도덕의 외계인들'moral aliens은 시민권의 주변 매트릭스에서 볼 수 있는데 이들에 대한 국가의 관리가 사회, 정치 및 경제의 각축장에서 행사되고 그 결과 이들은 공식적으로나 비공식적으로 차별받는다. 이러한 자유주의적 시민권 구성과 공화주의적 시민권 구성의 중간지대에 ──국가로서는 '도덕 공동체' 밖이지만 시민으로서는 국가 안에 ──종교적, 민족적, 그리고 성적 소수자들이 위치한다.

여유가 있는 이들에게 이는 완전히 '차단된' 체제는 아니다. 데이비드 에번스는 결과적으로 성적 소수집단들이 어떻게 자신의 정체성 주변에 복잡다단한 사회경제적 '공동체' 기반시설들을 개발했는지 상술한다(Evans, 1993). 이들은 주택, 보험, 의료, 양육, 결혼 등의 권리를 더욱 확보하기 위해 집단을 조직하여 게이 특유의 혹은 게이로 차별당하는 사회적 및 성적 영역에서 상당한 비중의 자기 수입을 동성애자용 상품과 차별화된 생활 양식에 지출했다. 그에 따르면,

> 구체적으로 성적 시민권은 대체로 도덕적이고 경제적인 형태로 국한되어 있다. 대개는 부도덕과 불법의 경계에 있는 도덕 공동체 주변에 자리한 일시적인 여가공간이나 생활공간이다. (Evans, 1993: 8)

소수민족들을 대상으로 하는 다문화주의도 이와 비슷한 측면에서 설명할 수 있다. 다른 곳에서 논의한 바와 같이(Sahgal and Yuval-Davis, 1992), 다문화주의 정책은 소수민족의 포함과 배제를 동시에 목표로 하여, 이들의 경계를 구체화하면서 이들을 주변공간과 2차시장secondary market[13]에 위치하게 한다. 그러나 이러한 주변공간은 민족적이면서 성적이기도 하며 (물론 장애인들과 같은 기타 주변집단의 공간 역시) 시민권 권리의 기초가 되는 정체성 정치의 주변에서 좌파와 우파의 이데올로기 논쟁을 위한 지형이 되

었다(Eisentein, 1993; Phillips, 1993; Young, 1989).

시민권 구성을 위해 시민사회에 이러한 공간이 존재한다는 점은 매우 중요하다. 한 담론에서 사람들의 어떤 사회 및 경제적 요구들이라 묘사된 것이 다른 담론에서 집단체 경계의 기표로 변경될 경우, '적극적 시민권'의 경연장도 사회에서 정치로 이동할 수 있기 때문이다.

아이리스 영은 어떤 이들은 다른 이들보다 더 억압받는다는 점을 말하면서, 대의제 민주주의가 사람들을 개인이 아닌 집단의 구성원으로 대해야 한다고 제안했다(Young, 1989). 그녀는 보편적 시민권 담론이 이러한 차이들을 외면한다면, 이미 지배적인 집단의 우위를 향상시킬 뿐이며, 주변부와 억압받는 집단을 침묵시킬 것이라고 주장한다. 그러므로 특별한 메커니즘이 이러한 집단을 집단으로 대표할 수 있도록 세워져야 한다고 제안한다. 비록 시민권을 행사할 때 차이와 차별적 권력 관계가 인식되어야 한다는 그녀의 주장이 중요하기는 하지만, 그녀의 접근방식은 몇 가지 측면에서 문제적이다. 다른 곳에서도 자세히 밝혔듯(Anthias and Yuval-Davis, 1992; Cain and Yuval-Davis, 1990; Phillips, 1993), 이러한 접근방식은 정체성 정치의 함정에 쉽게 빠질 수 있다. 집단이 동질적이며, 경계를 고정한 채 구성되어 있기 때문이다. 집단 안에서 특정 위치에 놓인 사람들의 이익은 반드시 집단 전체의 이익을 대표하도록 구성될 것이다. 그리고 타자에 대한 특정 집단의 권력의 증진은 시민권 전체와 관계하고 이에 관심을 갖는 정치 활동들의 일차 목표가 될 것이다.

따라서 앤 필립스는 이렇게 주장한다.

---

13 공장에서 출고된 상품을 직접 사고파는 공간을 1차시장이라고 한다면, 2차시장은 한번 팔린 중고품이 다시 매매되는 공간이다. 이미 발행되어 증권회사가 인수한 주식을 거래하는 증권시장도 2차시장이라고 한다. —옮긴이

이렇게 많은 문제들이 우리 앞에 직면해 있는데, 이들은 성격상 일반적인 것들로, 여기에는 지역적인 것을 뛰어넘을 비전이 필요하다. 보다 나은 민주주의에 대한 전망은 공/사의 구분을 해체하는 데 있는 것이 아니라 공적인 영역을 보다 적극적으로 활성화하는 것이다. (Phillips, 1993: 13)

앤 필립스는 자신이 한나 아렌트의 주장들을 따르고 있다고 주장할 때, 아렌트(Arendt, 1975)와 달리 차이의 개념을 무시할 수만은 없음을 인정한다. 때문에 그녀는 (Dietz, 1987을 따라) 공적인 정치의 경연장에 참여하려면 초월이 아닌 현재 자신이 있는 영역 너머에 이르는 '변형'이라는 개념에 기초해야 한다고 제안한다. '변형'에 대해 그녀는 지역화된 특정 정체성의 한계들을 올바르게 강조하는 것으로 보는 반면, '초월'은 이를 추구하여 모든 집단의 차이와 관심을 폐기하는 지점까지 도달하는 것과 관련이 있다고 보았다. 존 레흐트는 정치적인 것the political에 대한 아렌트의 연구를 논하면서, 크리스테바의 기호계와 상징계의 관계에 대한 이론이 사적인 영역을 상정하는 데 이용될 수 있다고 주장한다(Lechte, 1994). 사적인 영역은 차이의 영역이며, 공적인 영역이 정치의 영역이라는 것은 둘의 관계가 이항대립이어서가 아니라, 공적 영역의 물질성이 곧 사적 영역이며, 사적 영역에 특별한 의미를 부여하기 때문이다. 다시 말하자면 개인의 차이에 관한 모든 논의는 이미 공적인 영역에 연관되어 있다. 아이리스 영의 구성 개념인 '억압받는 집단'oppressed group은 여느 정치 담론과 마찬가지로 '자연'스러운 것이 아니며, 변형/초월 과정이 명명 행위에 내재되어 있다.

시민권 권리와 사회적 차이의 문제들을 다루려 했던 다른 페미니즘 이론가와 운동가들의 제안은 정도의 차이는 있지만 사회적인 것과 정치적인 것에 초점이 맞추어져 있다. 그 예로, 소니아 코레아와 로절린드 페체스키는(Correa and Petchesky, 1994) 정치적 권리가 사회적 권리를 통해 향상되어야 한다고 주장한다. 이들은 권리 담론을 포기하는 것이 아니라 이를 재구성함으로써 젠더나 계급, 문화 및 기타 차이들을 구체화함과 동시에 사회적 요구들을 깨달아야 한다고 주장한다. 성적인 권리와 재생산권, 그리고 그 밖의 권리들은 사적인 '자유'나 '선택'으로 이해되는데, 특히 극빈층과 소외계층들에게는 무의미하다. 이들이 실현될 때 거쳐야 하는 조건들을 가능케 못하기 때문이다. 아이리스 영과 같은 접근법은 집단의 불이익과 차별의 심각한 중요성을 인식하고는 있지만, 구체적인 정치적 주제로 구성하지 못하고 정치와는 별개의 주제로 남겨 둔다. 런던광역시의회 이후 시기, 일부 흑인 운동가들과 급진 운동가들이 자원 배당의 기초 작업으로 실시된 정체성 정치에 집단 반발하면서 내린 결론은 집단 정치의 대안으로 불이익의 정치politics of disadvantage를 해야 한다는 것이었다. 여기에는 다음과 같은 애로사항들을 직면해야 한다는 의도가 담겨 있다. 즉 예를 들어 실업으로 인해 흑인들이 고생하는 현실도 균형적이지 못하지만 실업에 초점을 두고 이들에게 혜택을 제공하려는 정치 담론 역시 균형적이지 못해 오히려 흑인들에게 가는 것은 구체적으로 아무것도 없을 수 있다는 주장이 있어 왔다. 반면 다음의 접근은 다른 실업자들을 배제하지 않으려 하면서도, 이들에 대한 '타자성'otherness을 구성하지도 않는다(Wilson, 1987).

질라 아이젠슈타인은 차이의 문제에 대해 이렇게 접근한다.

여기에서의 관심은 차이 그 자체에 있지 않다. 오히려 우리가 차이를 갖고 어떻게 보편적이면서 동시에 특수한 인간의 권리에 대해 개별적인 이해를 구성할 것인가 하는 데 있다. (Eisenstein, 1993:6)

그녀가 자신의 1993년 저서에서 밝힌 해법은 유색 여성을 백인 남성의 규범에 대해 대안이 될 포괄적 표준 규범으로서 구성하는 것이다. 좀더 어려울 수도 있겠으나, 나는 우리가 인간으로서 지니는 공통의 어떤 것에 대한 개념이 없으면 안 된다 하더라도, 이들을 모두 판단하는 단일한 기준 없이도 할 수 있고 또한 그래야 한다고 주장하는 그녀의 이전 입장(Eisentein, 1989)이 더 좋다. 그녀의 최근 입장은 유색 여성의 필요성이 백인 남성의 필요성보다 더 클 뿐 이와 다른 것은 아님을 가정한다. 이는 또한 국가 간의 문제에 대해서는 사용될 수 없는 입장이기도 하다.

기존의 단일한 기준 대신, 정치 기획마다 고유하게 그 기준을 구성해 내는 과정이 있어야 한다. 퍼트리샤 힐-콜린스(Hill-Collins, 1990)와 같은 흑인 페미니스트들이나 엘리자베타 도미니니[Elizabetta Dominini](Yuval-Davis, 1994b를 볼 것)와 같은 이탈리아 페미니스트들은 정치 행위자들이 지닌 현실적인 입장이 인정되고 고려되는 연합 결성이라는 횡단의 정치에 주목했다. 6장에서 구체적으로 다루겠지만, 이러한 접근은 각자가 처한 입장에 따라 구체적인 상황에 놓인 지식을 생산한다는 인식론적 인정에 기초하고 있다. 그리고 이 지식은 완성되지 않은 지식일 수밖에 없으므로 공통의 관점에 이르기 위해 다른 입장에 처한 사람들이 서로 대화를 나눠야 한다. 횡단의 대화는 정착과 이동의 원칙에 근거해야 한다. 즉, 자신의 경험을 중심으로 하면서 대화상대자의 다른 입장에 감정이입하고, 이로써 참여자들은 헤게모니의 좁은 시야와는 다른 관점에 도달할 수 있다. 대화의 경계는 전달자가 아닌 전달 내용에 따라 결정될 것이다. 대화의 결과는 여전히 다른 입장을 지닌 사람들과 집단들을 위한 다른 기획이 될 수도 있다. 그러나 이들의 연대는 양립 가능한 가치체계로 유지되는 공통의 지식에 기초할 것이다. 그러므로 대화에 결코 경계가 없는 것이 아니다.

물론 '현실정치'에서는 풀뿌리 사회 운동과 달리 광범위하고 지속적인 대화를 위한 시간이 전혀 없을 때가 종종 있다. 1980년대 초 런던광역시의회 여성분과가 이러한 방식으로 활동하고자 했을 때, 훨씬 빠른 속도로 일하고 있는, 위계적으로 진행되는 정책결정 구조에 의해 완전히 무시당한 채 활동을 끝내 버리고 말았다. 어떤 사회범주 내지 집단의 정치적 대표 delegate가 대표representative 아닌 대변advocate이라면, 그리고 그의 메시지가 횡단의 결과물이라면, 횡단의 원칙이 반드시 위임원칙principle of delegation에 반한다고 볼 필요는 없다.[14]

시민권의 권리와 의무

시민권의 다양한 정의들은 시민권이 쌍방향의 과정이며 권리와 함께 의무도 포함한다고 강조한다. 이는 물론 특정 권리에 특정 의무들을 수행해야 한다는 조건이 있는가라는 가시 돋친 문제뿐만 아니라 시민권의 경계에 대한 보다 일반적인 질문도 제기한다. 특정 국가에 이민하여 그 나라 시민이 되고자 원하는 사람들을 선발하는 기준이 혹시라도 있다고 하면 그것은 무엇이겠는가? 최근 헬렌 미코샤와 리앤 다우즈는 이러한 시민권 모델에 따른다면, 어떠한 명백한 시민권의 의무도 수행하지 못하는 장애인들은 시민권의 권리를 부여받는 것으로부터 자동적으로 배제된다고 주장하는 도발적인 논문을 내놓았다(Meekosha and Dowse, 1996).

이와 관련한 문제가 시민권의 특정 의무가 무엇이며 무엇이어야 하는가이다. 이는 논란과 변화가 많았던 영역으로 가끔 시민권의 권리와 의무가 뒤얽힐 수도 있다. 예를 들면 투표는 시민의 기본권이라고 여겨진다. 하

---

14 위임 혹은 대표성과 관련한 표현들을 우리말이 뚜렷이 구별하지 못하는 듯하여, 설명을 좀더 부연한다. 이 책에서 '정치적 대표'라고 번역한 delegate는 집단의 의사를 위임받아 투표와 같은 특정 임무를 행사하는 존재다. 비슷한 업무를 수행하더라도 representative(대표)의 행동이나 결정은 곧 그가 대표하는 특정 집단을 대신하지만, advocate(대변)은 특정 집단이나 사상을 지지하고 후원하거나 변호한다. ― 옮긴이

지만 일부 국가에서는——대부분의 민주국가들은 아니지만 국가 권력의 적법성을 요하는 국가에서는——투표가 시민의 의무로 되어 있으며(이 가운데 이집트와 같은 몇몇 나라에서는 투표가 오직 남성들만의 의무이며, 여성은 자신이 글을 안다는 것을 증명하는 글을 써서 이를 요청해야만 했다), 이 의무를 준수하지 않는 경우, 이들에게 무거운 벌금이 부과될 수 있다.

예를 들어 법을 지킨다는 것을 엄격하게 시민권의 의무로 볼 수는 없다. 왜냐하면 비록 법이 사람들의 집단마다 다르고 국가나 공동체의 법 집행 능력 역시 다 다르다 할지라도, 시민이나 거주민이 아닌 이들이라도 어디에 있든 법을 지키라고 요구받기 때문이다. 반면 많은 경우, 특히 불문법과 관습법과 관련해서 이들을 지키는 것은 단지 구성원의 의무일 뿐만 아니라 경계의 지표이기도 하다. 그리고 이를 준수하지 않는 이들은 준수하지 않은 데 대한 처벌을 받을 뿐만 아니라 그 공동체에서 축출당할 수도 있다.

자신의 공동체와 나라를 지킨다는 것은——조국 또는 민족을 위해 (죽이는 것뿐만 아니라) 죽는다는 것은——궁극적인 시민의 의무라고 여겨져 왔다(Yuval-Davis, 1985; 1991b). 이러한 의무에 대해 캐슬린 존스[Kathleen Jones]는 몸[body]이 시민권의 정의에 중요한 차원이라는 주장을 제기했다. 그녀의 주장에 따르면, 전통적으로 시민권은 국방을 위해 무장투쟁에 참여할 수 있는 능력과 연결되어 있었고, 이 능력은 곧 남성성인 반면 여성성은 곧 연약함, 그리고 남성의 보호의 필요성이라고 동일시되었다.

(전미여성연맹[National Organization of Women in the USA]이나 ANMLAE[15]와 같은) 어떤 페미니즘 단체들은 군대 내에서 남성과 동등한 기반 위에 여성을

---

15 니카라과의 루이사 아만다 에스피노자의 니카라과 여성 협회(Asociaci n Nicarag ense de Mujeres Luisa Amanda Espinoza). 루이사, 아만다, 에스피노자는 니카라과의 독재자 소모사와의 전쟁에서 최초로 전사한 세 여성이다. 이 단체는 니카라과의 사회주의 정당 산디니스타 소속 여성단체로 소모사 몰락 이후 이 세 여성의 이름을 따 개명하였다.——옮긴이

포함시키기 위해 투쟁했으며, 일단 남성과 궁극적인 시민의 의무를 공유한다면, 즉 자신의 나라를 위해 죽는다면, 여성 역시 남성과 동등한 시민권의 권리를 얻을 수 있을 것이라고 주장했다. 최근 걸프전에서 미군 여성들은 남성들과 함께 거의 구별 없이 싸웠고 군복 역시 구별이 없었다. 군복은 ABC(원자생화학)전에 대비해 디자인된 것으로 그 안에 있는 인간의 '몸'의 '유형'과는 매우 무관한 듯하다. 이러한 경험은 이러한 종류의 주장에 대해 몇 가지 냉정한 생각을 제기한다.

첫째, 어린 아이를 뒤에 남겨 두고 온 일부 여성들의 경험을 보면(이들의 남편 역시 군복무 중인 경우가 흔하기 때문에 대개는 본인의 어머니가 아이를 보살핀다), 여성의 동등한 기회라는 구호가 여성의 권리를 증진시키기보다는 오히려 더 큰 억압을 낳는 데 이용될 수도 있음을 알 수 있다. 둘째, 이들의 경험으로 알 수 있는 것은 차별적인 남녀 권력 관계가 성희롱을 포함해 군사 영역 안에서도 지속되며, 따라서 동등한 기회가 곧 여성에게 권한을 부여한다고 자동적으로 생각할 수 없다. 셋째이자 아마도 가장 중요한 것일 텐데, 이들의 주장은 군과 군의 용도에 대한 일반적인 정치적·사회적 맥락을 무시하고 있다. 남성과 동등한 기반에서 세계경찰을 수행할 권한을 여성에게 부여하는 일은 페미니스트로서 (적어도 사회주의 반인종차별주의 페미니스트로서) 관여해야 할 문제는 아니다.

아마도 우리의 관심사에서 훨씬 더 중요한 사실은 실제로 걸프전에서 서방 연합군으로 싸웠던 군인들 가운데 그 누구도 국민의 의무로 참여하지 않았다는 것이다. 여성이든 남성이든 모두 군을 자신의 직장으로 아는 직업군인들이었다. 내가 이에 대해 이 책의 다른 곳에서 보다 면밀히 검토했지만(Yuval-Davis, 1991b; 이 책의 5장 논의도 볼 것), 이에 담긴 분명한 생각은 현대전에서 전투란 흔히 더 이상 시민의 의무가 아니라는 것이다.

원래 시민권의 조건은 재산의 소유였으며, 이에 따른 국민의 의무는 납

세였다. 시민권이 다른 계급들에게로 확대되면서, 이 의무는 이제 한 개인의 소득량에 따라 결정되기 때문에 이 역시 국민의 의무라고 볼 수 없다.

재산이 없는 국민들에게 소득의 기반은 고용이다. 캐럴 페이트먼은 마셜이 '고용의 권리'도 시민권 권리라고 언급했는데, 현실은 "복지국가의 건축가들이 남성을 밥벌이 노동자로 여성을 의존적 아내로 구성하고 있음"을 지적한다(Pateman, 1989). 페미니즘 운동의 주요 투쟁의 목표는 보수의 평등과 고용기회의 평등이었다. 이 분야에서 일정 부분 성취가 있었음에도 젠더 격차와 노동시장의 차별은 여전히 심하고 여성은 계속 우선적으로 아내이자 어머니로 구성되고 있다. 마찬가지로 종종 그리 성공적이지는 못했지만 인종 집단과 민족 집단들의 노동시장 차별반대 투쟁에서는 이루어 낸 결과들이 있었다.

더욱이 분명 기회평등 정책들은 오로지 실제로 노동시장에 들어간 이들과 관련해서 효과적일 수 있다. 앞서 '적극적 시민권'에 대한 논의에서 언급했듯, 시민권의 의무는 특권층의 기표일 수 있다. 물론 이는 역사적으로 그리스 폴리스에서의 시민권의 등장과 부합한다. 당시 시민권은 소수의 특권이었으며, 여성, 노예 그리고 시민권에서 배제된 체류 외국인들을 희생한 대가였다.

최근 '복지'welfare의 대체어로서의 '근로복지'workfare에 대한 논의가 시민권 권리의 조건으로서 시민권 의무의 담론에 이용되어 왔고, '사회봉사' community service[16]는 '무산자들'이 의무를 채울 수 있는 방법이라고 구성된다. 아마도 이러한 변화를 요구하는 많은 이들의 동기는 긍정적이며(물론 당연히 그렇지 않은 이들도 많다), 여기에는 의존, 박탈, 소외의 계속되는 순

---

16 자원활동의 형태의 봉사활동도 있겠으나 여기서는 군복무에 대한 대체복무 또는 법원에 의한 처벌의 한 형태를 말한다. —옮긴이

환을 끊으려는 진심 어린 소망이 깔려 있을 것이다. 하지만 '근로복지'로 인해 ──이에 내재된 강제적·선택적 성격과 아울러 그 실행이 다른 노동시장 분야에 가져올 부작용으로 인해 ── 시민권 논의의 기저가 정치 영역에서 사회 영역으로, 개인과 집단에 대한 권한 부여에서 미숙련 강제노동에로 이동하고 있다.

결론

이 장은 시민권 이론의 발달과 관련된 몇 가지 이슈에 대해 논했는데, 이는 비非성차별주의적, 비인종차별주의적, 비서구중심주의적일 뿐 아니라 세계(무)질서의 중대한 변화에 유연히 대처하기에도 충분하다.

　이러한 문제들 가운데 하나가 시민권을 복층의 구성물로 보는 것이다. 시민권이 '공동체의 정식 구성원권'으로서 규정될 경우, 대개 국민은 하나 이상의 공동체, 즉 하위국가, 초국가, 교차국가의 구성원이다. 특정 국가에 대한 사람들의 권리와 의무가 이들의 특정 민족, 인종, 종교, 혹은 지역 집단체의 구성원권을 통해 중재되고 여기에 대단히 의존적인 경우는 매우 흔하다. 물론 사람들이 이러한 집단체에 완전히 포함되는 경우는 매우 드물다. 동시에 '인권'의 이데올로기와 제도의 발달은 이데올로기적으로 최소한 국가가 항상 시민권 권리의 구성을 완전히 통제하는 것은 아님을 의미한다. 이는 대체로 국가가 시민권 권리를 수행할 수 있도록 남겨진다. 사람들은 자신의 집단체와 국가 안에서 동등한 입장에 처하지 않는다는 점에서 집단체들도 국내에서나 국제적으로 동등한 입장에 처하지 않으며 국가들도 다른 국가들과 동등한 입장에 있지 않다는 사실을 유념해야 한다. 가령 이스라엘의 시민인 팔레스타인 여성의 시민권을 연구하는 데 중요한 점은, 이스라엘 팔레스타인 공동체에 대한 그녀의 구성원권, ── 그 밖의 팔레스타인 공동체와 아랍공동체들과의 관계는 물론——이스라엘과 관계 맺는 이스라엘의 팔레스타인 공동체의 구성원권, 그리고 이스라엘과 '아랍 국가들' 양측의 국제적 위치설정들을 연구해야 한다는 것이다.

그러나 시민권은 한 공동체(들)에 대한 구성원권이 있고 없고의 문제만은 아니다. 서로 다른 사회적 속성들이 특정 사회범주 안에서 그리고 그것을 넘나들며 사람들의 특정 입장들을 구성할 것이다. 우리가 연구하고자 하는 시민권이 이스라엘 팔레스타인인의 시민권이라는 사실은 중요하며 이는 시민권의 모든 층위들을 통해 그녀의 시민권에 근본적으로 영향을 미친다. 하지만 젠더나 계급적 위치, 종교, 도시 출신인가 촌락 출신인가 하는 점, 능력, 인생주기의 단계 등과 같은 다른 요소들 모두 역시 그녀의 시민권을 결정할 것이다. 이렇게 서로 다른 여러 속성들은 서로 다른 집단체에 고르게 또는 무작위로 퍼져 있는 것은 아니며 특정 집단체의 구성원권은, 설령 있다 해도, 매우 드물게 이러한 속성들의 일부로 환원될 수 있다.

그러므로 시민권은 완전히 개인적이라거나 집단적인 현상으로 분석할 수 없다. 집단체, 사회, 국가의 경계들은 대체로 계속해서 재구성된다 해도, 종종 이들에 속하는 구성원권과 정체성은 자발적이라기보다는 강제적이다(Chhachhi, 1991). 그리고 국가, 집단체, 개인과 관련하여 중요한 문제는 바로 이들의 자율성 정도——어느 정도로 이들의 역할과 활동이 다른 사회적 수행체들에 의해 결정되지 않는가——일 것이다.

사생활은 곧 자율이라고 해야 한다면, 가족 영역 역시 대개는 사적이라고 정의할 수 없다. 대개 아동이거나 병자, 노인, 여성들인 대부분의 가족의 대부분의 구성원들은 가족 영역 밖에서는 물론이고 그 안에서조차 자신들의 생활이라고 결정된 것은 거의 없다. 이들의 삶은 가족 안에서 보다 큰 권력을 지닌 이들에 의해, 그리고 시민사회 영역과/이나 국가 안에 전부 또는 일부 위치한 외부의 이데올로기와 그 실천들에 의해 결정된다.

그러나 가족이 단순히 시행의 영역만은 아니다. 다양한 국가와 사회 안에서, 특히 엘리트 집단 안에서는, 가문이나 가계가 국가와 시민사회에서의 구조와 권력 관계를 어느 정도 결정한다. 이렇게 되면, 여성과 같이 가족 안에서 상대적으로 권력이 없는 이들조차도 국가 전체에 대해 권력의 위치에 설 수 있어서 여왕이 되기도 하고 수상이 되기도 한다.

한 사회를 다스릴 때, 여러 관련 문제들이 정치적 의제들을 내놓는 집단체와 사회범주의 특정 관심사들 밖에 있거나 이들에 부적절할 수 있다. 하지만 그렇다고 일단 사람들이 정치 영역에 참여하고 나면 이들이 저마다 지닌 속성과 사회적 입장들이 뒷전이 된다거나 적절치 못하다는 의미는 아니다. 이들이 자신의 이데올로기와 그 실천을 전달하고 영향을 미쳐서는 안 된다는 뜻도 아니다. 학문 안에서처럼, 정치 안에서도 '상아탑'은 없다.

횡단의 정치는 차별적인 입장에 처한 이들에 의해 이뤄지는 대화를 통해 습득한 지식에 기초하여, 정착과 이동의 기술을 이용하고 나서, 풀뿌리 운동의 수준에서든, 국내에서든, 초국가 권력의 중심에서든, 모든 정치활동주의에 대한 지침서가 되어야 할 것이다.

시민권은 사회 영역과 정치 영역 모두에 걸쳐 있다. 사회적 조건들을 '가능'하게 해주지 못하는 정치권은 공허할 뿐이다. 동시에 의무가 없는 시민권 권리 역시 사람들을 소극적이고 의존적인 존재로 구성할 수 있다. 시민의 가장 중요한 의무는 그러므로 자신의 정치권을 행사하고 자신의 집단체, 국가, 사회의 궤적을 결정하는 데 참여하는 것이다.

5장 | 젠더화된 군대, 젠더화된 전쟁

국가 없는 사회에서는 전쟁이 지금과 같이 존재하지 않는다고 앤서니 기든스는 주장한다(Giddens, 1989: 346~347). 그러한 사회는 체계적이고 오랜 무력 갈등과 군대를 유지할 수 있는 잉여가치를 충분히 생산하지 못하기 때문이다. 그럼에도 남성성과 여성성의 구성이 수렵 채집의, 국가 없는 사회에서 발생했으리라는 가정에 기초하여, 군대와 전쟁 안에서 젠더에 따른 분업은 자연화되었다. 존 케이시John Casey는 이렇게 주장했다.

> 남성들은 무사역할을 위해 선택되었다. 성과 관련된 경제적·생리적 차이로 인해 남성들은 동물 사냥꾼으로 선택되기 쉬웠고, 그로 인해 인간 사냥꾼으로 선택되기도 쉬웠다. (Kazi, 1993: 15에서 인용)

> 더욱이 크리스 나이트가 주장한바, 남성들은 함께 연대하여 사냥꾼과 투사로서의 역할을 개발하여 세력화하고 피의 형제애를 여성의 월경혈에 담긴 마법의 힘을 막아 낼 방패로 삼았다!(Knight, 1991)

위와 같은 주장에도 불구하고, 이 장의 주장은 군대와 전쟁이 결코 '남성지대'만은 아니었다는 것이다. 여성들은 항상 일정한 역할을 완수해 왔다. 그리고 중요한 역할일 때도 종종 있었지만 남성과 동등하고 차별 없는 기반에서 보면 대개는 그렇지 못했다. 군대 내 성에 따른 분업은 종종 민간 분야에서보다 훨씬 격식화되었고 엄격했다. 이 문제는 굉장히 중요한데, 이는 페미니스트들, 그리고 페미니즘에 반대하는 이들 모두가 여성의 군 입대는 여성의 완전한 시민권 성취를 위한 조건이라고 주장해 왔기 때문이다. 조국을 위해 자신의 삶을 희생하는 것이 궁극적인 시민권의 의무이기 때문에, 시민권의 권리는 이 의무를 다할 준비가 되었는가에 달려 있다는 것이다. 그럼에도 불구하고, 여성들이 민간 노동시장에 들어간 경우에서처럼, 군사 노동시장에 들어감으로써 ──나중에 살펴보겠지만, 여성들이 형식적 평등을 획득한 경우에도──성에 따른 분업과 권력의 맥락은 변화했지만, 이를 소거해 버릴 수는 없었다.

이 장은 여성들의 비공식적 해방투쟁과 근대 군대에의 참여를 모두 살펴보고, 이것이 사회에서의 여성들의 위치에 보다 폭넓은 영향을 미치는 방식들을 생각해 본다. 젠더와 민족의 다른 모든 측면들에서처럼, 군대에서의 여성과 남성은 동질적인 존재가 아니다. 여성과 남성의 상이한 집단이 자리 잡은 위치 또한 상이하며, 이들은 군대와 전쟁에 상이하게 참여한다. 대부분의 다른 측면보다도 전쟁과 관련한 이 측면을 강조하는 것이 더 중요한데, 바로 모든 사회분야에서 전사warrior로서의 남성 (그리고 걱정거리 worrier로서의 여성?) 구성이 자연화되어 있기 때문이다.

그렇다고 해서 역사를 통틀어서 전사로서의 여성 구성과 이미지가 없었다는 뜻은 아니다. 아마존 부족에서부터 걸프전의 여성 미군까지 전사로서의 여성은 존재했다. 이들의 이미지는 투사로서의 여성은 부자연스럽다는 구성을 부각시키거나, 여성 전사를 배출한 사회에서는 보다 일반화된 개념의 여성성과 남성성에 결탁하는 방식으로 만들어졌다.

현대사회에서 민간 영역과 군사 영역은 밀접하게 얽혀 있다. 그리고 이는 여성성과 남성성의 개념과 재현에 관계되어 있지만은 않다. 예를 들면 군대의 장성과 수장들이 종종 전쟁을 시작하는 것에 보다 신중한 사람들 가운데 나온다는 것은 잘 알려진 현상이다(Giddens, 1989). 현대 군대는 유연하게 작동하는 거대한 관료조직으로 오로지 전쟁의 강도와 예측 불가능성에 의해서만 잠시 혼란을 야기할 뿐이다(군체제 지도자들의 관점에서 보면, 걸프전처럼 소규모의 '안전한' 전쟁들은 신무기뿐만 아니라 그 외에 통신이나 인적 조직과 같은 차원의 군사작전을 테스트하기에 매우 유익하게 이용될 수 있었다). 미리엄 쿡이 '포스트모던 전쟁'(Cooke, 1993: 181)이라 부른 전쟁들은 현재 특히 중요하다. 이는 레바논이나 소말리아, 옛 유고슬라비아에서 발생한 전쟁, 그리고 국가들 간에 하는 전쟁이 아니라 대체로 국가 안의 전쟁 집단들 간에 벌어지는 전쟁과 같은 경우다. 이들 전쟁, 그리고 여기에서 싸우고 있는 전쟁 집단들은 대개 계속해서 재협상과 재정의를 거친다. 이들은 포스트콜로니얼리즘과 냉전 종식의 직접적 혹은 간접적 산물로 보일 수도 있다. 이 장은 군대와 전쟁 모두의 젠더화된 측면들을 몇 가지 살펴본다. 전쟁의 경우, 특히 최근까지(Jones, 1994) 그다지 체계적인 연구의 주제가 되지 못했다.

남성들은 자연적으로 전쟁에 포함된다고 구성된 반면, 여성들은 자연적으로 평화에 포함된다고 구성되어 왔다. 전쟁에 저항하는 여성의 이미지는 적어도 『리시스트라타』*Lysistrata*가 B.C. 5세기 아테네에서 처음 공연된 이래 서구 대중들의 상상 속에 존재해 왔다. 아리스토파네스의 이 그리스 희극은 아테네, 스파르타, 코린트 여성들이 함께 모여 자기 남편들에게 이들이 서로 싸움을 중단할 때까지 섹스파업을 선언하는 이야기를 그리고 있다. 페미니즘 행동주의가 어느 정도까지 평화 운동과 자동적으로 연결되어야 하는가는 페미니즘 운동 안에서의 주요 논쟁 중 하나였다. 이 장은 마지막으로 이러한 논쟁과 그것이 여성 시민권에 미치는 영향을 검토한다.

군복무와 시민권

물리적 수단이든, 언어적 수단이든, 아니면 다른 수단이든 싸움은 (거의?) 보편적 사회행위인 듯하다. 프로이트는 공격과 섹스는 모든 인간사회에서 어떤 식으로든 통제하고 규제되어 오고 있는 두 가지 보편적 인간본능이라고 주장했다. 제의가 된 싸움은, 특정한 사회적 위계질서를 보존하기 위해서든 바꾸기 위해서든, 혹은 영토자원이나 수자원을 확보하기 위해서든 다양한 갈등을 협상으로 해결하는 기타 수단들과 함께 인류역사 전반에 걸쳐 정례화된 사회적 레퍼토리의 일부가 되었다. (비록 드문 일은 아니었다 해도) 여성들이 항상 싸움에 직접 참여한 것은 아닌 반면, 항상 전투에서 맡았던 고유한 역할이 있었다. 사상자를 돌보기도 했고, 실제로 승자들의 소유물이 되기도 했다. 가끔은 이 두 역할이 함께 진행된다. 신시아 인로(Enloe, 1983: 4)는 새뮤얼 허턴^{Samuel Hutton}을 인용했는데, 허턴은 17세기에 군인들을 돌보는 여성들에게 강요된 엄청난 요구에 대해 설명했다. 예쁜 스코틀랜드 여성 케이트 키스^{Kate Keith}와 같은 훌륭한 간병인은 군인이던 남편이 전사하고 이틀 남짓 지나자 혼외^{婚外}의 상태로 지내지 못하게 되었다. 이라크-이란 전쟁에서도 이와 마찬가지로 아야톨라 호메이니^{Ayatollah Khomeini}[1]는 전쟁과부들에게 전상병자^{戰傷病者}들과 결혼하여 이들의 간병인이 되라고 지시했다.

그러나 전쟁 중의 명백한 성별 분업은 대개 '전방'과 '국내 전선', 혹은 후방 사이에 분명한 차이가 없을 때 대체로 사라진다(Yuval-Davis, 1985). 한 예로, 스페인 사람들의 보고에 따르면, 잉카 부족과의 싸움에서 여성들이 남성들과 나란히 투석기를 쓰며 싸우는 것을 봤다고 했다. 그러나 페니

---

1 이란의 이슬람교 시아파 지도자이자 이란 최고 지도자(1979~1989) ──옮긴이

드란살트(Dransart, 1987: 62~67)의 설명처럼, 그 사회에서 투석기는 가축을 돌볼 때 남녀 모두 흔히 사용했고 따라서 전쟁 중에 여성들이 생존을 위해 싸웠던 방식이 잉카 여성들의 일상적인 군사 역할을 재현한다고 간주할 수는 없다. 마찬가지로, 로마인들의 예루살렘 점령기 중, 유태 여성들은 끓는 기름을 로마병사들에게 쏟아붓는다든가 하는 방법으로 전투활동에 참여했다. 이 역시 이들이 늘 하던 사회 역할을 각색한 것일 뿐 정례적인 활동은 아니다.

'전방'과 '후방'이 일단 분리되고, 사회 집단체가 전쟁과 '국내 전선'을 떠난 전사들의 부재를 유지하기에 충분한 잉여가치를 축적하게 되면, 인근 부족과 마을을 절기에 따라 잠깐 급습할 때는 더욱 군대 내 남녀 성별 분업이 정례화된다.

부디카Boudica[2]나 잔다르크처럼, 전투에서 남성들을 이끌었던 신화적 혹은 역사적 여성 인물들이 서구의 집단적 상상력 안에 수세기 동안 존재해 왔다. 그러나 아마존 부족처럼, 이들의 주된 기능은 대개 여성들이 남성들과 같이 전쟁 영웅이 될 수 있음을 지적하는 데 있지 않고, 오히려 이들을 (물론 이들을 마녀로 보지 않는다면) 낭만적이지만 자연스럽지 못한 존재로 구성하는 것이었다. 그러나 20세기에는 여성들이 군대에 공식적으로 포함되기 시작한 이후, 민족해방군이든, 민족국가와 제국의 군인이든, 여성 영웅의 낭만적 이미지는 더욱 흔해졌다. 예로, 이스라엘의 한나 세네시Hannah Senesh는 헝가리계 유태인 시오니즘 정착민인 여성 시인으로 2차대전 중 영국군이 되어 낙하산을 타고 적진에 침투하였다가 체포되어 고문당하고 결국은 처형당했다. 그는 종종 시온주의자들에게 '도살장의 양'처럼 나치에

---

2 서기 1세기 영국 이세니(Iceni) 부족의 여왕으로, 로마군이 침략하여 왕실의 여자들을 학살하자 무장봉기하여 로마군과 싸웠다. ──옮긴이

끌려가 처형당한 전형이 되어 버린 수백만 유럽계 유태인들과는 전혀 상반된 이미지를 보인 영웅으로 추앙받았다. 러시아의 이리나 시브로바Irina Sibrova는 독일군에 대항하는 1,006회의 비행임무를 무사히 마친 2차대전의 폭격기 조종사였다. 팔레스타인의 레일라 칼레드Leila Khaled는 1970년대 초 요르단에서 암만행 미국여객기들의 납치를 배후조종한 영웅으로 찬사받았다.

하지만 군대의 젠더 관계를 고려할 때, 사회의 모든 남성과 여성들이 군대의 안과 밖에서 특정 역할을 맡는 것은 결코 아니라는 사실을 놓쳐서는 안 된다. 인종 구성원권, 계급, 연령, 그리고 능력이 이러한 역할에서 누가 포함되고 누가 배제되는가를 결정하는 데 중요한 역할을 한다. 물론 위에서 언급한 바와 같이, 전쟁이 '국내 전선'에서 발발할 때 이러한 차별화는 모호해진다. 그 예로, 1994~1995년 러시아군의 체치냐Chechnya[3] 공격 당시 보도에 따르면, 비록 작전의 방향이 민족독립을 요구하는 체첸인들을 향하고 있었음에도, 이 지역 러시아인들은 지역인구 전체를 향한 조직적 살상을 피할 수 없었다고 한다.

신시아 인로의 선구적 연구저서 가운데 『민족군』Ethnic Soldiers, 1981이라는 책이 있다. 이 책에서 인로는 어떻게 특정 민족 및 소수인종 집단들이 군에 의해 이런 저런 방식으로 이용되고 있는지 보여 준다. 소수집단들은 저마다 다양한 방식으로 이용될 수 있다. 한 예로, 앨리슨 번스타인Alison Bernstein은 어떻게 해서 미국에서 아메리카 원주민들의 2차대전 참전 전투 비율이 다른 어떤 민족·인종 집단보다(일본계 미국인 다음으로) 가장 높았

---

3 체첸공화국의 비공식 명칭. 체첸공화국은 유럽 남서부 코카서스(Caucasus)에 있는 자치 공화국으로 구소련 해체 후 러시아와의 1차 체첸전쟁을 통해 독립을 선언했으며, 2차 체첸전쟁 중 러시아 연방으로 복귀한 이후 재건 과정 중이나 간헐적 전투도 계속되고 있다.——옮긴이

는가에 대해 서술한 바 있다. 이는 이 전쟁기간 동안 전선에서 거의 배제된 미 흑인들과 완전히 대조된다(WREI, 1992: 86). 이스라엘에서는 드루즈 민족 공동체 출신 군인들이 종종 낮은 지위임에도 국경 수비대의 매우 위험한 부대에 소속되어 있다. 베두인족들은 수색자로 이용된다. 반면 같은 시기 다른 민족/종교 집단 출신 팔레스타인인들은 이스라엘 시민임에도 사실상 군대에서 완전히 배제되었다.

많은 제국의 군대들은 종종 특정 민족부대들로 구성되었다. 이러한 부대들은 대개 황제와 계약한 특정 사령관에게 충성한다. 이 사령관들은 황제에 패한 군대의 소속이었을 수도 있다. 한 예로, 알렉산더 대왕의 페르시아 장군들은 몇몇 그리스 장군들을 견제하는 데 상당한 영향력을 발휘했다. 군대가 더 클수록, 군대의 부대들은 무수히 많은 민족과 집단들로 구성될 것이므로 그 구성은 더욱 다양할 것이다.

그러나 제국의 군대는 단순히 자발적 참여에 의존하지 않는다. 이데올로기나 재정적인 이유가 있기 때문이다. 국가 집단체, 혹은 지역 집단체들은 얼마씩 할당된 군의 '총알받이'를 생산해야 했다. 충분한 자원자들이 나오지 않은 곳에서는, 그곳이 터키군이었든 러시아군이었든 프랑스군이었든 아니면 영국군이었든, 강제적인 방법이 사용되었다(Peled, 1994: 61~78).

이러한 역사적 사실이 중요한 이유는 이 사실이 군대에 참여하면 자동적으로 시민권을 얻을 수 있다는 이데올로기적 구성에 어긋나는 것이기 때문이다. 프랑스 혁명때부터 존재해 온 시민권과 군 참여의 결합은 그리스 폴리스의 전통을 이어간 것이었다. 그러나 프랑스 혁명 전후로 국가의 시민이라 할지라도 군복무가 국민의 의무였던 적은 없었다. 그리고 사실상 국가의 시민은 국가의 영토에 살고 있는 전체 인구를 결코 포함하지 않았다. 전혀 아니라고 할 수는 없어도 시민권의 권리는 전시 복무와 아주 부분적으로 상응한다. 이와 반대로 시민군 사이에서조차도, 전선에서 돌아온 이들이 후방에 남아 있던 사람들이 이들에게 용인되지 않은 경제적·정치적 자원들을 어떻게든 축적했음을 알고 나서의 불만은 전쟁의 여파 속에 거듭되는 주제이다.

군 권력이 구성하는 강제력에 기초하여 국가는 특정 영토와 사람들을 통치하겠다는 주장의 적법성을 국내외에 요구하기도 하고 이의를 제기하기도 한다. 이러한 이유에서, 통치자들과 정부는, 특히 국가의 적법성이 문제시되는 나라에서는, 군대를 완전히 소외시킬 수 없다. 그렇지 않으면 (1차대전 시 러시아에서 발생했듯) 혁명이나 아니면 더 직접적으로 (1950년대부터 식민 이후 아프리카와 라틴아메리카에서 종종 발생했듯) 군사 쿠데타로 이들의 자리를 잃는 위험에 처하게 되기 때문이다. '국민군'people's army을 결성하거나 국민강제징집을 도입하는 것이 광범위하고도 다양한 개인과 집단을 위한 정권과 정부를 합법화하는 주요 방법이었다.⁴

이것이 말하고 있는 바는 군대 참여와 시민권 사이에 반드시 직접적인 연관성이 있는 것은 아니라는 점이다. 사회 안에서 누군가의 권리와 위치를 결정하는 것은 군 참여 여부가 아니라 어떤 능력을, 그리고 시민 권력의 원천이 될 어떤 대안을 지니고 있는가이다. 가끔은 집단들이 군 징집을 피할 수 있는 능력이 이들의 사회적·정치적 저항력의 증대를 보여 주는 기호가 되기도 한다. 그 예로, 영국군은 아일랜드군과의 정면대립을 피하기로 하면서 1차대전에 아일랜드군을 자기 군대에 징병하지 않았다. 반면 미군에서 아프리카계 미국인들의 수가 증가하고 지위가 상승된 것은 이들이 민

---

4 (이스라엘의) 국민군, 혹은 (북한의) 인민군은 국민 모두가 군사체계에 소속되어 있는 군사 제도를 가리키며, 국민강제징집은 미국 남북전쟁 시기의 북군이나 남한 군대의 경우처럼 일정 자격과 요건을 갖춘 모든 국민을 징집대상으로 하는 군사 제도를 가리킨다.──옮긴이

간인으로서 일반적인 지위가 강화되었다는 것을 보여 주기도 하지만, 미국 민간인 사회에서 여전히 이들에게 신분상승이 가능한 직업에 대한 기회가 매우 제한됨을 보여 주는 기호이기도 하다. 흥미로운 점은, '베오그라드의 검은 옷을 입은 여인들'Women in Black in Belgrade[5]의 보고에 따르면, 세르비아 군에 모병된 최초의 여성들은 난민캠프 출신들이었다(Zajović, 1994).

여성들의 공식적인 군 편입은 이들의 사회적 세력화에 일부 관련될 수 있으나, 그 여부는 이러한 사회변화를 야기했던 정치 기획의 성격에 달려 있다. 의미심장하게도 서구 특히 미국의 군대에서는 시민권의 기표로서의 병역, 즉 국민 강제징집이 종료되면서 바로 여성참여의 비율과 수준에 대한 문제가 제기되었다.

현대 전쟁과 여성의 군 편입

현대 군대는 잠재적으로 모순된 두 가지 역할을 완수하려는 경향이 있었다. 한편으로는, 특히 국가적 위기와 전쟁의 시기에 군은 민족적 유대와 애국심에 초점을 두게 되었다. 여기에는 계급, 지역, 출신, 그리고 가끔은 연령과 젠더까지도 차이가 간과된다. 다른 한편으로 군은 효율적인 현대적 기업으로 발전했고 가장 효율적이고 혁신적인 방법으로 살상과 파괴를 수행할 완벽한 능력을 추구하는 방향으로 구조화되고 장비를 갖추게 되었다.

---

5 '검은 옷을 입은 여인들'은 여성들로 구성된 반전 운동 단체로, 1988년 예루살렘에서 이스라엘 여성들이 점령지에서 이스라엘군에 의해 자행되는 심각한 인권유린에 반대하여 처음 결성되었다. 이들은 제1차 인티파다(1987년 가자 지구와 웨스트 뱅크 이스라엘 점령 지역에서의 팔레스타인에 의한 반란) 이후 충돌로 인해 희생된 모든 이들을 추모하는 의미에서 검은 상복을 입고 매주 금요일 예루살렘 중심부에서 철야시위를 했다. 초기에는 이스라엘 조직과 연대해 세계 각지에서 시위가 이뤄졌으나 후에는 여러 사회적·정치적 이슈들을 포용하게 된다. '베오그라드의 검은 옷을 입은 여인들'은 특히 1990년대 이후 유고슬라비아의 유혈 민족분쟁이 빚은 세르비아 대학살에 항의하며 반전 운동을 펼치고 있다.—옮긴이

두 목표 중에 어느 것이 헤게모니 정치의 우선권을 갖는가에 따라 여성들의 군 편입은 매우 다른 형식을 취할 수 있다.

3장에서 논의했듯, 여성들은 종종 근대성을 상징하는 존재가 된다. 1917년 케말 아타튀르크Mustafa Kemal Atatürk[6]는 터키 혁명 당시 터키를 근대 민족국가로서 구성하려는 목적에서 여성들의 베일 착용을 금지했는데, 당시 중동의 무슬림 근본주의자들이 베일 착용을 중요시해 온 만큼 이 정책은 중요했다. 여성들의 군 편입도 이와 비슷한 역할에 충실했는데, 그 예로 리비아나 니카라과, 에리트레아Eritrea[7]를 들 수 있다. 이러한 조건에서 여성들의 군 편입은 두 가지 메시지를 지닌다. 첫째는 여성이 적어도 상징적으로는 국가 집단체의 동등한 구성원이라는 점이다. 둘째는 아마도 더 중요한 문제일 텐데, 국가 집단체의 모든 구성원들이 적어도 상징적으로는 군에 편입되어 있다는 점이다.

예를 들어 이러한 방식으로 여성을 군에 포함시키는 구성은 나토군, 특히 미군에서의 여성 편입과는 매우 다르다. 미국에서 여성들을 독려하여 많은 인원이 군에 입대하기 시작했던 시점은 바로 국민강제징집이 중단되고 군대가 완전히 직업군인만 받게 되었을 때였다. 이 경우 여성은 사회 개방성의 상징이라기보다는 오히려 상당히 괜찮은 군노동력이 저장된 인력 집단이었다. 미군이 여성 대거 모병의 결정을 내린 가장 중요한 이유 가운데 하나는 군을 징병에 근거하기보다는 자원병에 근거하여 유지하려는 데 있었다. 그래야 베트남 전쟁을 반대했던 대중적 반발의 재발을 방지할 수

---

6 무스타파 케말 아타튀르크는 터키의 초대 대통령으로 술탄제를 폐지하고 터키 공화국을 세웠다. 세속주의를 원칙으로 근대화 개혁 정책을 실시하면서, 1925년 복장 개혁을 시행하여 여성들의 복장을 해방시켰다. ──옮긴이

7 에티오피아 고원 북쪽에 위치한 아프리카 국가. 에티오피아로부터 분리한 이래 에리트레아 인민해방전선 중앙위원회에 기반을 둔 임시 과도 정부가 있다. ──옮긴이

있기 때문이다. 다시 말해, 여성들의 군 채용은 이들의 시민권을 향상시키기 위한 목표라기보다는 오히려 군복무를 시민으로서의 의무에서 하나의 '직업'으로 변형시키려는 목적이 있었으며, 이로 인해 군복무가 점차 모든 시민들의——여성과 남성 모두의——협력에 의존하지 않도록 하기 위함이었다.

신시아 인로는 (Yuval-Davis, 1991a에서 언급했던 개인적 편지에서) 미국군이 '자원병'에 기초한 군대를 만들겠다는 결정을 하고 나서 여성들에게 군 계급을 개방하는 데 가장 중요하게 고려했던 사항이 군이 흑인으로 '넘쳐나는 것'을 피하는 것이었다고 주장했다.

예견된 비非백인 군대에 대한 견제세력으로 여성들에게 무게를 둠에 따라 …… 1973년 여성 모병을 확대했는데, 이때 많은 흑-백 정책입안자들이 전원 자원병인 부대가 남성기반 병력으로 남아 있을 경우 곧 흑인기반 병력이 될 것이라고 예측했다. 베트남전 이후, 경제적으로 군 입대 이외의 대안이 거의 없었던 이들이 바로 흑인 청년들이기 때문이다.

이런 유형의 성차별주의/인종차별주의적 사고는 흔한 현상이다. 벨 혹스는 이 구성에 모든 흑인들은 남성이며 여성은 모두 백인이라는 가정이 있다고 지적한 바 있다(hooks, 1981). 현재 미국 여군의 48%가 흑인이다.

하지만 여성들이 대거 입대하여 보다 많은 군사업무를 맡을 수 있게 된 가장 중요한 요소는 현대전의 성격 변화였다. 위에서 논의한 바와 같이, 여성들은 항상 군에서 중요한 특정 역할을 수행했지만 공적 군사 영역에서는 배제되어 왔다. 아울러 현대전은 무엇보다 군의 유지와 지원 경로를 격식화하고 통제할 필요가 있었다. 나폴레옹이 '군인도 먹어야 행군한다'고 했다는 말이 있다. 군의 현대화에 따라, 급식, 의복, 간호, 일반 사무와 통신 사업, 탄약 생산과 성 사업 모두 적어도 어느 정도는 군과 정식 관계를 확립할 필요가 있었다.

더욱이 군사 기술이 계속 발전하면서, 일대일 전투 참여의 비중이 군사 행위에서 점차 줄어들었다. 때문에 남녀 간의 체력차이는 대등한 입장에서 여성의 군 참여를 가로막는 장애물로 그리 중요하지 않게 되었다.

모든 군대가 똑같은 경로로 여성을 참여시킨 것은 아니었다. 내가 다른 저서에서 논했듯이(Yuval-Davis, 1985: 32), 군대와 군대가 포함하는 여성의 수의 비교를 어렵게 하는 요인들 가운데 하나는 민간업무와 군사업무의 분류가 군대마다 다르다는 것이다. 예를 들어, 1980년 서독은 50명의 여성 군 의료장교들만을 공식적인 군속으로 간주했다. 반면에 군대에서 근무하는 모든 여성 사무직 노동자들은 민간인으로 간주했다(Chapkis, 1981: 89). 반면 이스라엘에서는 모든 사무직 노동자들을 군속으로 간주한 반면 의사와 간호사들은 민간인일 수도 있었다. 달리 말해, 군속 여성의 외형상의 수적 변화는 단지 군대의 경계에 대해 관료주의 혹은 이데올로기적으로 재정의한 부수적 효과일 수도 있다. 다른 예가, 독립 이후 알제리의 경우에서 나타났듯, 예비군 등록에 기초한 통계이다. 헬리-루카스가 평했듯, 등록신청서에 첨부되는 복잡한 서류요건들 때문에 많은 농민이나 노동자 계급출신 문맹인구들은 등록하기 힘들었다(Hélie-Lucas, 1987). 특히 여성의 경우도 마찬가지인데, 이들의 일방적 사회격리 때문만이 아니라, 군 입대 신청의 최우선적인 계기가 유급고용이라는 혜택에 있었지만 이것이 많은 여성들에게 적절하지 못했기 때문이다.

군에서 무기, 운송, 통신체계가 복잡해질수록, 관료주의는 더 정교해지고, 군사력의 구성원들도 더욱 전문화될 필요가 있으며, 이에 따라 군 조직은 민간 대기업의 조직과 더욱 비슷해져 간다. 이러한 조건 아래서 '국민군'이 포함하는 정의는 부적절하고 소모적으로 구성될 수 있다. 애국주의와 군사주의의 연관들은 무용지물이 되었다. 그 예로, 이러한 논쟁은 현재 이스라엘에서 진행 중이다. 보다 '군살을 빼고' 보다 전문적인 군대의 구성을 선호하면서, 특히 여성들 사이에서, 소위 전면 징집을 종식시키려는 목소리들이 증가하고 있기 때문이다.

이스라엘군은 비교적 소수인 정예부대와 대규모 정규부대로 구성되어 있어서 언제나 민족의 형성과 재생산에 중심 역할을 해왔다. 2년 내지 3년의 정규복무를 마치고, 남성들은 50세가 될 때까지 계속 일 년에 한두 달 예비역 복무에 소환된다. 여성들 역시 법에 따라 징집되며, 대개는 남성들에 비해 다소 짧은 기간 복무하고 이들의 예비역 복무는 대개 최소한이거나 일단 결혼이나 임신을 하면 한꺼번에 중단된다. 다른 저서에서 검토했듯(Yuval-Davis, 1985), 이스라엘군은 결코 전면적이지도 전체 포괄적이지도 않았다. 심지어 이스라엘의 유태인 남성들에게도 마찬가지였다. 극단-정통-유태교 남성이 종교 연구를 계속할 경우 군복무를 피할 수 있게 해주었는데, 민족의 경계가 세속적임에도 이를 종교적 교리에 따른 정의에 의지했기 때문에 이스라엘은 유태민족을 구성하면서 생긴 주요 모순들을 이런 식으로 타협하여 떠안았다(그럼에도 해를 거듭하면서 이러한 관행 자체가 본래의 모순을 낳았다). 여성과 관련한 공식적인 포괄징집 편입은 실제로 모병연령에 있는 유태 여성의 60퍼센트에 불과하며 비유태계 이스라엘 국민은 전혀 없다. 중요한 것은 여성들이 민족, 종교, 재생산의 배경뿐만 아니라 (이는 출신 민족이나 계급의 배경에 따라 여성들에게 미치는 정도가 다르다), '질적인' 배경에 따라 배제되었다는 점이다. 이들에게는 민족봉사에 호출되기 위해 남성보다 더 높은 수준의 교육을 요구했다. 군은 남성들의 교육을 위해서는 투자를 준비했지만 여성들의 교육에 대한 투자는 전혀 준비하지 않았던 것이다.

그러나 이스라엘은 최근 남성과 여성의 군 편입에 대해 이러한 차이도 흡족해하지 않았다. 군 안팎에서 여성의 의무 모병을 폐지하자는 목소리가 등장하기 시작했기 때문이다. 컴퓨터와 같은 테크놀로지의 발전으로 군 사무직 노동자의 수요가 급격히 줄어든 이상 이 제도가 드러나지 않은 실업과 군의 비효율성의 주된 원인이라는 것이다. 군 안팎에서 여성의 의무모병 폐지를 요구하는 목소리들이 등장하기 시작했다. 이스라엘군이 '국민군'에서 '필요하다면 누구나' 징병할 수 있는, 차별화주의differentialism[8] 군대로 변화해야 한다는 논의는 의회 외교안보문제 위원회 안건에 포함되었다. 이러한 변화에 대한 가장 중요한 주장은 이것이었다.

> 지난 5년간 70만 명의 새로운 이민자를 흡수한 사회에서 군은 이스라엘 사회에로의 흡수 및 귀속 과정의 일부라는 점에서 중요하다. (하원의원이자 의회 외교안보문제 위원회 위원장, 1995년 2월 13일 일간지 『다바르』*Davar* 의 보도에 따름)

그럼에도 불구하고, 사실상 정규 복무연령 이상의, 새로 온 여성 이민자들은 새로 온 남성 이민자들과 달리 군복무의 소환을 받지 않는다.

공식적으로 평등한 국민 구성이 존재하리라 여겨지는 아주 드문 상황에서조차 '국민군'people's army에서 '국민'people이 구성될 때, 주로 군대 내 사회 관계라는 젠더화된 특징이 반영되기 때문이다.

---

8 유럽적 인종차별주의로 인종마다 고유한 문화를 갖고 있으며 그 고유함을 지키기 위해 다른 문화와 섞여서는 안 된다는 주장. 백인 문화의 헤게모니를 주장하는 미국식 인종차별주의와 달리 문화의 다양성을 인정하지만 역설적으로 특정 인종 혹은 민족의 순수성과 배타성을 정당화하고 있다. 이스라엘군이 차별화주의를 받아들여야 한다는 주장은 누구나 다 군인으로 징병하되 군인들의 역할이나 지위를 민족이나 인종의 문화적 특성에 따라 또는 유태민족의 순수성과 헤게모니를 유지하는 수준에서 차별화한다는 입장일 듯하다. ─옮긴이

군인으로서의 여성

여성들이 항상 군생활의 중요한 부분을 구성해 왔다는 사실에도 불구하고, 공식적으로 여성이 군대에 군사로 편입되는 것은 많은 편견과 남성들의 공포에 부딪혔다. 압도적 다수의 여군이 수행하는 역할은 대체로 젠더화된 민간 노동시장을 반영한다. 즉 이들은 대개 비서, 간호사, 교사들이다. 극소수만이 (페미니즘 혁명이 아닌, 컴퓨터 혁명이 천천히 이를 변화시키고 있지만) 군 고유의 그리고/또는 군의 주요 '사업'과 직접 관련 있는——즉, 전투와 살상의——역할을 맡는다(Enloe, 1983; 1989; 1993; Yuval-Davis, 1985; 1991a).

필립 로스Philip Roth의 유명한 소설, 『포트노이의 불평』Portnoy's Complaint에서 유태계 미국인인 주인공이 늘 성적으로 흥분해 있다가 이스라엘 여군과 성관계를 맺으려 하는 순간 성적으로 무능해졌다는 건 우연이 아니다. 군 경험이 '소년을 남자로 만든다'고 할 때, 여성성은 이런 이미지에 쉽게 편입되지 못한다. 잭 콕Jack Cock은 아파르트헤이트와 싸운 남아공 내전 시 양쪽 군대의 군 여성들을 연구했는데, 남아공 군대에서 남성 군사들의 훈련 중 여성 증오와 동성애 혐오가 만연했었다고 기술했다. "수행 못한——기준에 못 미치는——신병들은 종종 '호모새끼들'[9]이란 딱지가 붙고, '엄마한테 가서 계집애들하고나 놀라'는 말을 들었다"(WREI, 1992: 65). 샌드라 길버트가 기술한 바에 따르면, 1차대전 당시 군 여성 간호사들은 구원의 천사로 그려지기도 했지만 동시에 ('여자 간호사들은 남자의 죽음을 보면 흥분할까?'라는 식의) 못하는 게 없어 보이면서도 악의적인 이미지들로 떠

---

9 원문에 실린 'faggots'를 비롯하여, 'homos', 'murphies' 모두 남성 동성애자를 경멸하여 부르는 표현이다.——옮긴이

올려졌다(Gilbert, 1983: 436).

여군에 대한 이러한 이분법적 이미지를 중심으로 여성들은 대개 군에 편입되었다. 여군은 이들의 여성성을 강조하여 남자 군인들과 구별하고 통제하지 않는다면 위협적이다. 그 예로, 이스라엘은 국민강제징집으로 여성들이 군에 정규군으로 입대하는 유일한 국가인데, 이스라엘의 여군은 그 머리글자를 따 '켄'^{Khen}이라 불리며 이는 히브리어로 '매력'을 뜻한다. 켄 부대원의 공식 임무는, 이스라엘군 대변인이 기술했듯, "부대의 사기를 진작하고 부대의 군인들을 돌보아야" 하는 영역에 있었다(Yuval-Davis, 1985: 661). 여군 부대의 분리와 여군의 별도 임무를 대거 폐지해 온 미군이 군대 내 여군 성폭력과 강간의 높은 비율을 들면서(최근 언론 보도에 따르면 강간 비율이 여군의 삼분의 일이라고 할 정도이다), 남성 군인들로 하여금 못하는 게 없는 여성 군인을 멀리하게 하며 두려워하게 한다는 주장은 논의해 봄직한 주제이다.

민족해방군들은 군사력의 위계질서와 조직이 훨씬 격식을 갖추지 못한다. 하나의 강력한, 공통된 이데올로기적 입장이 이러한 긴장들을 초월하는 데 도움이 될 수도 있는데 특히 여성의 해방이 전체 민족의 해방을 상징하는 것처럼 보일 때 그렇다. 그럼에도 여전히 에리트레아 민족해방군의 경우가 그랬듯, 교제금지와 같은 엄격한 규칙들이나 강간죄를 범한 병사의 처형이 '정치적 공정성' 이데올로기를 향상시키는 필수요소로 나타날 수 있다(Zerai, 1994; Urdang, 1989 참고).

남성의 상상력이 여성의 위치로 정해 놓았을 '거세'의 역할을 맡고 있음을 스스로 알고 있는 여군은 매우 극소수일 것이라는 데는 전혀 의심의 여지가 없지만, 분명한 것은 여성의 군 지원 주요동기가 신체적으로나 정서적으로 자기 세력 확보의 기회에 있다는 사실이다. 길버트는 이와 같이 지적한다.

남성과 여성들이 만든 여러 텍스트들은 [1차대전으로] 비슷하게 '뒤죽박 죽이 된' 역할 역전 현상들이 여성들의 분노뿐만 아니라 여성적 리비도 에 너지의 방출을 야기했음을 시사한다. 이를 남성들은 대개 불안을 유발하는 것이라 보았고 여성들은 종종 아주 신나는 일이라 여겼다. (Gilbert, 1983: 436)

여군들, 특히 여러 민족해방군에 참가한 적이 있는 이들과의 인터뷰를 보면 이 가운데 얼마나 많은 이들이 식민 세력과 그 지지 세력에 의해 그리 고/또는 자기 가족에 의해 벌어지는 참지 못할 개인적 상황들로부터 벗어 나기 위해 게릴라 진영으로 도망했는지 알 수 있다(Bennet 외, 1995; Zerai, 1994). 군에서 이들은, 자신이 믿고 있는 명분을 위한 투쟁을 할 수 있었던 것은 물론이고, 자력으로 새로운 정체성과 기술, 그리고 존경받을 만한 사 회적 지위를 확보할 수 있었다.

골디 혼이 나온 영화 「벤자민 일병」 Private Benjamin 은 이러한 관점에서 미 군 입대를 그리려 했다(Chapkis, 1981). 이 영화는 한 '불쌍한 어린 부잣집 소녀'의 이야기를 들려준다. 외롭고 버림받았다고 생각하던 그녀는 미군에 입대하여 고된 군사훈련에서 살아남음으로써 자신의 구원을 발견한다(그 러나 벤자민 일병이 에리트레아나 티그리스 군의 여성들과 다른 점은 벤자민 일병의 군대 내 위치가 미군의 맥락이 아닌 완전히 개인적인 측면에서 그려지 고 있다는 점이다). 「벤자민 일병」의 군은 대개의 서구 군대의 선전용 홍보 물들이 그렇듯 순전히 출세에 좋은 계기라는 측면에서만——훈련을 받고, 세상에 눈을 뜨고, 다른 직업보다는 더 많이 벌 수 있는 기회로——보인다.

엘리사베타 아디스의 연구에 따르면, 사실 여성이 군인이 되면 대체로 경제적으로, 개인적으로, 집단적으로 혜택을 받는다(Addis, 1994). 그녀는 군이 통상임금의 측면에서 기회를 균등하게 제공하는 고용주이며 군인이 되는 여성들에게 주는 상대적 혜택은 민간 노동시장에서 남성과 여성이 받는 급여의 차등수준에 근거한다고 주장한다. 남성들은 군인이 된다고 해서 이런 혜택을 받지 못하기 때문에, 여성들이 군인이 됨으로써 받는 얼마 안 되는 혜택이 남성들이 받는 혜택보다 더 높다. 더욱이 여성들이 일단 군을 떠나 민간 노동시장에 들어가면 훈련을 받고 신분상승할 기회를 얻게 된다는 점에서 여군들은 노동시장에 있는 여성들 전체가 받게 될 집단적 혜택을 성취한다.

다른 한 가지 이유는 아디스가 주장한바, 여성들이 군복무에서 남성보다 더 많은 혜택을 받는 점은 곧 전투 참여가 금지됨으로써 이들이 남성만큼 전사하거나 불구가 되는 위험을 무릅쓰지 않아도 된다는 것이다. 이 점은 논쟁의 여지가 있는데, 시간이 지나면서 전쟁 테크놀로지의 진보와 함께 전투의 정의가 점점 좁아지고 무의미해지고 있기 때문이기도 하지만, 걸프전에서 미군 사상자들이 대부분 이라크 공습 중이 아니라 오히려 이라크 미사일이 사우디아라비아의 벙커를 공격했을 때 나왔듯 최전방에서 공격당할 기회가 후방에서보다 반드시 더 많은 것은 아니기 때문이다.

군에서의 여성 평등권을 위해 투쟁하는 페미니스트들은 전투 역할에서 여성을 배제함으로써 여성들이 군에서 승진기회의 혜택을 제대로 받지 못하며 (그에 따른 결과로 군 밖에서) 남성들과 동등한 발판에서 시작하지 못한다고 주장한다. 최근 미국에서 여성의 전투 참여의 권리에 대한, 특히 여성 조종사의 적군에 대한 폭탄투하 권리에 관한 전면적인 법정 투쟁이 있었다. 당시는 그저 폭격기의 공중 급유 정도가 허용되었는데, 이것은 정의상 전투임무가 아님에도 걸프전에서 여성 조종사들이 수행한 역할이었다. 길고 지루한 정치적 로비절차가 끝나고 이 문제의 수사에 관한 대통령위원회가 구성된 후, 클린턴 행정부는 여성들이 지상보병 전투와 잠수함 전투를 제외한 모든 전투위치에 참여하는 권리를 승인했다. 이러한 정책이 현장에서 얼마나 효력이 있을지는, 특히 상원의회에서 공화당이 승리를 거둔 이후[10] 여전히 미결의 문제다.

이러한 발전을 여성의 신분에 대한 일반적인 반발에 근거하여 평가할 때, 어느 정도까지 이를 미국 내 여성의 권리를 위한 새로운 주요 업적으로 볼 필요가 있는가는 약간 의심스럽다(Faludi, 1992). 더욱이 2차대전 중 러시아 여성 조종사들이 수천 건의 폭격임무를 성공적으로 수행하고 많은 이들이 생존하여 그 이야기를 들려줬던 사실을 기억할 때, 이 문제를 전혀 새롭게 조명할 수도 있다. 이들의 별명이 '밤의 마녀들'이었다는 것은 아마 그리 놀랄 일이 아닐 것이다(예브게니 할데이 Yevgenny Kaldei' 전시회, Riverside Studios, London, 1995년 5월). 하지만 아마도 이 이야기에서 훨씬 더 중요한 것은 2차대전 후 여성들이 사실상 소련연방의 어떤 요직에서도 배제되었다는 사실일 것이다.

전쟁이나 민족해방과 같은 국가적 위기가 지나면, 여성의 군 참여에 있어서 이러한 역전 현상이 흔치 않은 일은 아니다. 그러나 해방군은 처음에 여성들을 투쟁에 포함시켰던 방식이 달랐다. 밸런타인 모가담(Moghadam, 2000)은 혁명 운동을 두 종류로 구분했다. 첫째는 여성을 해방과 근대화의 상징으로 이용하는 경우로, 여성들에게 군에 적극적으로 참여할 것을 독려한다. 두번째는 여성을 간직해야 할 민족 문화와 전통의 상징으로 이용하는 경우로, 이때 여성들은 사실상 공식적 참여에서 제외되고 내조 역할의 성격도 심하게 통제받는다.

그러므로 군에서의 여성의 신분을 전시/비전시, 전방/후방이라는 이분법의 언저리에서 구성한다는 것은 사회 내에서 여성성과 남성성을 이데올

---

10 이 책의 출판 당시(1997년) 미국 의회는 1995년 선거에서 상하원 모두 공화당이 승리한 이후 공화당이 주도했다. ─옮긴이

로기적으로 구성한 결과에 더 가깝지 전투임무에 여성을 편입시키는 데 있어서 발생하는 객관적 어려움을 근거로 고려한 결정의 반영은 아니다. 어떤 남성 특유의 근육이 미사일이나 폭탄을 발사하기 위해 버튼을 누를 수 있는 자격요건인 것은 아니다. 하지만 소위 남성적 가치가 최고로 간주된다든가, '객관적'이고, 비非감정적이고, 비도덕적인 사고를 고수하지 못하는 이들에게 경멸적으로 '겁쟁이'wimp 아니면 '계집애 같은 놈'pussy이라 꼬리표를 붙이는 젠더 담론이 미국 국가안보정책 담론에 만연해 있음을 캐롤라인 콘은 북미 핵방위 지식인들과 안보업무 분석가들의 회의에서 현장 업무를 통해 발견했다(Cohn, 1993: 227~246).

여성의 군 참여에 관한 미해결 논쟁으로 여성이 여군 부대에 소속되는 것이 좋은가 아니면 일반(즉 남성) 군부대에 편입되는 것이 좋은가 하는 문제가 있다. 한편으로는 여성 단독부대에서 통합부대로 이동한다는 것은 여성들의 군사임무 수행(과 이에 따른 적절한 보상과 승진)에 있어서 여러 형식적인 장애물들이 제거되었다는 뜻이기도 하고, 이들의 군인으로서의 평등한 잠재력이 인정받게 되었다는 뜻이기도 하다. 예를 들어, 이러한 발전의 징표 가운데 하나가 군의 특정 전투임무에 대한 적합성 결정을 내리는 것에 있어서, 군인의 성별에 따라 결정하지 않고 특수적합도 검사를 고안해 왔다는 것이다. 그러나 이러한 영역의 유경험자들의 견해에 따르면(WREI, 1992: 43), 이는 그 자체로서 남녀에게 동등한 기회를 확보해 주지 못할 수도 있다. 어떤 검사가 최종 선택될 것인가의 결정이 흔히 정치적이기 때문이다. 예를 들어, 여성이 남성보다 더 잘하는 스트레칭의 기준은 낮을 것이고, 남성이 더 좋은 체력의 기준은 계속 높을 것이다. 혹자는 이 모두가 선박에서의 비상구 탈출과 같은 특정 군사임무의 성공적 완수를 만족시키는 데 필수적인 능력이라 주장할 수 있다.

여성 단독부대 폐지를 반대하는 이들은 여군 부대가 안전하고 안락한 사회환경을 제공한다고 지적한다. 종종 여성은, 혼성 부대의 소수집단일 경우 특히, 자신이 평등하다는 것을 보여 주려고 남성보다 더 많은 것을 스스로 입증해야 한다. 그 예로, (건국 이전 노동시온주의labour Zionism[11] 군대인 하가나Haganah의 부대인) 팔마크Palmakh[12]에서는, 전투부대에 편입될 권리를 얻기 위한 오랜 그리고 결국에는 성공적이었던 투쟁이 끝난 후, 여군들은 다시 만나 혼성 부대에서의 경험을 고려하여 여성 단독부대를 요청하기로 결정했다(Yuval-Davis, 1985).

물론 이러한 문제 이면에는 성희롱의 문제가 있다. 성희롱은 혼성 부대에서 훨씬 더 만연하다. 이스라엘 여군 보호조항에서는 적어도 남성 장교 상관이 아닌 여성 장교들이 군사훈련을 책임지기 때문에, 상관의 성적 접근이 실패했을 경우 어느 정도는 상관의 변덕에 좌우되지 않게끔 한다. 이러한 부분적 또는 형식적 분리의 대안으로 군내 교제에 엄격한 규칙을 적용하는 경우도 있다. 그 예로, 에리트레아 해방군은 남성과 여성의 교제를 엄격히 금지하며 강간에 대한 처벌은 처형이었다(Zerai, 1994).

그 밖에 여성 단독부대와 관련하여 문헌이 언급한 내용을 보면, 여성 군단이 안정적인 레즈비언 하위문화의 발달에 도움이 크게 된다는 것이다(Gilbert, 1983: 440~441). 여성과 남성의 동성애는 최근 서양의 군대에서 중요한 논쟁거리가 되어 왔다. 그리고 미군과 영국군이 복무 중에 동성애자임이 '발견'된 사람을 제대시키는 것은 늘 있어 온 관행인데, 이에 대해 평등권에 근거하여 법정 투쟁이 진행 중이기도 하다.

동성애 문제는 최근에야 서구에서 공식적으로 논의되고 있지만 이 밖

---

11 좌파 시오니즘 운동의 주류. 유태 민족국가를 건설하기 위해 국제기구나 서구 열강들과의 협력을 추구하는 정치적 시오니즘에 동의하지 않고, 팔레스타인에 살고 있는 유태인 노동자들이 노력해서 민족국가를 성취해야 한다고 주장했다. ─옮긴이
12 영국령 팔레스타인 시기 유태인 공동체의 지하군대인 하가나의 엘리트 전투부대 ─옮긴이

에도 결혼이나 모성과 같이 인간의 ──특히 여성의── '정상적인 삶'의 측면들이 군에 포함되어 있다. 영국군은 일단 임신하고 나면 자동적으로 제대해야 했던 여성들에게 수백만 파운드를 보상금으로 지불해야 했다. 수년간 대부분의 군대는 병사들의 아이들을 낳고 키우는 것 외에도 병사들의 뒷바라지까지도 '군인의 아내들'에 의지해 왔다. 어떤 경우에는, 에리트레아와 팔레스타인의 게릴라전에서와 같이, 해방군이 직접 책임지고 전사들의 아이와 고아들을 집단적으로 돌보았다. 그러나 대부분의 군대에서 여군의 모성을 '정상화'한다는 것은 궁극적인 (남성) 시민의 의무였던 군사활동을 또 다른 전문직으로 변화시킨 것, 그리고 군 전문화의 한 측면에 지나지 않았다.

병역과 여성의 권리

엘리사베타 아디스는 여성의 군 참여는 또한 사회에서의 여성의 위치에 유익한 경제적 효과를 미친다고 주장한다(Addis, 1994). 여러 국가에서 군대는 남성의 최대 고용주인데 이에 맞먹는 공공지출로 여성 고용을 계획한다면 여성의 실업수치를 획기적으로 줄일 수 있기 때문이다. 더욱이 군 노동시장에 많은 남성들이 고용되고 그에 따라 민간 노동시장에서 이들이 상대적으로 줄어들면 민간 임금은 높아질 것이다.

또한 만일 군에서의 높은 지위가 일반적인 사회적 신분상승을 보장하는 경로라면, 군에서 승진한 여성은 사회에서 더 높은 경제적 그리고 보다 중요하게는 정치적 지위를 얻게 될 것이라고 짐작할 수 있다. 사실 에리트레아나 남아공과 같은 몇몇 혁명 이후 사회에서는 게릴라 전사에 속했었다는 것이 여성들에게 중요한 사회적·정치적 권위를 얻게 해주었다. 그러나 남성 정치지도자들과는 달리, 사실상 여러 국가에서 적으나마 증가하고 있는 여성 민족 정치지도자들 가운데 누구도 군복무를 통해 자신의 지위를 얻은 사례는 없다(하지만 골다 메이어나, 마거릿 대처, 인디라 간디처럼 '내각 유일의 남성'이라는 명성을 얻은 상당수의 여성지도자들은 군사주의 정책을 추구하는 경향이 있었다).

여성의 자율성과 세력화의 모델로서의 여군 구성이 최고조에 달했던 때는 걸프전 시기였다. 미국 방송인들은 '우리의 아들들'이라는 표현보다는 '페르시아 만The Gulf에 있는 우리의 아들딸들'이라는 표현을 배웠다. 그리고 사우디 여성들은 자신들의 나라에서 벌어지는 이런 현상으로 인해 대담해져 여성 운전금지의 타파를 시도했다. 걸프전의 여성 군참여를 통해 밝혀진 사실들이 몇 가지 있는데, 그 하나가 공동체마다 민간인들이 군과 맺는 관계나 이것이 민간인들의 일상 생활에 미치는 영향이 다양하다는 것이다. 미국에는 걸프전에 파송된 사람이 사실상 전혀 없는 지역이 있었던 반면, 어떤 지역에서는 인구의 상당 비율을 구성하고 있는 경우도 있었다. 부연하자면, 흑인 운동가들이 반전 운동을 반대하고 나온 것이 바로 걸프전 기간 중이었다. 거기에 싸우러 간 "자신의 형제자매들을 지키기 위해서"였다. 비교적 높은 비율의 남녀가 군에 속한 특정 지역 공동체도 많다. 이런 지역 공동체들은 반드시 군에 속한 사람이 전혀 없거나 거의 없는 지역에 비해 국가의 정치적·군사적 중심부와 전혀 다른 관계를 맺게 될 것이다.

이처럼 군과 맺는 관계에 따라 인구의 어떤 부분에 위치를 설정하는지가 달라지는데, 이러한 사회 현상은 국민강제징집의 종식과 군사력의 전문화로 인한 결과이다. 이것이 남성보다는 여성들에게 널리 확산된 이유는 이스라엘을 제외하고 어느 곳에서든, 심지어 남성들이 국민강제징집으로 모병되는 나라에서조차도, 여성에게 자원을 요구하기 때문이다.

군에 친척이 있거나 민병대 소속인 민간인들이 매우 많은 공동체가 종종 대규모 군사기지 주변에 나타난다는 가정은 매우 그럴 듯하다. 자녀를 두고 걸프전에 파송된 대부분의 미 여군은 남편도 군에 있다는 의견도 있다(Wheelwright, 1991). 그러므로 부모 없는 자녀를 돌볼 책임이 있는 것은 흔히 아버지가 아니라 할머니였다. 또한 오랫동안 군대가 소재한 곳이면 어디에서나 성관계나 심지어 결혼도 있었다. 그 예로 2차대전 중 영국의 현지 아가씨가 미국 흑인병사의 아이를 임신했다는 이야기나 독일이나 베트남 등지에서 일어난 이와 비슷한 이야기들도 많았다.

물론 결혼과 자발적 성관계는 장기 군 주둔지에서 병사들의 섹슈얼리티가 야기할 수 있는 결과의 한 측면에 불과하다. 신시아 인로는 필리핀의 집단 매춘업소가 그들이 들어선 지역에 장기간 미친 영향에 대해 쓴 적이 있다(Enloe, 1983; 1989). 물론 군 기지와 인근 민간인들 간의 관계의 정확한 성격과 형태는 다른 것들과 아울러 상대적인 정치적·경제적 권력 관계에 따라 결정된다. 최근 일본에서는 18세 미군이 12세 소녀를 강간한 후 심각한 미군기지 반대 운동이 있었다(*The Guardian*, 1995년 9월 30일자). 키프로스에서는 이 섬의 관광객을 강간살해한 군인들의 재판 이후 어느 정도 이와 유사한 감정이 영국기지를 향했다.

인구의 군사화는 사회 전반에 가정폭력을 비롯한 여러 폭력을 일으킨다는 사실이 종종 발견되곤 한다. 군대가 점차 현대의 정교한 산업복합단지와 유사해지고 있음에도 불구하고, 이들은 명백히 공격과 복종의 원칙을 중심으로 조직된다. 군이 사회에서 부각되면, 개인의 정체성과 개인 간의 행위 및 젠더 간의 행위의 양식이 시민사회 내부에 확산될 수밖에 없다.

여성이 군인일 때의 잠재적 혜택을 논의할 때, 군의 궁극적인 기능이 민간 노동시장과 달리 전쟁에서 싸우는 것임을 종종 잊곤 한다. 전쟁은 인간 삶과 사회조직, 물리적 환경의 대량파괴를 낳는다. 그리고 비록 이런 저런 군사적 갈등과 전쟁이 있고 서로 엄청 다르다 해도, 그 효과는 항상 매우 젠더화되는 경향이 있다.

젠더화된 구성물로서의 전쟁

여군의 삶과 직업의 평등한 권리에 대한 이들의 열망을 논의할 때, 이 직업의 성격이 무엇인지를 망각하기 쉽다. 여성 퇴역소장 진 홀름Jeanne Holm은 워싱턴 DC에서 결성된, 군대 내 여성을 주제로 한 회의의 참석자들이 다음을 유념할 필요가 있음을 알았다.

> 군 입대를 생각 중인 이라면 누구나 서약하기 전에 알아 두어야 할 것이 있는데, 요란한 신병모집 때와 달리 군에 있는다는 것은 군복이나 행진, 혜택이나 모험에 관한 것이 아니라는 점이다. 군은 전쟁에 나가는 것이고 전쟁은 살인에 관한 것이며 어쩌면 당신의 나라를 위해 죽을 수도 있는 것이다. (WREI, 1992: 59)

그리고 사실 1992년 걸프전에 파송된 몇몇 여군들이 자신들이 실제로 싸우기 위해 해외로 파송됐음을 알고 얼마나 충격을 받았는지 언론을 통해 보도되었다. 이들 가운데 아주 많은 이들이 몸매가 좋아지고, 추가 수입이 생기고, 인생에 약간의 모험을 가지려는 방편으로 주방위군national guard에 입대했다.

하지만 걸프전은 미군 병사들에게는 이라크인들——다른 편에서 전쟁에 참여했던 병사들과 민간인들 모두——뿐만 아니라 다른 전쟁의 미군 병사들에 비해서도 아주 다른 경험이었다. 미국이 걸프전 참여를 그토록 열망했던 이유 가운데 하나가 이라크에서 베트남 전쟁의 승리를 얻고 싶어서였다는 말도 있다(Boose, 1993). 그러나 사담 후세인은 전후에도 이라크를 계속 지배했고, 구 유고슬라비아와 소말리아 등지에서 미국을 비롯한 다른 나토군과 유엔군들의 개입도 서툴고 무력했던 것이 사실이다. 한 흥미로운 연구에 따르면, 2차대전 중의 폭격기 경험과 걸프전 당시의 폭격기 경험을 비교했을 때, 2차대전 조종사들의 지배적 감정이 공포였다면, 걸프전의 조종사들은 전자오락실에서 게임을 하듯 신났었다고 한다(Boose, 1993).

위에서 언급한 바와 같이, 이러한 차이를 생산했던 것은 정교한 테크놀로지뿐만 아니라 콘이 연구했듯 국가안보의 담론이기도 하다(Cohn, 1993). 이는 유도 미사일이 자신이 예정한 목표물만을 맞출 수 있다는, 오락실 게임처럼 이 목표물의 정확한 위치는 충분히 알고 있다는, 그리고 이 모두가 사람이라기보다는 공격대상에 관한 것이라는 허상을 만들어 줬다. 실제로 공식 담론은 폭격당한 사람들에 대해서는 전혀 언급이 없었고 '부수적 피해'collateral damage[13]에 대해 말했다.

걸프전의 공식 담론은 또한 이전 전쟁보다 훨씬 젠더에 대해 중립적이었다. 당시 주목했던 대로 전투복을 입은 여군들은 온갖 보호막을 쓴 남성들과 거의 구분할 수 없었다(영국군이 보스니아로 이동할 때도 이와 비슷한 모습이 다시 등장했다). 또한 여느 전쟁 담론과는 달리 이 전쟁은 남성들이 '여성과 아이들'womenandchildren을 위해 싸운 전쟁으로 구성되지 않았고 (Enloe, 1990), '우리 아들딸들'이 수행한 것으로 구성되었다. 실제로 이스라엘에서는 이때가 '그들의 아들들'이 싸우지 못하고 여성과 아이들과 함께 꼭 닫힌 방 안에 갇혀 있어야 했던 첫 전쟁이 되었다. 때문에 걷잡을 수 없이 짓눌린 민족적 트라우마를 깊이 남겼다. 이스라엘에서 가정폭력을 비롯한 폭력에 관한 보도가 대단히 증가함과 동시에, 무적의 슈퍼히어로라는 남성 전사의 남권주의적 이미지가 심각하게 훼손당하면서, 라빈 정부는 아

---

13 미국은 현대전에서 최첨단 유도미사일의 초정밀 폭격으로 무고한 민간인의 인명피해 없이 목표물을 파괴할 수 있다고 장담했으나, 실제로 걸프전을 비롯한 최근 전투들에서 미군의 공습은 목표물 주변의 수많은 민간인들을 살상했다. 이를 두고 미국정부는 단순한 기술적 문제로 인한 '부수적 피해'라는 완곡한 표현으로 현실을 포장하여 발표했다. ─옮긴이

마도 팔레스타인 해방기구^{PLO}와 '평화협상'을 진행할 여지가 생기게 됐을 것이다. 그러나 이는 한계가 있었고 전복적이었다.

하지만 대개의 전쟁은 걸프전과는 아주 다르게 경험된다. 아무리 정교한 테크놀로지를 이용할 수 있다 해도, 보스니아의 세르비아인들이 유엔군 장교 몇 명을 체포해 인간방패로 쓰는 정도면 충분히 테크놀로지 담론을 완전 무력하게 만들고 공중폭격을 저지할 수 있었다. 하지만 적군이 비인간적으로 나온다 해도(혹자의 말로는 필히 그렇게 된다고 한다), 자신의 '아들들'로 '인간방패'를 삼을 때 상황은 다르다.

'자신의 아들들'에 대한 이런 의리는 전투하는 남성들의 경험에서 중요한 역할을 한다. 전쟁의 맥락과 규모가 어떻든, 병사로 하여금 무엇이 전쟁에 쏟는 엄청난 노력과 고생을 버티게 하는가에 대해 누가 논의하든, 거의 보편적으로 강조하는 것은 흔히 '사나이의 의리'로 불리는 '전사의 동지애'다. 전투 경험에 따라 한편으로는 이데올로기적 애국의 신념이, 그리고 다른 한편으로는 물질과 신분을 통한 보상이 어느 정도 중요할 수 있다. 그러나 동료 병사에 의지할 수 있다는 느낌과 생사의 기로에 선 이들의 서로에 대한 의리야말로 전사의 일상 속에서 지속적으로 길러지는 감성이라고들 한다. 동료 군인에 대한 배신을 못마땅해하는 이러한 마음이 많은 이스라엘 사람들에게는, 이스라엘이 팔레스타인 영토를 계속 점령하는 것이나 레바논 침공하는 것에 반대하면서도, 계속해서 예비군으로 복무하게끔 하는 주된 이유였다.

마찬가지로 미국 장성들은 군이 여성을 모병하여 (이때까지는 남성들만 하던) 전투임무를 부여하는 것에 반대하면서 그 이유로 '사나이 의리'에 금이 갈까 하는 두려움을 들었다. 실제로 대개 군인들의 단성^{單性} 사회화 성격상, 이러한 의리감은 남성이든 여성이든 단성집단 구성에서 보다 쉽게 성취된다. 하지만 장기간 같이 훈련받고 전문성이 강조됨에 따라 이러한 감정은 매우 상쇄된 경향이 있다. 이 정도의 강한 소속감은 덜하겠지만 이는 민간 노동시장에서도 마찬가지였다. 친목금지 규정이 이러한 과정을 어느 정도까지 향상시킬지 아니면 더욱 복잡하게 만들지는 두고 볼 문제이다.

그러나 전투 경험은 전쟁에 따라 매우 다를 수 있고, 비전시 군생활과도 매우 거리가 있다. 순조롭게 단기간 '임무를 수행'했을 수도 있고, 몇 달 동안 참호나 벙커 안에서 지내야 했을 수도 있다. 그리고 절망적인 혼란과 지옥 같은 상황에서 생존을 위해 싸우고, 남을 불구로 만들지 않으면 자신이 불구가 되고, 죽고 죽이는 경험이었을 수도 있다. 또한 전장 안팎에서 실제 전투를 지원하는 역할로 활동하며 경험할 수도 있다. 한 연구가 밝힌 바로는, 2차대전 중 무기를 한 번이라도 발사해 본 적이 있는 병사는 15퍼센트 뿐이었다(Janowitz, 1991: 41). 현대 전쟁 테크놀로지의 성격을 고려한다면, 현재 이 비율은 아마 더욱 적을 것이다. 게릴라전이나 기타 소규모 전쟁에서의 상황은 물론 매우 다르다. 그리고 전사들 스스로 음식 준비, 교육 제공과 같은 유지 역할을 더 많이 완수할 준비를 해야 한다.

전쟁은 또한 여러 다양한 방식으로 '국내 전선'에 있는 사람들의 삶에 영향을 미칠 수 있다. 극단적으로 전쟁은 국내 전선으로부터 먼 곳에서 발생한다거나, 참여한 군이 전문적이거나, 그리고 사상자가 거의 없다면, 거의 혹은 전혀 영향이 없다. 식민지 국가에서는 이러한 성격의 경험이 많다. 일부 여성들은 군인 특히 장교를 남편으로 맞기도 하고, 젠더화된 지원 체계는 대부분 군대 안팎 지역의 민족이나 소수인종인 식민지 여성들로 구성된다.

반대의 극단에서 전쟁은 국가에 있는 국민들의 삶을 완전히 바꿔 놓고 종종 파괴하기도 하는 총체적인 경험이 된다. 일터, 재산, 가정, 소지품들, 그리고 최악의 경우 친구, 친척, 가족 등 전쟁 전에 누군가의 일상의 삶과 개인적 정체성을 부분적으로 혹은 심지어 전적으로 결정하던 것들이 몇 시간 만에 파괴될 수 있다. 적에게 부상이나 폭행, 고문을 당하지 않았다 해도 가장 가깝고 가장 소중했던 모든 것들이 무참히 뜯겨나가 버린 경험은 평생은 아니더라도 오랫동안 사람들을 비탄에 빠뜨리고 이들의 삶에 영향을 준다. 그저 살아남기 위해 살아갈 뿐이다.

난민이라는 경험은 젠더화되어 있다. 전체 난민 인구의 80퍼센트까지 여성과 아이들로 구성된다(하지만 실제로 서구로 가는 난민의 비율과는 차이가 있다. 이 난민의 다수는 남성이다). 애덤 존스가 지적했듯, 이는 죽이는 것뿐만 아니라 죽임을 당하는 것까지도 전쟁에서는 젠더화된다는 사실의 결과다(Jones, 1994). 여성과 아이들이 죽임을 당한다는 의미가 아니라 선택적 살해가 발생할 때 ——구 유고슬라비아의 인종청소 기간에서처럼——선택당하고 끌려가고 그래서 '사라지는' 것은 남성이다. 사라진 남성들이 나와 다시 모습을 나타낼 때도 가끔 있지만 (스레브레니차 대학살Srebrenica massacre[14]에서의 경우처럼) 집단무덤에서 발견되는 일도 흔하다.

남성들은 선택적으로 체포되고/되거나 살해될 때조차도('합법적 전쟁'이라는 형식적 담론에 빠져 '처형당할 때'라고 쓸 뻔했다), 종종 부재한다. 국지전일 때도 남성들은 전투부대에 귀속되고/되거나 체포당하지 않으려고 숨어 있기 때문이다(Jones, 1994: 120~129). 여성들과 남성 노인들은 마을에 남겨져 집과 아이들을 돌보고, 땅을 일구며, 공동체 사회조직을 계속 유지한다.

남겨진 여성들은 적군 병사들에 의한 강간에 취약하다. 특히 보스니아의 세르비아인들에 의한 여성들의 체계적 강간이 언론에 노출된 이래 지난 몇 년간 많은 글들이 전쟁 시 강간에 대해 작성되었다(이에 대한 예로, Amnesty International, 1995; Pettman, 1996; Zajović, 1994). 르완다(Bonnet,

---

14 1995년 7월 보스니아 전쟁 중 세르비아 군에 의해 자행된 대학살——옮긴이

1995), 그리고 1981년 방글라데시의 전쟁과 관련해서도 이와 비슷한 보고가 들려왔다(1995년 5월 3일 〈채널 4〉에서 방송된 기타 사갈Gita Sahgal의 영화 「전범파일」The War Crimes Files). 중요한 점은 1993년 비엔나에서 열린 유엔 인권회의 NGO 포럼에서 론다 코펠론Rhonda Copelon과 같은 페미니즘 인권 운동가들이 지적했듯, 제네바 협약에서 강간은 고문의 양식이라기보다는 오히려 '반명예 범죄'로 정의한 바 있다. 여기에서 '명예'란 남성과 공동체의 명예이며 반드시 여성 자신의 명예는 아니다.

그럼에도 불구하고, 구 유고슬라비아의 '검은 옷을 입은 여인들'이 지적 했듯(Zajović, 1994), 비록 전쟁에서의 강간이 전쟁의 젠더화된 결과의 극단적인 예라 하더라도, 전쟁을 겪는 여성들에게 가장 끔찍한 전쟁 경험은 종종 강간 자체가 아니라 예전 삶의 기반을 송두리째 상실당하는 것이었음을 인식해야 한다. 강간으로 인해 임신했을 경우 그 결과는 훨씬 더 끔찍할 수 있다. 일단 임신이 세상에 알려지면, 역설적이지만 전통적 개념의 명예[정조]와 수치 때문에 여성은 자신의 생존 가족들과 공동체로부터 존중이나 도움을 받지 못하기 때문이다. 이러한 이유에서 체계적 강간에 대한 보고 사례에는 자신의 경험을 혼자 간직하고 싶어하는 기혼 여성보다는 과부나 독신 여성이 압도적으로 많았다.

터전을 뺏긴 사람이 된다는 경험은 매우 다양할 수 있다. 얼마간의 물적 자원을 갖고 떠나거나, 국내나 해외 어딘가에 난민과 생존가족을 받아들이고 후원해 줄 가족이 있다면, 국제구호단체의 자선기금 이외에 어떤 자원 없이 난민 수용소에서 오도 가도 못하게 되는 것보다 더 쉽게 회복된 새로운 삶으로 이주할 수 있다(Forbes Martin, 1992). 하지만 대부분의 난민에게 공통된 현상은, 이들의 개인 환경이 어떠하든, '영구 임시'의 상태라는 점이다. 전쟁과 강제추방 이전의 삶과 정체성이 갖고 있던 합법적이고 영구적이던 신분을 그 어떤 새로운 삶이 아무리 오랜 세월을 거쳐 구성된다 해도 결코 대신하지 못한다. 새로운 삶의 터전에서 영구적인 '외부인'으로 있는 한 이러한 느낌은 지속된다. 종종 이는 다음 세대로 전이될 수도 있는 정서이다. 따라서 레바논의 팔레스타인 난민촌에서 태어난 아이들은 자신의 출신지가 곧 부모가 추방당한 마을이라 생각한다. 비록 이 마을이 지난 3, 40년 동안 존재하지 않았다 해도, '귀향'의 꿈이라는 열정적인 정서를 통해 여전히 이 마을과 관련하여 자신의 정체성을 구성한다.

전쟁과 그 영향을 논의하면서, 중요하게 유념할 것은 이 전쟁이 대체로 매우 젠더화되고 계급에 기반을 둔 경험이라는 점이다. 예로 1차대전 중 자매들과 형제들의 경험을 비교한 연구에는 이러한 요소가 매우 상당히 두드러졌다(Woollacott, 1993; 레바논 전쟁의 젠더화된 성격에 관해서는 Accad의 1990년 연구를 참고하라).

그러나 남성과 여성이 다른 점은 비단 전쟁 경험만이 아니다. 신시아 인로(Enloe, 1989; 1993)를 비롯한 이들이 지적해 왔듯, 전시 여성성의 군사화된 이미지들은——이들이 여성들에게 가정에 머물러 있으며 현모양처가 되어야 한다고 요구하든, 군수산업에 자원해서 '리벳공 로지'Rosie the Riveter[15]가 되어야 한다고 요구하든——남성성의 군사화된 이미지에 매우 필수적이다. 전쟁은 '여성과 아이들'을 위해 싸워야 하는 것으로 여겨지고, 싸우는 남성들은 '그들의 여성'이 따뜻하게 아궁이 불을 지피며 이들이 집으로 오기를 기다린다는 생각에 위로와 위안을 받는다.

이러한 여성성 이미지들은 전쟁 담론에 필수적이기 때문에 이들의 연관성은 살펴볼 필요가 있는 흥미로운 문제다. 여성과 평화의 연계는 페미니즘 운동과 기타 반전 운동에 중심이었다.

---

15 2차대전 중 공장에서 주로 군수품 생산을 위해 근무한 미국여성을 대표하는 미국의 문화적 아이콘——옮긴이

여성의 정치와 반전 운동

영국 '그린햄 공유지 평화운동 여성단체들'[16](Roseneil, 1995), 아르헨티나 '사라진 아이들의 어머니들'Mothers of the Disappearing Children[17](Fisher, 1989), 그리고 이스라엘과 이탈리아, 구 유고슬라비아의 '검은 옷을 입은 여인들' 단체들(Lentin, 1995; Zajović, 1994)은 지난 15년간 활동했던 여성단체들 가운데 좀더 잘 알려진 일부에 불과하다. 이들 단체는 반군사주의anti-militarism 를 여성만의 이슈가 아닌 여성이 사회에 설정된 자신의 실제 위치로 인해 특정 메시지를 전달해야 하는 이슈로 구성한다. 때문에 이 메시지를 위해 여성들은 남성들과는 별도로 조직되어야 한다. 이들 단체와 기타 운동에 속한 일부 여성들이 '평화의 성으로서의 여성'이라는 본질주의 개념과 담합하기도 했지만, 이 운동에 참여한 대부분의 여성들은 군사주의적 여성성 구성에 매우 만연해 있는 이러한 개념들을 거부했다(Enloe, 1983; 1989; Leonardo, 1985; Pettman, 1996).

남성을 공격적이고 폭력적이라 보는 본질주의적 구성은 민족주의-군사주의 신화와 잘 맞아 떨어진다. 즉, 남자들은 '여성과 아이들'을 위해 싸운다(Enloe, 1990)는 '보호받는 이-보호하는 이'의 신화(Stiehm, 1989)가 바로 그것이다. 주디스 스팀Judith Stiehm 같은 일부 페미니스트들은 이러한 신화를 허무는 최선의 방법은 여성들이 남성과 똑같은 기반 위에서 군에 참

---

16 1981년 영국정부가 영국 공군기지가 있던 그린햄 공유지에 순항미사일 기지를 허용하기로 결정한 것에 반대해 시작된 평화운동캠프(Greenham Common Women's Peace Camp)에 모인 여성단체들—옮긴이

17 Mothers of the Plaza de Mayo라고도 하며 아르헨티나 군사독재정권 당시 '더러운 전쟁'(Dirty War) 중에 사라진 아이들의 어머니들의 모임이다. 아르헨티나의 더러운 전쟁은 1976년에서 1983년 사이 정부의 후원을 받은 테러집단이 좌익 운동 세력과 이에 동조한 노조 노동자들, 학생, 언론인을 살해, 폭행했던 폭력사태이다.—옮긴이

여하는 것이라고 주장했지만, 여러 독일 페미니스트들과 같은 이들은 여성의 군 편입을 반대하기도 한다(Seifert, 1995). 버지니아 울프 이래 많은 페미니스트들은 여성들이 계속해서 남성이 여성을 위해 싸우고 있다는 주장을 공개적으로 거부하고 이에 대한 지지와 정당화를 철회해야 한다고 주장한다. 그러한 예로, 이스라엘에는 1982년 레바논 전쟁 중에 '침묵에 반대하는 어머니들'Mothers Against Silence이라는 이름으로 결성된 단체가 있는데, 이들은 자기 아들들을 전쟁에 보내서 자기가 이스라엘의 생존을 위해 중요하다고 동의하지도 않은 점령을 위해 자기 목숨을 희생시키는 국가에 더 이상 지원할 준비가 되어 있지 않다고 주장했다.

모성은 페미니즘의 반군사적인 사고에 매우 중요한 역할을 한다. 이 진영에서 가장 잘 전개되었고 이론적으로 가장 정교한 목소리들 가운데 사라 러딕(Ruddick, 1983; 1989)이 있다. 그는 어머니 노릇의 이데올로기와 실천에 고유한 몇몇 특징이 반군사주의 운동의 기반이 될 수 있다고 주장했다. 그는 이를 '모성 비폭력: 형성 중인 진실'이라 불렀다(Ruddick, 1989: 7장). 그에 따르면, 어머니 역할의 중심에 있는 생명보존 의식은 화해의 실천과 공모하여 살생에 반대하고자 할 것이다.

사라 러딕은 자신의 논의가 본질주의적이라는 것에 대해 부인했지만, 그럼에도 그의 논의는 그린햄 공유지 평화운동 초기에 이곳에 있는 미군 미사일 기지의 담장을 기저귀로 장식했던 것과 비슷하게 본질주의적 색채를 띤다. 러딕이 어머니 역할을 반군사주의와 내재적으로 연결할 때의 문제는 특히 생명보존 의식을 친족체계에 결부하는 데 있다. 러딕은 그녀에게 영감을 준 캐럴 길리건(Gilligan, 1982)처럼, 여성의 도덕성을 구성함에 있어서 어떤 역설을 제시한다. 한편으로 러딕은 여성의 심리, 특히 어머니의 심리를 민족이나, 계급, 시대, 문화 등에 의해 역사적으로 구성되지 않는 보편적인 것으로 제시한다. 비록 러딕은 모든 여성들이 그의 바람대로 행동하는 것은 아님을 알고 있으면서도, 계속해서 '여성들'이라 총칭하여 사용하며 (비폭력을 추구하는 많은 여성들을) '존중한다'. 물론 '문체에 유의하지 못한 게으름'에서 나온 호칭이기도 하다. 이렇게 러딕이 '성취의 관용구'(Ruddick, 1989: 164)라고 한 바에 따라 가정한다면, 여성은 그가 남성의 세계관을 구성한다고 주장하는 보다 추상적이고 보편적인 방식과는 다른 개별주의적 방식으로 세상을 바라보고 판단한다. 하지만 여성의 세계관이 매우 개별주의적이라면 분명히 자기 가족, 공동체, 민족 집단체가 남성들에게 보다 이들에게 더 중요해야 한다. 이러한 여성성 구성물의 전형이 베르톨트 브레히트Bertolt Brecht의 '억척 어멈'[18]이다. 전쟁 중 그녀의 관심과 분투는 오로지 자기 자식들의 생존이다. 이러한 '보호본능이 강한 어머니의 사랑'은, 러딕의 용어를 사용하자면, 영웅적이기는 하지만, 반군사주의 여성평화 운동의 기초가 될 수 없다. 이 운동이 전쟁을 반대하는 이유는 인간의 생명에 대한 일반적인 걱정 때문이지 자기 자식의 목숨만을 위해서가 아니기 때문이다. '적'의 목숨도 중요하다.

그리고 물론 사실 '보호자적인 사랑'이 자기 자식에 대한 사랑을 초월하는 많은 여성과 어머니들이 있다. 최근의 사례는 체첸공화국 군인의 어머니들이다. 이들은 체첸공화국에서의 잔혹행위를 중지할 것을 러시아 병사들과 그 아들들에게 호소하기 위해 모스크바에서 체첸공화국까지 여행했다(국가평화위원회National Peace Council[19]의 1995년 소책자).

---

18 독일 극작가 베르톨트 브레히트의 서사극 『억척 어멈과 그 자식들』의 주인공. 30년(종교)전쟁 중이던 1624~1636년 스칸디나비아 제국에서 억척어멈 안나 피에르링은 세 자식을 데리고 장사를 한다. 이 글에서는 자식의 삶을 위해 희생하고 분투하는 어머니상으로 소개했는데, 사실 '억척'이란 단어는 주인공을 역설적으로 부르는 말이다. 그녀는 전쟁에서 자식들과 살아남기 위해 분투하지만 전쟁을 돈벌이 기회이자 생존 수단으로 이용한다. 결국 그녀는 자신의 탐욕과 기회주의적 성품 때문에 머릿속에서 계산만 하다가 자식들을 차례로 잃는다. ─옮긴이
19 영국 200여 개의 평화시민단체들이 모여 구성한 단체로 평화, 인권, 정의, 환경을 위해 활동한다. ─옮긴이

평화 운동에서의 여성의 특정 위치설정은 어머니라는 생물학적·사회적 여성 구성 때문이라기보다는 매우 다른 근거들의 결과라고 설명할 수 있다. 첫째, 남성들과는 달리 여성은 사실상 어디에서도 징집당하지 않으며 이들이 동의하지 않는 전쟁에서 싸우라고 강요받지도 않는다. 여성은 언제나 군에 자원입대한다. 이스라엘에서조차도 여성들은 징집되기는 하지만, 군의 큰 부분을 차지하는 예비군에는 징집되지 않으며 전선복무도 허용되지도 않는다. 게울라 코헨Geula Cohen 헌병이 지적했듯, 이스라엘에서 군인이 아닌 여성들은 모두 군인의 어머니거나 누이거나 아내로, 군 체계 내에 이와 같이 견고하게 입지를 굳힌 이들이었다(Yuval-Davis, 1985). 하지만 그럼에도 실제로 민간 여성들은 군에 소속된 여성들이 받는 압박과 제재에 종속되지 않고 보다 자유롭게 군사주의와 전쟁에 반대하여 저항한다.

둘째, 여성들 중에 반전 및 반군사주의 운동 안에서 자율적인 조직을 선호하는 이들이 있을 것이다. 여기에는 여성들이 보다 주장을 강하게 펼칠 수 있으며 혼성 조직에서처럼 남성들의 그늘에 가려 주눅들지 않을 것이라는 보다 일반적인 페미니즘의 확신이 포함된다. 하지만 이들은 비슷한 정치적 목표를 가진 남성 단체 혹은 혼성 단체와는 협조하고 밀접하게 일하려고 한다.

셋째, 어떤 여성 반군사주의·반전 단체들은 자신들의 반군사주의 투쟁이 남성 마초주의와 폭력이 두드러진 것이 특징인 가부장제 전반에 대한 투쟁의 선봉에 있다고 본다. "장난감을 남자아이들에게서 빼앗아라"——그린햄 공유지의 표어였다——가 이러한 접근의 전형이다.

이러한 입장으로 인해 페미니즘과 반군사주의, 평화주의가 자동적으로 연결될 수 있다(Feminism and Nonviolence Study Group, 1983). 이 문제에 대한 논쟁은 제1세계와 제3세계 페미니스트들이 국제회의에 함께 모일 때마다 수면 위로 떠올랐다. 제3세계 페미니스트들은 폭력 운동의 주체와 이유를 고려하지 않고 단순화·보편화한 '테러리스트' 개념과 모든 폭력 행위에 대한 자동 비난에 반대하며 정당성을 주장했다(Morgan, 1989). 또한 이들은 반군사주의자가 되는 사치를 부릴 여유가 없다고 주장했다. 억압받는 이들의 민족해방은 오로지 무장투쟁의 도움이 있어야 이룰 수 있기 때문이라는 것이다. 흥미로운 점은, 사라 러딕이 이 주장에 공감했다는 점이다(Ruddick, 1993). "투쟁의 권리는 …… 힘없는 이들이나 억울한 이들에게 중요하다"는 점 때문이었다(Ruddick, 1983: 472). 그러나 이러한 찬성은 여성들로 하여금 폭력을 통해 가부장제에 저항하기를 격려하는 것으로 해석될 수 있다. 그녀의 일반적인 정치학과는 매우 거리가 멀기 때문이다.

여기에서는 이러한 논쟁에 깊이 들어갈 여지가 없다. 하지만 3장에서 논의했듯, 폭력을 통해 '자신의 남성성을 되찾아야' 하는 소명을 지녔다는, 억압받는 이들에 대한 파농주의적[20] 이데올로기는 제3세계, 흑인 여성들에게 피해를 주었는데, 이들은 (이러한 정서의 해석을 통해 유지되는) 마초주의 이데올로기의 중심이 되어 온 여성혐오로 인해 고통받아 왔다. 힘없는 이들의 투쟁이 사회 안에서의 권력 관계를 변형시키는 것이 아니라 권력쟁취를 위한 것인 한, 종종 소위 '민족해방'은 새로운 질서 안에서 여성과 다른 불리한 집단들에게 더 심각한 억압을 초래했다. 무장 투쟁이 가끔은 억압과 점령에 대한 투쟁을 열어 주는 유일한 방법일 수도 있지만, 이러한 투쟁의 조직 방법, 목표와 사회조직은 중요하다. 이들은 다음 장에서 논의할 몇 가지 문제이기도 하다.

---

20 프란츠 파농(Frantz Omar Fanon, 1925~1961)은 프랑스령(領) 마르티니크 태생의 평론가·정신분석학자·사회철학자로 알제리의 독립 운동과 콩고의 P. 루뭄바에 협력했고 아프리카 대륙과 아메리카 대륙 흑인들의 연대감을 드높인 혁명가이다. 민족사회주의로 이해되는 그의 이론과 알제리의 파농주의(Franz Fanonism)가 주장하는 폭력론은 포스트콜로니얼리즘 담론의 주요 쟁점이기도 하다. ─옮긴이

결론

이 장은 군대와 전쟁의 젠더화된 특징들에 대해 논의했다. 역사적 맥락에 따라, 그리고 군의 성격에 따라 여성이 군에서 완수하는 구체적 임무도 다양해진다. 마찬가지로 여성이 군에 공식적으로 편입되는 방식에 따라 이 안에서 남성과 여성의 권력 관계도 다양해야겠지만, 사회적으로 가장 진보한 조직으로 구성된 민족 해방군이나 서구의 전문화된 군에서도 이러한 경우는 매우 드물다. 더욱이 에리트레아나 티그레족Tigre[21]에서와 같은 소수 해방군을 제외하면, 여성들에게 어느 정도 '남성의 역할'을 완수하도록 허용하면서도 근대전쟁에서의 기술혁신이 여성의 배제에 대한 생물학적 합리화를 전혀 쓸데없다고 간주하는 시기임에도, 성적 분업화는 일부 계속 작동한다. 이 기술혁신으로 인해 신체적 힘이 전투임무에 중요하지 않게 되었을 뿐만 아니라 전통적으로 군에서 여성들이 맡는 경향이 있던 여러 수작업이나 사무직 업무가 사라졌음에도 말이다.

하지만 대개의 현대전에서, 특히 쿡(Cooke, 1993)이 포스트모던 전쟁이라고 한 전쟁에서, 이러한 고려는 여전히 주변적일 뿐이다. 이러한 전쟁에서 주로 선발돼서 싸우다 죽는 것은 남성들이며, 사회적 삶의 다른 측면들을 계속 지탱해 나가는 것은 여성들이다. 또한 종종 여성들은 무참한 공격과 강간의 여파 속에 쫓겨난 난민이 된 자신을 발견한다. 여기에서도 여성은 자신과 아이들을 위해 생존을 위한 싸움을 계속해야 한다.

페미니스트들은 이들이 페미니스트로서 남성과 동등한 기반에서 여성의 군 편입을 위해 투쟁해야 하는가 하는 문제에 대해 의견이 엇갈렸다. 이를 통해 사회 권력과 권력이 제공하는 사회 자원에 동등하게 접근하고, '공

---

21 에티오피아 북부 부족. 에리트레아 부족과 함께 분리 독립 운동을 벌였다.──옮긴이

동체의 완벽한 구성원들'이라는 마셜적 의미의 시민이 되고자 하는 의견이 있었다. 페미니스트로서 군사주의와 전쟁에 반대하여 자신의 공동체와 국가에 영향을 줄 특별한 역할이 있다고 주장하는 페미니스트들도 있었다. 사라 러딕과 같은 이들은 이 둘 모두를 요구했는데, 군이 군사주의적이지 못하게 하려면 여성이 군에 자원해야 한다는 것이다.

> 많은 이들은 징집병들이 전투에 있어 스스로 선택한 자원병들보다 열의가 적다는 근거에서 징병제를 지지한다. 특히 여성 징집병들은 전투를 꺼릴 것이다. 이들의 가족들이 전쟁터에 나간 이들을 본다면 특히 끔찍해할 것이다. '평화적'인 군대라면 오로지 가장 필요하고 명백히 정당한 전투에서만 싸울 것이다. 가능한 한 인도적이고 신속하게 싸울 것이다. 그리고 싸움에서 보다 파괴적인 종래의 무기들이나 핵무기들로 확대될 기회가 늘어날 일은 전혀 하지 않을 것이다. (Ruddick, 1983: 476)

물론 이는 전혀 형편없이 이상화된 여성성의 개념이다. (단지 마거릿 대처를 가리키는 것이 아니라 해도) 여성의 위치설정이 남성의 위치설정이 지닌 권력의 측면과 다르지 않을 때, 이들의 행위가 반드시 남성들과 다른 것은 아니다.

하지만 그렇다고 군에서의 여성의 존재가 군의 정치적·사회적 역할에 영향을 미치지 않는다는 것은 아니다. 전쟁이 '여성과 아이들'을 위해 싸워야 하는 것이라면(Enloe, 1990), 동등한 발판 위에 여성이 남성 옆에 존재함으로써 적어도 이 마초주의 신화의 기반을 다소 허물 수 있을 것이다 (Stiehm, 1989). 여러 페미니스트들이 '자신의 애국적 임무를 완수하는' 여성과 완벽한 시민권 권리의 자격요건이 반드시 연관되어야 한다고 보지만, 나는 그렇지 않다. 하지만 시민권이 공동체의 완벽한 구성원권으로서, 특정 역사적 맥락 안에서 국민 강제징집에 관련된 책임 및 의무와 관련이 있으며 동시에 있어야 한다고 생각한다. 또한 군에서 배제된다는 것은 민간 노동시장에서 야간 근무나 다른 소위 위험한 직업에서 배제된다는 것과 마찬가지로 가부장주의적인 것이었으며 여성의 사회적 위치설정에 해가 된다고 생각한다.

하지만 군에서의 젠더 관계에 대한 어떤 논의도 '여성'과 '남성'을 논하는 이러한 일반적 수준에 머물 수는 없다. 국가, 민족, 인종, 계급, 지역, 나이 그리고 능력의 구분들은 군과 전쟁에서 특정 개인 및 여성 집단들의 위치설정에 ──남성들만큼이나──중요하다. 이들의 특정 사회 관계들을 고려하지 않고 여성이나 남성이 이러한 주요한 사회적·정치적 각축장에서 어떤 영향을 받는지를 이해하는 데 그친다면 그것은 부분적이거나 오해가 될 것이다.

6장 | 여성, 민족성 그리고 세력화: 횡단의 정치¹를 위하여

이 책의 앞 장들에서 젠더 관계가 국가와 민족이 진행하는 과정들에 영향을 미치고 받는 몇몇 주요 방식들을 보았다. (2장에서 살펴보았던) 국민의 생물학적 재생산이 그 한 측면이었다. 합법적 부성이 종종 국가 혹은 종교 집단체의 구성원권의 문지기였다면, 여성들은 집단체를 잉태/전달하는 존재이다. 이와 같이 재생산에 관한 여러 민족 담론들은 여성에게 보다 많은 혹은 적은 아이들을 낳으라고 권장하거나 혹은 낳지 말라고 만류하곤 했다. 그리고 가끔은 강요하기도 한다. '국민이 힘이다'라는 담론의 결과, 여성들은 더 많은 아이를 낳으라는 요구를 받을 것이다. 그리하여 민족은 번창하고 적을 물리칠 수 있을 것이다. 반면에 맬서스 담론의 입장 안에서라면 그들의 자녀는 민족이 이용할 수 있는 것 이상의 자원을 가져가는 위협

---

1 횡단의 정치(transversal politics)를 보편성의 정치(politics of universality)와 대조를 보이며 구성된 개념이라고 할 때, 후자가 정치철학의 목표를 참여하는 모든 구성원들의 삶과 권리를 지향하는 보편성 추구에 둔다면, 전자는 보편적 의제에 대해 구성원들의 주장과 요구가 교차하고 횡단하는 것을 추구한다고 볼 수 있다. 횡단주의자들은 모든 개체를 하나의 전체로 단정하는 보편주의를 지양하고, 그러면서도 특정 개인 또는 특정 집단의 이익과 주도권을 주장하는 특수주의의 입장만을 고집하지도 않으며, 공통의 주제나 문제 앞에서 모든 개체들의 이익과 열망을 아우르고 개체들 간의 관계를 고려하는 입장과 의견이 오가며 합의점을 찾는 정치를 지향한다. —옮긴이

으로 보일 수 있다. 하지만 여성에게 많게 혹은 적게 아이를 낳으라는 요구는 모든 여성, 모든 계급, 모든 능력, 모든 민족 집단에게 결코 한결같지는 않다. 이러한 차별은 유전학 담론의 극단적 측면에 나타나는데, 이들은 '민족의 질을 위해' 민족적으로 '바른'right 혈통 출신의 교육받은 여성들에게 아이를 더 낳을 것을 요구하는 반면 가난하고 장애를 지녔으며 소수인종의 여성들에게는 가능한 한 아이를 낳지 못하게 막는다.

하지만 여성들은 단순히 생물학적 국민 재생산자만이 아니다. 여성들에게는 '문화' 수호자의 임무가 주어져 문화를 자녀에게 전수하고 특정 문화의 양식으로 '가정'을 구성하는 책임이 있다. 3장은 '문화'가 다양한 민족과 국가의 기획들 안에서 자원으로 사용되는 방식과 이러한 기획을 통해 어떻게 여성들이 국가의 '본질', 단일성, 해방을 상징하며, 그리고 민족적·인종적·국가적 차이를 지키는 경계 수비대로 구성되는지 살펴보았다. 이러한 여성성의 구성체들은 종종 지배와 저항이라는 민족관계를 위한 자원으로 동시에 사용된다.

어떤 사회에서든 모든 여성이 동일한 방식으로 구성되는 것은 아니다. 민족, 인종, 계급, 연령, 능력, 성에 따라, 그리고 그 밖의 사회적 속성에 따라 구분하는 신분의 차별이 젠더 구분에도 간섭한다. 따라서 여러 시행기관들을 통해 대체로 여성은 남성과 달리 구성되고 취급받으면서도, '남성들'은 물론이고 '여성들' 역시 사회적 수행체로나 사회적 대상으로 구성된 동질적 범주가 아니다. 이 주제는 4장에서 시민권과 차이와 관련하여 살펴보았다. 시민권은 '공동체의 정식 구성원권'으로 정의되며 복층 구성물로 분석되고 여기에서 지역, 민족 그리고 초국가 공동체들에서의 구성원권이 젠더화된 국가 시민권을 구성한다. 이 장은 또한 인정받은 몇몇 시민권 유형을 공/사와 소극/적극으로 구분하여 살펴본다.

시민권은 권리와 의무 모두와 관련 있다. 자신의 국가를 위해 죽을 준비를 한다는 것은 궁극적인 시민의 의무로 여겨졌고, 비교적 최근까지 공식적으로 남성 시민의 고유한 영역으로 여겨졌으며 남성성 구성의 중심이 되어 왔다. 5장은 젠더화된 군과 전쟁의 성격을 분석했다. 그리고 이들이 —이전 장들에서와 마찬가지로— 사회에서 차별적 위치에 설정된 남성과 여성에 미치는 영향들을 살펴보았다.

이제 결론을 맺으면서 나는 이전 장들의 분석에서 도출한 몇몇 정치적 결론들을 살펴보려 한다. 좀더 구체적으로는 사회 특히 국가에 따라 여성들이 구분된다면, 페미니즘적 유대는 어느 수준에서 가능할지 점검해 보려 한다. 이를 위해 나는 먼저 민족주의 운동과 페미니즘 운동의 상호관계를 살펴보겠다. 그 다음 차이를 넘나드는 연대의 일반적 문제로 돌아가 보고 횡단의 정치 개념을 소개하겠다.

페미니즘과 민족주의

쿠마리 자야와르데나Kumari Jayawardena는 1986년 『제3세계 페미니즘과 민족주의』*Feminism and Nationalism in the Third World*라는 책을 출판했다. 이 책은 그녀가 논의하는 특정 운동들을 우리가 알고 이해하는 데 상당히 기여했을 뿐만 아니라, 이전에 페미니즘 학자들이 거의 하지 않았다시피 한 방식으로 이들 두 사회 운동을 서로 연결하여 구성했다는 점에서 중요하다.

서구에서 제2의 페미니즘 물결이 발생한 이래, 1970년대와 1980년대 동안 국제회의에서 '제1'세계와 '제3'세계는 서로 대화가 없었다. 전자는 페미니즘 운동의 우선/유일의 목표로 여성 해방을 주장했다. 후자는 자기 민족이 자유롭지 않은 한 여성 해방을 논하는 것은 자신들에게 아무 의미도 없다고 반응했다. 이들의 남성들 자체가 억압받고 있는데 어떻게 이들이 남성들과 동등한 평등에 도달할 수 있겠는가? 이는 귀머거리들의 대화였다. 헤게모니 집단체의 구성원인 서구 페미니스트들에게 이들의 집단체 구성원권과 위치설정이 지닌 의미는 종종 보이지 않았던 반면, 제3세계 여성들은 자신이 종속 집단체의 일부임을 통렬히 경험했고 종종 페미니스트로서 스스로를 조직할 자율적 공간을 보지 못했다. 이와 정반대의 관점에서 서구 페미니스트들은 자신의 국가 집단체와 관계한다. 이들은 "여성으로서 나는 조국이 없다"라는 버지니아 울프의 주장[이 말은 서간체 형식의 에세이 『3기니』*Three Guineas*에서 인용했다]에 동의했을 뿐만 아니라 반反베트남전쟁 운동, 인권 운동과 기타 반식민 좌파 운동과 같은 반정부 정치 운동, 그리고 나중에는 그린햄 공유지에서와 같은 여성평화 운동에도 종종 참여하기도 했다. 때문에 양측은 개인 여성과 그의 집단체 ──그리고 당시 정부── 간의 관계에 대해 서로 매우 다른 가정을 한다.

더욱이 이러한 대화 없음 속에서 종종 제3세계 여성들은 서구여성들이 자신들을 오로지 야만적 관습과 종속으로 보이는 측면에서 구성하고 자신들이 존재하는 사회적·경제적 맥락은 고려하지 않는다고 생각했다. 이렇게 되면 제3세계 여성들은 상상의 백인식 자유민주주의와 관련된 이들의 '문제', 혹은 '성과'의 측면에서 정의되곤 했다. 그 결과 이들(과 '자유민주주의')은 역사에서 제거되고, 시간과 공간 속에서 꼼짝 못하고 영원히 정치적으로 미숙한 여성들이어서 서구 페미니즘의 정신 속에 표현되고 교육받아야 하는 존재로 구성되었다(Amos and Parmar, 1984: 7).

예를 들어, 모한티는 페미니즘 저작을 통해 여성 할례와 기타 다양한 남성 폭력들의 문제를 논하면서 어떻게 제3세계 여성들이 '꼼짝없이' 전형적인 희생자가 되었는지 상술한다(Mohanty, 1991: 57~58). 라타 마니는 인도의 사티에 관해 이와 비슷한 현상을 기술했다(Mani, 1989). 어떤 사회적·문화적 행동들만을 떼어 놓고 주목한다면, 이 사회에서 특정 행위가 존속하면서 여성들의 삶을 바꿔 놓은 교환조건들을 보지 못하게 된다. 예컨대 여성들이 스스로 생계를 유지하는 것은 허용되지 않으나 남성의 재혼과 이혼은 쉬운 사회에서는 일부다처제가 계속 존재하는 것이 사회적 지위와 생계를 잃고 싶어 하지 않는 노년 여성에게는 이혼당하고 남자 형제나 가족들에게 휘둘리며 살게 될 일부일처제보다 훨씬 나은 선택일지도 모른다.

쿠마리 자야와르데나의 책은 '페미니스트들'과 '민족주의자들'의 교착 상태의 균열 가능성을 시사했다. 이 책은 민족 해방 운동에 충성한다고 해서 반드시 여성들이 자기 사회에서의 여성의 위치를 향상시키고 변화시키기 위해 싸우지 않는 것은 아니라고 서구 페미니스트들에게 지적했다. 동시에 페미니즘이 서구 고유의 현상은 아니었다는 사실도 지적했다.

1980년대와 1990년대 국제 페미니즘의 현장은 서구와 제3세계 모두는 물론이고 이들의 관계에 있어서도 대단한 변화를 겪게 된다. 종종 인종차별주의가 되어 버리는 민족중심주의ethnocentrism에 도전했던 서구의 흑인 페미니즘 운동의 대단한 성장 덕분에, 서구 페미니스트들 사이에서는 내부로부터(그 예로 Amos and Parmar, 1984; hooks, 1981; Mohanty 외, 1991을 보라) 여성의 차이와 복수 신분multi-positionality 문제에 점차 민감해지면서, 서구 백인 페미니스트들이 발전하기 시작했다. 이는 문화, 문학, 사회 관련 학계에서 헤게모니적 위치에 오른 포스트구조주의와 포스트모더니즘 해체주의 비평이론들의 발달에 크게 힘입었다(Nicholson, 1990; Weed, 1989). 그러나 차이에 대한 이러한 민감함은 종종 문제가 많은 페미니즘 다문화주의의 형식을 띠게 되었다.

정체성 정치와 다문화주의

페미니즘 '다문화주의'는 '정체성 정치'의 한 형태로 발전하였다. 정체성 정치는 서구 백인 중산층 여성들의 헤게모니 경험에 의해 특징지어진 초기 페미니스트들의 여성성 구성을 대신했다(비록 이론적으로 다소 문제는 있었지만 말이다. 1장의 논의를 참조하라). 성과 젠더의 차별성을——전자가 고정된 생물학적 범주로 설명된다면, 후자는 변경 가능한 문화적 범주라고 할 수 있다——정치적으로 중요하게 소개했음에도 불구하고 페미니즘 방식의 '의식화'는 정치행위의 기초로서 사실상 고정된 현실인 여성의 억압을 가정한다. 이러한 현실은 발견하고 변화시켜야 하는 것이지, 실천하고 토론하는 과정에서 창조되고 재창조되는 것이 아니라고 여겨졌다(Yuval-Davis, 1984). 더욱이 이러한 여성억압의 현실은, 동일한 이익을 지니고, 기본적으로 동질적인 사회 집단을 구성한다고 하는 모든 여성들이 공유한다고 여겨졌다. 여성 개인의 정체성은 곧 여성 집단의 정체성과 동일했다. 반면에 차이는 고양된 의식의 여러 단계를 주로 반영한 운동 안에서 헤게모니 권력을 쥐고 있는 이들에 의해 해석됐을 뿐 인정받지는 않았다. 비록 이런 입장의 오류에 대해 여러 여성 운동들이 최근 광범위하게 인정했음에도 불구하고, 그 해결은 흑인 여성과 백인 여성, 중산층 여성과 노동자 여성, 북반구 여성과 남반구 여성의 차이의 예에서처럼 차이의 본질주의적 개념을 발전시킨 것이었다. 이렇게 이상화된 집단들 안에서 각기 '발견된' 동질적인 현실에 대한 가정들은 대개 계속해서 작동한다. '정체성 정치'는 사회 범주들과 집단 규정을 동질화하고 자연화할 뿐만 아니라, 정체성과 내부 권력의 차이, 그리고 이익의 갈등의 경계들을 옮기지 않으려 하는 경향이 있다. 강조해 둘 것은, 폴 길로이Paul Gilroy도 강조했듯(그의 1994년 책『검은 대서양』*The Black Atlantic*의 서론), 이러한 본질주의적 구성이 가야트리 스피박(Spivak, 1993)의 다양한 개념 가운데 하나인 '전략적 본질주의'의 결과일 수 있다는 점이다. 여기에서 이러한 범주들이 정치 활동을 위한 '자의적 종결' arbitrary closure을 포함함을 인식하는 동안(스튜어트 홀Stuart Hall에게서 들어본 적 있는 용어를 사용했다), 이 범주들은 사회운동과 국가정책의 실천을 통해 점차 구체화된다. 그러나 이렇게 구체화된 범주 구성을 받아들이지 않는다고 해서 어떤 정치적 연대를 구성하든 개인과 집단체의 입장이라든가 집단체들 사이의 그리고 집단체 내부의 권력 관계, 그리고 집단체들이 보유하고 있는 문화적·정치적·경제적 자원들을 고려해야 한다는 점을 부인하는 것은 아니다.

이러한 '자의적 종결'의 도움을 통해 모호해지는 차이들 가운데 하나가 계급차이였다. 계급차이는 단순히 (종종 지적되었던) 서구 페미니스트들이 대표하는 존재가 대개 고등교육을 받은 중산층 여성들이라는 사실과 관련 있는 것만은 아니다. 이들은 '여성들의 관심사'에 대한, 심지어 자기 사회 출신 여성들에 대한 매우 특정한 관점을 대표한다. 제3세계 여성을 대표하는 존재는 종종 보다 상류층 출신의 여성들이다. 그리고 식민 이후 사회들에서는 종종 지도층 엘리트 가족 출신이다. 따라서 제1세계와 제3세계 페미니스트 여성들의 차이 가운데 하나는, 지적된 적은 별로 없지만, 제3세계 여성들의 가정에서 서구 페미니스트들의 가정에서보다 가정 하인을 두는 것이 훨씬 더 일반적이라는 점이다. 물론 동시에 서구 중산층 전문가들이 종종 종속된 민족이나 이민자 집단체 출신인 오페어[au pair][가정에 입주하여 집안일을 거들며 언어를 배우는 외국인 유학생, 특히 젊은 여성]나 유모, 가정부를 고용하는 실제 사례 역시 증가하고 있다. 민족적 및 국제적 정체성 정치의 고질적 문제는 대표성의 문제이다. 다른 곳에서도 주장했지만(Cain and Yuval-Davis, 1990; 이 책의 4장 논의도 참고), 페미니즘과 기타 공동체 운동가들이 이러한 함정을 극복할 수 있는 유일한 방법은 스스로를 자신의 구성체의 대표가 아닌 대변인으로 보는 것이다. 그러나 대변인이라 할지라도 이들이 자기 사회의 다른 여성들과의 관계에서뿐만 아니라 특수한 상황에서 만난 타자들과의 관계 속에서 자신이 실제로 복수 신분임을 의식해야 하는 것은 중요하다.

국제 여성 활동

서구에서와 마찬가지로 1980년대 제3세계에서도 다양한 혁명과 해빙의 사회 운동 안에서 페미니즘의 인식과 여성 자치조직이 발달했다(그 예로, Rowbotham, 1992; Wieringa, 1995). 이로 인해 여러 제3세계 사회 여성들은 새로운 의미에서 당당하게 지위의 상승과 변화를 추구했다. 이러한 관점에서 특히 중요한 것은, 유엔여성10년UN Decade for Women과 다양한 여성 비정부단체들NGO의 성장이었다. 이들 NGO는 특히 여러 나라의 현지 여성들의 세력화가 목적이었다(Afshar and Dennis, 1992; Ashworth, 1995; Vargas, 1995). 이 NGO들은 종종 건강, 재생산권, 육아와 같은 '전통적'으로 여성들이 집착했던 것들을 포함하는 풀뿌리 여성 조직으로부터 벗어났다. 하지만 여성협동조합이나 여성은행과 같이 여성들이 경제적으로 독립할 수 있는 힘을 갖추는 데 목표를 둔 계획도 있었다. 어떤 여성 NGO들은 전통 관심사와 관련하여 조직됐고, 이후 페루 도시들의 여성공동부엌women's communal kitchens[2]과 같이 강력한 풀뿌리 정치조직으로 발전했다. 다른 NGO들은 인도의 안드라 프라데시 주와 브라질에 있는 여성 지방경찰서와 같은 '여성 친화적' 국가기관의 설립을 위해 압력을 행사했다. 또는 '전통'의 경계 안에서 받아들여지면서도 여성의 권리를 보장해 줄 법 개정을 위해 로비하기도 했다(스리랑카에서의 예가 이 경우이다. Hélie-Lucas, 1993; 스리랑카의 전쟁 중 여성단체들의 역할에 대해서는 Abeyesekera, 1994를 참고하라). 이들 가운데 많은 NGO들이 오랫동안 살아남고 지역의 압력 속에서도 상대적 수

---

2 1980년대 페루 리마에서 조직된 자발적 조직으로 자기 집에서 먹을 음식을 공동으로 모여서 준비하는 모임. 도시 저소득층 가정들을 대상으로 식비를 줄이고 영양가를 높이는 식단과 음식 기부를 목표로 했다.──옮긴이

준의 자치가 가능했던 이유들 가운데 하나가 해외 원조단체들로부터 지원되는 기금을 비롯해 개인적인 지원과 (예를 들면 '무슬림법의 지배 아래 살고 있는 여성들'Women Living Under Muslim Laws과 '검은 옷을 입은 여인들'의 네트워크와 같은) 페미니즘 단체들과 다른 나라 네트워크들과의 연대였다. 이는 종종 특히 이러한 단체들의 활동에 반대하는 지역의 가부장 집단들로부터 반역자요 서양제국주의의 분파일 뿐이라는 비난을 받기도 했다. 사실 이들 단체들 중 일부는 여성 재생산권 문제와 관련하여 2장에서 논의했듯, 많은 여성들에게 많은 피해를 가져온 인구통제의 도구에 불과하다는 것이 입증되기도 했다. 하지만 여러 NGO들이, 1994년 유엔 카이로 회의에서 분명해졌듯, 분명 이러한 정책들에 저항하기 위해 조직되었다. 다른 정치단체들과 마찬가지로 NGO들은 긍정적이거나 부정적인 현상들을 모두 총괄하기보다는 오히려 이들의 고유한 기획과 행동에 따라 판단해야 한다.

하지만 남반구 NGO들과 연대하고 있는 여성들을 서구 페미니스트들의 꼭두각시쯤으로 본다면, 이는 전형적으로 서구 중심적인 것이다. 1992년 리우 환경회의, 1993년 비엔나 세계인권회의, 1994년 카이로 인구 및 개발정책 회의, 그리고 1995년 베이징 여성회의처럼, 최근 유엔 회의에서 가장 잘 조직되고 가장 분명한 정치 의제를 갖고 작업해 왔던 이들은 종종 식민 이후 국가들 특히 남아시아와 라틴아메리카 출신 여성들의 단체들이었다. 동시에 이들과 서구 여성단체의 공통안건에 대한 협조 수준 역시 성장했다. 이러한 협조의 좋은 사례로 '여권은 인권이다'Women's rights are human rights라는 슬로건 아래 비엔나, 카이로, 베이징에서 결성된 법정들이 있는데, 이는 미국 러트거스 대학 글로벌여성지도자센터가 조직하여, 2차대전 '위안부' 보상을 위한 일본인 운동과 페루의 플로라 트리스탄 협회, 알제리의 남녀평등 운동 연합, 파키스탄의 라호레의 쉬르캇 가 센터를 비롯한 북반구와 남반구의 많은 여성단체들과의 긴밀한 협조 속에 이루어졌다. 이들

단체의 활약의 결과로 이러한 '여성문제'들은 공식적으로 유엔 인권회의 의제가 되었으며, 일례로 전쟁 중 강간은 더 이상 '명예의 범죄'로 보지 않게 되었으며 고문의 한 형태로 포함됐다. 이상의 그림은 오늘날 세계 여성 및 페미니스트 운동의 상황이 장밋빛이라는 인상을 줄지도 모른다. 하지만 전혀 그렇지 않다.

반발

'반발'backlash이라는 용어는 수잔 팔루디(Faludi, 1992)가 생각했던 미국 여성의 지위의 의미심장한 후퇴와 위협들을 설명하기 위해 사용되었다(1997년, 앤 오클리Ann Oakley와 줄리엣 미첼Juliet Mitchell은 영국에서 이와 동일한 주제로 선집을 편집했다). 하지만 이는 분명 미국과 영국 혹은 심지어 서구 전체를 넘어 훨씬 더 폭넓게 일어나고 있는 현상이다. 이러한 시나리오의 상당 부분은 페미니즘에 대한, 자기 여성들에 대한 통제력을 잃을 것에 대한, 그리고 이전까지는 남성들의 독점 영역이었던 신분과 역할에 여성들이 이제 접근할 수 있게 된 사회에서 집단체 권력이 전반적으로 줄어들 것에 대한 남성들의 두려움과 관련이 있다. 하지만 3장에서 논의했듯, 이는 역시 모더니티의 위기와 관련이 있다. 새로이 고안된 개별주의적이고 본질주의적인 정체성과 문화들은 종교적·민족적 근본주의 운동의 등장에 따른 것이며, 이렇게 구성된 정체성과 문화 내부에서 여성의 통제를 이들의 상징적 사회 질서의 중심축으로 삼아 중심지가 가동한다. 1994년 유엔 카이로 회의가 이룬 가장 중요한 정치적 발전 가운데 하나가 기독교도 교황과 이슬람교도 이란의 신성(하지 않은) 동맹이었다. 이들의 공통점은 여성 재생산권에 맞선 투쟁에 있다.

'평등한 기회'에 관한 입법이 진행 중이던 나라에서 여성의 권력 있는

지위로의 진출이 소위 '유리천장'glass ceiling이라 알려진 것에 의해 가로막
히는 한편, 이전의 투쟁을 통해 성취해 온 많은 여성의 사회적 권리들은 복
지국가가 위기를 맞고 재구성됨으로써 아동복지시설이든, 사회보장 혜택
이든 또는 건강보험이든 현재 잃어 가고 있다. 이러한 점에서 정치적으로
나 상징적으로 특히 중요한 것이 여성의 재생산권과 특히 여성들의 합법적
유산의 권리이다. 하지만 이 문제는 훨씬 더 광범위하다. '신자유주의'의 역
설 가운데 하나가 공식적으로는 '자유'와 '민주주의'를 장려하는 반면, (식
민 이후 국가들뿐만 아니라 구 소련 국가들에서도) '자유 시장'과 '최소 정부'
를 추구하면서, 복지국가의 급격한 약화를 가능케 하기 위해 전통 가족 이
데올로기 역시 장려했다. 시행 단계에서 이는 당연히 이러한 여성들이 '민
주 체제'에 온전히 참여하는 것을 배제한다는 뜻이다(Molyneux, 1994). 예
를 들면, 소문에(세계대학생의회Student World Assembly, SWA[3]의 회원이며 런던
에 있는 알제리 여성들에게서 들었는데), 몇 년 전 무슬림 근본주의자들과 군
사정권 간의 테러리즘 작전으로 피폐해진 알제리에 미국 외교관들이 갔는
데, '공공 부문을 파괴'할 것이라는 확신이 있는 한, 이들은 그들이 지지하
는 알제리인들의 특정 이데올로기/종교를 상관하지 않을 것이라고 공공연
하게 알렸다고 한다.

　1995년 베이징 유엔 여성회의와 1985년 나이로비 회의에서 가장 많이
목격된 차이점은 회의에 근본주의적인 종교 및 기타 '전통주의' 단체들이
지배적으로 구성되어 있었다는 것이다. 예를 들면, 베이징 회의 기간 중 하
루에 최소한 7회의 이슬람 워크숍이 있었으며, 구세군 같은 조직들조차 자
신의 존재를 알리고 로비하는 데 많은 에너지를 쏟았다고 들었다. 처음에
는 민족해방 운동의 근대화가, 그 다음에는 특히 페미니스트들이 해방과

---

3 인권 운동을 비롯한 정치활동을 목적으로 하는 대학생 중심의 비정부단체 — 옮긴이

진보의 기호화에 사용했던 '여성'이란 범주는 이제 가장 본질주의적인 페미니즘 입장과도 거리가 매우 동떨어진, 근본주의자들과 '평등 대 차이' 논쟁을 벌이는 기타 반反모더니즘 행위체들이 (재)요구하고 있는 듯하다.

의심의 여지없이 이러한 발전은 최근 '여성문제'에 활용될 만한 특정 자원을 얻으려 경쟁하는 이러한 조직들과 일부 관련 있다. '사우설의 흑인 자매들'Southall Black Sisters, SBS 출신 활동가들에 따르면, 이들이 런던에 거주하는 아시아인들의 가정폭력 문제를 다루기 시작했을 때, '공동체 지도자들'은 그런 일은 없으며, 있다 해도 인종차별주의자들에게 빌미를 제공하지 않도록 입 다물고 있어야 한다는 근거로 이들의 활동을 반대했다고 한다. 하지만 몇 년 안 되어 이들은 완전히 태도가 바뀌었다. 이 지역에서 SBS의 활동이 '공동체'의 전통적인 통제 조직망이 위협받을 정도로 얼마나 중요하고 성공적이었는지 분명해졌고, 뿐만 아니라 이것이 지역당국에서 오는 자금원이었기 때문이다. 이들은 앞다투어 이 자금을 받으려 했고, SBS가 이 '공동체'의 진정한 대표가 아니라고 주장하며, 여성들을 위해 보다 포섭적인co-optive 대체 상담서비스를 조직하기 시작했다(Sahgal and Yuval-Davis, 1992; Southal Black Sisters, 1990). 다른 곳에서도 이와 비슷하게, '공동체 지도자들'과 '근본주의자들'은 위에서 논의한 몇몇 여성 NGO들이 정치·경제적인 면에서 상대적으로 자율적인 것을 위협적이라 여기고 있다.

자율적 여성 조직을 반대하고 억압하려는 이들은 종종 반대의 이유를 이 여성 조직들이 공동체의 '관습과 전통'의 배신을 나타내기 때문이라고 한다. 페미니스트들과 다른 이들 사이에서뿐만 아니라 페미니스트들 사이에서는, 특히 남반구 출신 페미니스트들 사이에서는, 이들의 담론이 어떤 수준에서 이러한 관습과 전통에 의해 구성되어야 하는지에 대해 논쟁이 계속되고 있다.

포스트모더니즘 페미니즘?

논쟁의 한편에는 페미니스트가 대중적 종교 전통을 활용해서 자신들의 투쟁을 합법화하고 대화하지 않는다면 도시의 교육받은 중산층 집단의 한계를 넘어선 어떤 진보의 기회도 결코 얻지 못할 것이라 생각하는 이들이 있다. 이 진영의 지배적 목소리의 예가 무슬림 페미니즘 해방신학자 리팟 하산(Hassan, 1991)이다. 그녀는 여성이 남성보다 열등하게 굽은 갈비뼈에서 창조되었다고 구성된 신화가 도전받지 않는 한, 무슬림 여성에게 결코 평등은 없다고 주장한다. 그녀에 따르면 이브가 아담의 갈비뼈로 만들어졌다는 신화는 코란에 나오지 않으며, 여기서 아담은 인간의 일반 개념으로 쓰여 남성과 여성 모두를 포함한다. 둘은 본래 차별이 없기 때문이다. 여성에 대한 이슬람의 편견은 하디스[Hadith][4]에서 나온 것으로 코란을 제대로 이해한다면 맞서 싸울 수 있을 것이다. 하디스가 진본이라는 생각이 항상 있었던 것은 아니기 때문이다.

다른 한 예로 드러내 공공연히 반대하지 않고 일부다처제를 없애는 방법을 제안한 남아공의 변호사가 있다. 그녀는 1993년 남아공 헌법의 최종 승인 직전, '반反성차별주의 남아공'의 원칙과 '관습과 전통에 대한 존중'의 원칙이 모두 똑같은 비중으로 보장되어 있음을 알고, 첫번째 원칙이 두번째 원칙에 희생되리라는 걱정에 아프리카 민족회의[African National Congress, ANC] 운동가들이 조직한 한 여성회의에서 연설했다. 이 변호사는 일부다처제의 전통관습은 (이 회의에 참석한 많은, 특히 반투족 원주민 자치구에서 온, 여성들이 이 제도가 여성에게 가져다주는 착취와 모멸의 측면에서 통렬히 비

---

4 이슬람의 예언자 무하마드의 말(Qaul)과 행동(Fi'ul)에 관한 이야기들. 이슬람 경전인 코란과 이슬람 법을 이해하는 데 중요한 도구로 여겨진다. ─옮긴이

판했지만) 강제로나 법으로 폐지하지는 말자고 제안했다. 하지만 결혼을 통해 부인은 부부 재산의 50퍼센트를 지닐 자격을 갖는다는 법의 채택이 있어야 한다. 만일 남자가 또 결혼한다면 새로운 부인과 자신의 50퍼센트만을 공유해야 하고 계속 이런 식이 될 것이다.

이란에서도 이와 비슷한 투쟁의 예가 있다. 무슬림 페미니스트들은 판사임용과 같은 보다 평등한 여성의 공직 참여를 주장해 왔는데, 아프사네 나즈마바디(Najmabadi, 1995)는 이를 '포스트모던 페미니즘'이라 불렀다 (할레 압샤르Haleh Afshar도 1994년에 비슷한 주장을 했다). 나즈마바디의 주장은 리팟 하산과는 다소 다른데, 그녀가 '근대 페미니즘'과 '이슬람주의'라 말한 것들 사이에는 작전상의 협조의 경우에도 겹치는 부분이 전혀 없다는 것이다. 반면, '포스트모던 페미니즘'으로 '조금'만 접근해 보면 여성의 평등이나 여성의 권리를 일반화시켜 요구하지 않더라도 실제 문제들을 중심으로 협력할 수 있다.

상충하는 근본적인 진실들을 방패 삼아 매달려서는 이슬람주의의 맹공에 저항할 수 없으므로 기꺼이 그 기반들을 중단하자고 제안하고 싶다. 그리고 종종 뜻이 모호한 대화더라도 그것이 가능하다면 실용주의의 불순함의 위험을 무릅써야 한다. 예를 들어 계몽에 대해 대화한다면 [사실보다] 우위에 있는 진실에 대한 [계몽의] 주장들보다는 [계몽의] 효과들에 중점을 두어야 할 것이다. (Najmabadi, 1995: 7)

이렇듯 '포스트모더니즘' 식으로 접근하게 된 동기는 위에서 언급한 페미니즘을 서구 문화제국주의의 한 갈래로 규정하는 경향 때문이다. 하지만 '무슬림법의 지배 아래 살고 있는 여성들'의 국제 네트워크에 소속된 이들과 같이 남반구의 많은 페미니스트들은 이러한 접근방식에 동의하지 않는다. 비록 반제국주의자들과 반인종차별주의자들은 스스로도 서구 페미니스트들의 제국주의적 인종차별주의를 반대하고 투쟁하면서도, 세속 담론인 페미니즘을 포기한다면 여성의 차이가 아내와 어머니라는 일차적인 사회역할 속에 구성되어 있다는 여성에 대한 본질적이고 동질적인 '이슬람'의 입장을 용인하는 결과라고 생각한다(Hélie-Lucas, 1993). 이들이 두려워하는 것은 이렇게 되면 페미니스트들이 자신의 사회에서 지난 백여 년 동안 성취해 놓은 중요한 많은 작업을 탈합법화할 것이라는 점이다. 더욱이 많은 이들도 공동체의 종교와 문화의 경계 안에서 구성한 여성투쟁이 자신의 집단체에 속하지 않고 다원주의 사회에 속한 여성들을 향한 인종적 배제를 낳는다고 생각한다. 그 예로 몇몇 이집트 페미니스트들은(신여성The New Women[5]을 결성했을 때부터), 이름에 '무슬림'이라는 단어가 등장하는 어떤 조직과의 관계이든 결과적으로는 콥트들Copt[이집트 원주민, 혹은 이집트의 기독교 교도]이나 기타 비非무슬림 출신 이집트 여성들을 조직의 완벽한 구성원이 될 수 없게 배제하리라는 생각에서, 이들의 정치를 대체로 지지하면서도 '무슬림법의 지배 아래 살고 있는 여성들'과의 관계를 공식적으로 거부했다. 기타 사갈(Sahgal, 1992)은 '세속의 공간'의 필요성에 대해 논했다(호미 바바Homi Bhabha는 1994b 연구에서 '서발턴subaltern[6]으로서의 세속주의'라고 불렀다). 세속의 공간에서 여러 공동체 출신의 여성들은 공존하고 함께 투쟁하며 동시에 이들의 전통의 요소들(과 전통의 해석들) 가운데

---

5 이집트의 여성단체로 경제, 사회, 문화, 법, 정치 등 모든 분야에 존재하는 모든 형태의 여성차별의 제거를 목표로 한다.—옮긴이
6 사회적·정치적·지리학적으로 헤게모니 권력구조의 밖에 위치한 주체. 하위주체라고도 옮긴다. 가야트리 스피박에 따르면 식민 이후의 측면에서 서발턴은 단순히 억압받는 계급이 아니며 문화제국주의에 접근하지 못하고 제외되는 모든 존재들, 흥미나 이익이 못 되면서도 가장 위험한 존재로서, 차별받으면서 동시에 차별의 메커니즘을 알고 헤게모니의 공간에서 이에 대해 목소리를 내는 존재이다.—옮긴이

지킬 것과 제쳐 둘 것을 선택할 자율성과 공간을 지니게 된다.

아마 이러한 논쟁에서 어떤 하나의 '올바른' 전략적 대답은 없을 것이다. 이러한 의미에서 사회마다, 국가마다, 그리고 공동체마다, 여성이 이러한 '세속의 공간'에 들어갈 가능성은 저마다 매우 다르다. 예를 들면, 이집트에서는 현재 세속의 공간들이 규모도 작고 위협받고 있는 상황이지만 이들이 지속되어야 한다는 원칙에 따른 중요한 투쟁이 벌어지고 있는 반면, 이란에서는 이러한 투쟁이 잠시나마 사라졌다. 페미니스트 투쟁은 이들이 처한 특정한 역사적 상황에 따라 그만의 형식과 내용을 결정해야 할 것이다. 여러 다른 사회에서 그리고 하나의 같은 사회에서 서로 다른 입장에 처한 페미니스트들의 협력과 연대는 이러한 차이를 특징으로 해야 한다. 이것이야말로 횡단의 정치의 핵심이다.

횡단의 정치

나는 볼로냐 출신 이탈리아 페미니스트들의 초대를 받아, 1993년 팔레스타인과 이스라엘 여성들(유태인과 팔레스타인인 모두)을 중재하며 이들이 조직한 한 모임에 갔을 때 '횡단의 정치'란 용어를 처음 들었다(Yuval-Davis, 1994b). 나는 전부터 이미 이런 용어를 찾아 왔다. 1991년 헬싱키 유엔대학에서 밸런타인 모가담Valentine Moghadam이 조직한 한 회의에서 나는 '다양성 속의 보편성'universality in diversity이란 용어를 이용한 정체성 정치 비판 논문을 제출했었는데(Yuval-Davis, 1994a: 422; Jayawardena, 1995: 10 참고), 수년간 볼로냐의 자생 좌파의 어떤 한 갈래(횡단주의자)가 추진해 온 듯한 횡단주의transversalism는 내 논문과 똑같은 생각을 훨씬 조야하지 않은 방식으로 표현했다.

횡단의 정치는 4장에서 언급한 모더니즘/포스트모더니즘 논쟁의 핵심인 보편주의/상대주의 이분법에 대한 대안을 목표로 한다. 또한 우리 탈구조주의자들이 주장하듯 우리가 모두 다르다면/다를 때, 우리가 어떻게 그리고 누구와 함께 일해야 하는가에 대한 답을 제공하는 것 역시 목표이다.

에티엔 발리바르는 태생적 인종차별주의와 민족중심주의가 보편주의를 가정하면서도 보편주의 규칙들의 적용 대상이어야 할 이들이 처한 차별적 입장들을 무시한다고 지적했다(Balibar, 1990b). 벨 혹스는 보편적이라고 가정된 페미니즘 개념인 자매애sisterhood와 관련하여 이러한 진실을 지적했다.

여성 해방론자들이 보는 자매애의 관점은 공통된 억압이라는 생각에 기초한다. 이는 여성들의 다양하고 복합적인 사회 현실을 은폐하고 신비화하는 그릇되고 부패한 강령이다. (hooks, 1991: 29)

이 책을 통해 보았듯, 여성들의 다양하고 복합적인 사회 현실의 사례는 많다. 때문에, '페미니즘의 의제'가 무엇인가에 대한 어떤 단순한 가정도 문제시할 필요가 있다. 이러한 문제들과 관련된 논쟁들은, 그것이 재생산권에 관한 논쟁, 즉 금지된 낙태와 강요된 불임 중 무엇이 더 우선하는가의 문제이든, 페미니스트들이 억압 또는 보호의 사회 제도로서의 '가족'에 대해 취해야 할 태도이든, 그리고 어느 정도까지 여성들이 모든 형태의 폭력에 반대해야 하는가 아니면 군 입대 지지 운동을 해야 하는가이든, 페미니즘 정치의 모든 영역에서 찾아볼 수 있다(Anthias and Yuval-Davis, 1983; 1992; Hill-Collins, 1990; Kimble and Unterhalter, 1982; Spelman, 1988).

특정 국가, 민족, 인종 집단체의 구성원권에 계급이나 섹슈얼리티, 그리고 연령대와 같은 다른 차원의 정체성과 여성들 간의 차이를 추가한다면, '사람마다 다르다'라는 포스트모더니즘적 탈구조주의의 관점과 인식에 매우 쉽게 이를 것이다. 이때 생기는 의문은 일단 탈구조주의적 분석 관점의 타당성을 인정했을 때 일반적으로는 정치적 집단행동이면서 개별적으로는 페미니즘의 집단행동인 행동이 가능할까 하는 것이다(Barrett and McIntosh, 1985의 비평인, Anthias and Yuval-Davis, 1983; hooks, 1991을 볼 것). 효과적인 정치와 적절한 이론 분석이란 본질적으로 서로 모순인가? 이 질문에 대한 나의 기본적인 답은 스피박의 주장과 똑같다.

> 탈구조화가 단체 활성화의 유용성에 반하여 말하지는 않는다. 탈구조화는 오로지 유용성을 이유로 [단체 활성화를 ─옮긴이] 있는 그대로 기념비화해서는 안 된다고 주장할 뿐이다. (Spivak, 1991:65)

또는 스튜어트 홀처럼 간결하게 덧붙이자면, "모든 정체성은 차이와 교차하며 구성된다"(Hall, 1987:44).

'단위체' 혹은 '단체'의 경계 구성에 대한 이러한 정치적 관점을 채택한다면 지속적인 역사적 변화들을 계속 인식할 수 있고, 충분히 유연하고 열려 있는 집단체들의 경계를 계속 파악할 수 있다. 그렇게 되면 배타적인 정책이 허용되지 않을 것이다. 동시에 이로 인해 정치적 마비를 겪지 않아도 된다. 구체적으로 이는 모든 페미니즘(과 그 밖의 형태의 민주주의) 정치를 여성들의 차이가 인정받는 연합정치의 한 형태로 봐야 하며, 한 목소리가 주어졌을 때 우리가 '누구'인가가 아닌 우리가 성취하고자 하는 것이 '무엇'인가 하는 측면에서, 안과 밖의 정치적 '단위'들과 이러한 연합들의 경계를 설정해야 한다는 뜻이다. 케어린 맥타이 머실도 이렇게 말했다.

> 90년대의 도전은 다음의 두 모순된 진실을 동시에 잡는 것이었다. 여성으로서 우리는 똑같고, 여성으로서 우리는 다르다. 가교, 권력, 연합, 그리고

사회변화의 가능성은 우리가 우리의 통일에게서 눈을 떼지 않으면서도 우리의 젠더화된 특수성들을 아우르는 매트릭스를 통해 우리 스스로를 얼마나 잘 정의하는가에 따라 결정될 것이다. (McTighe Musil, 1990: vi)

물론 어떻게 이러한 임무를 구체적으로 계속 해나갈 것인가라고 질문할 수 있다. 관련 문제들을 분명히 하는 데 도움이 될 수 있도록, 이 임무를 붙들고 고심했던 몇몇 연구를 살펴보겠다. 이들 가운데 둘은 여러 면에서 창조적이고 사려 깊지만 이 책에서 앞서 논의했던 문제들 가운데 일부와 관련하여 몇 가지 중요한 오류를 지닌다고 본다.

첫번째 연구는 게일 페터슨(Pheterson, 1990)이 『권력의 가교』*Bridges of Power*라는 모음집에 수록한 논문에 제시되어 있다. 이 글은 백인과 흑인, 유태인과 비유태인, 그리고 레즈비언과 이성애 여성들이라는 세 혼종 여성 집단으로 (대략 같은 정도의 비율로) 구성된 네덜란드에서의 실험을 기술한다. 이 집단들은 일반적 유형의 페미니즘의 의식화 전통에 맞춰 매우 많은 작업을 했다. 페터슨이 발견한 결과는 이렇다.

모든 집단마다 억압과 지배를 겪은 과거의 경험들이 참가자들의 현재 인식을 왜곡했고 역사를 공유하지 않은 채 같은 정치상황에 처한 사람들과의 동일시를 차단했다. (Pheterson, 1990: 3)

그녀가 말하고 있는 것은 우리가 성공적인 연대를 창출하기 위해 억압과 지배 모두를 어떻게 내면화하는지 인식하고 개입해야 한다는 것이다. 그녀에게 위치position는 권력의 차원을——억압과 지배의 권력이며 단순히 '문화적 내용물'로 만들어지는 것이 아니다——포함한다. 그녀는 또한 여성들이 상이한 경험의 결과로서 내면화된 억압과 지배를 동시에 경험할 수 있음을 보여 준다. 인간과 정체성은 단순히 일차원적이지 않다. 반면, 그녀의 연구는 구성되는 것이 아닌, 발견할 수 있는 '객관적 진실'과 같은 것이 있음을 내포한다. 나는 사람들이 '왜곡'의 담론보다는 차라리 이데올로기적 입장의 담론을 사용해야 한다고 말하고 싶다. 이에 대해서는 나중에 다시 돌아오겠다.

'왜곡'의 담론은 스스로에 대한 왜곡을 만들어 낸다. 그 예로, 페터슨은 일부 여성들이(네덜란드보다는 식민지에서 태어난 흑인 여성들이, 한쪽 부모만 유태인인 유태 여성들이) 자신의 집단과 동일시하기를 꺼려한다는 사실을 논하면서 이를 왜곡이며 '차단당한 동일시'로 본다. 이 관점은 ('흑인', '유태인'과 같은) 각각의 범주 안에서 본질주의적 동질성을 가정하고, 이 여성들은 자기 집단의 다른 여성들과 다른 입장에 놓여 있다는 사실을 받아들이려 하지 않는다. 더욱이 이런 범주들이 다른 여성 구성원들에게도 똑같이 중심이 되고 중요하리라 가정하고, 계급, 연령, 그리고 그 밖의 사회적 차원들이 본래 이 집단에 타당하지 않다는 식으로 무시해 버린다.

이는 최근 서구 페미니즘에 매우 중심적이었던, 그리고 위에서 논의했던 차이의 '정체성 정치'의 전형적인 접근방식이다. 이러한 '정체성 정치'에서 개인의 정체성은 집단의 정체성과는 같은 반면, 차이는 인정된다기보다는 운동권 내부의 헤게모니 권력을 쥐고 있는 이들에 의해 의식화 단계의 차이가 주로 반영된 것이라 해석되었다. 그럼에도 집단들의 차이는 확실하고 중요하다고 파악된다. 린다 고든이 지적하듯, 이러한 본질주의 개념의 차이는 반드시 배타적이다.

> 우리는 개별 집단들을 넘어서는 어떤 해석을 제공할 수 있는 능력을 잃어버릴 위기에 처해 있다.⋯⋯이런 식으로는 모든⋯⋯ 여성들의 경험을 포착하지 못한다. (Gordon, 1991: 103)

더욱 중요한 것은, 아래에 보니 손턴 딜이 지적해 주는 바와 같다.

조직의 원칙으로서의 차이는 관계를 지운다.……흔히 차이는 분리를 뜻한다. 하지만 빈번히 이러한 관계들은 근접성, 연관성을 포함한다. (Dill, 1988:106)

유력한 논문집 『새로운 시대』*New Times*에 쓴 로절린드 브런트의 이론은 보다 세련된 유형의 정체성 정치를 시도했다. 브런트는 이렇게 주장한다.

정체성에 대한 질문이 변화를 추구하는 기획의 핵심에 있지 않는다면, 정치적 의제는 부적절하게 '재고'될 것이며 아울러, 보다 중요하게는, 우리의 정치가 좌파끼리의 동아리를 넘는 큰 진전을 이루지 못할 것이다. (Brunt, 1989:150)

자신만의 고유한 정체성을 되짚어 볼 때, '주관성'으로 돌아가는 것은 브런트에게 정치로부터의 후퇴를 의미하지 않는다. 오히려 그 반대다. 권력과 저항의 위치를 푸코의 방식으로 좌표로 표시한다면 세로축만 있는 것이 아니라 가로축도 있게 된다. 이때 행동의 정치적 골격은 계속 이질적이고 유동적이다. 그녀는 '폭넓은 민주연합'[7]이나 '무지개 동맹'[소수집단과 불이

---

7 1980년대 초 스코틀랜드 광산노동자 파업을 주도한 믹 맥게이(Mick McGahey)는 공산당의 계급 정치투쟁이 더 이상 유효하지 않으며 노동 운동의 미래는 민주연합을 통해 이룰 수 있다고 주장했다. 실제로 스코틀랜드 광산노조의 지도부는 노선이 달랐지만 대처 정권에 대항하기 위해 연대하고 협조함으로써 대규모 시위가 가능했고 대처 정부와 협상하여 스코틀랜드의 노동자와 산업을 모두 보호할 수 있었다. 하지만 전체의 승리를 위해 많은 노동자들이 실직하고, 광산과 공장들이 일부 문을 닫아야 했기 때문에 그의 협상전략에 대한 평가는 최근까지도 엇갈린다. ― 옮긴이

익집단의 정치적 결속]의 논리를 거부한다. 그녀가 정치적 행동은 '다양성 속의 통일성'에 기초해야 한다고 주장하기 때문이다. 이에 대한 기반은 공통분모가 아니라

> 이질적이고, 적대적인 가능성에 있으며, 어쩌면 어마어마하게 다양한 정체성과 상황들의 다양성 전반[에 두어야 할 것이다]……정체성 정치는 투쟁할 일은 많겠지만 축하할 일도 어쩌면 조금은 있으리라 인정하고 어떤 상황에서든 모순과 복잡을 받아들이겠다는 환영사를 보낸다. (Brunt, 1989: 158)

브런트는 1984~1985년에 있었던 영국 광산노동자 파업 주변의 후원 활동들을 이러한 유형의 정치투쟁의 긍정적 사례로 들었다. 하지만 이는 불행한 사례였다. 긍정적인 특징들에도 불구하고 이 파업은 광산노동자나 노조들뿐만 아니라 반ƙ대처 운동 전반까지 초토화된 완패로 끝났기 때문이다.

패배와 실제 정치를 제쳐둔다면, 브런트의 정치모델은 매력적이라고 볼 수 있다. 그의 모델은 매우 정교한 사회분석의 이론적 통찰을 포함하고 있으며, 유연하며, 역동적이고 포괄적이다. 하지만 바로 이 마지막 특징에 위험이 있다. 궁극적으로 브런트의 연구의 배경에는 모순과 갈등에도 불구하고 최종 심급에서 모든 대중투쟁이 본질적으로 진보적이라는 순진한 포퓰리즘의 가정이 있다. 그녀는 불이익을 당하고 차별받는 이들의 이해와 정치적 차이의 본질적인 화해가능성에 대한 믿음을 다른 다문화주의자들과 공유한다. 이러한 믿음은 위에서 논의했듯 근본주의적 지도력이 성장할 공간을 만들어 냈으며 궁극적으로는 이로 인해 (토니 모리슨Tony Morrison [미국의 흑인 소설가]을 포함한 다른 여러 흑인 운동가들은 물론이고) 1980년

대 '무지개 동맹'의 주요 주창자인 제시 잭슨Jesse Jackson[8]이 1990년대에 근본주의, 인종차별주의, 성차별주의의 성격이 짙었던 '이슬람민족'Nation of Islam 운동에 의해 조직된 워싱턴 DC '백만인 행진'Million Men March[9]에 참여하기도 했다.

다음 사례로 내가 논하고 싶은 것은 이러한 가정들을 뛰어넘어 발전한 페미니즘 정치에 대해서다. 바로 '근본주의에 반대하는 여성들'Women Against Fundamentalism, WAF로, 이 단체는 정확히 이러한 모든 종교의 근본주의 지도력에 대해 반대하고, 아울러 반反근본주의의 가면을 쓴 인종차별주의의 표현들에 반대하는 투쟁을 하기 위해 루시디 사건 이후 런던에서 조직되었다.

WAF는 기독교도, 유태교도, 무슬림, 시크교도, 힌두교도 등 다양한 종교 및 민족 출신의 여성들을 포함한다. 또한 많은 회원들이 다른 운동단체에 소속되어 있으며, '사우설의 흑인자매들', 유태 사회주의 집단Jewish Socialists Group, 그리고 아일랜드 여성 낙태지지 집단Irish Women's Abortion Support Group과 같은 보다 많은 특정 민족 단체에 종종 가입하기도 한다. 하지만 WAF를 결성할 당시 초기에 조직과 이데올로기 측면에서 역할한 SBS를 제외하면, 많은 이들이 어떤 집단이나 민족의 범주의 대표라기보다는 개인의 자격으로 왔다. 반면, 서로 다른 배경에서 온 여성들을 '동화'시키려는 어떤 시도도 없었다. 민족과 관점의 차이는——그리고 결과적으로 안건의 차이도——인정되고 존중되었다. 그러나 축하할 일은 WAF 회원들이 공

---

8 제시 잭슨은 미국의 인권운동가이며, 침례교 목사이다. 미국 정부로부터 '빈민' 지원을 받지 못하는 실리콘밸리 지역 저소득층과 소수자들을 지원하는 무지개/PUSH 동맹(Rainbow-PUSH Coalition) 활동을 이끌었다. ——옮긴이
9 1995년 워싱턴에서 열린 사회 운동 집회. 다양한 사회운동단체들이 대거 참여해, 풀뿌리 민주 운동의 차원에서 도시거주 소수자들에 대한 정치인들의 관심을 높이고, 이들에게 선거인등록을 통해 대의정치에 참여할 것을 격려했다. ——옮긴이

통된 정치적 입장에서 근본주의에 반대하고 인종차별주의에 반대하는 '제 3의 방법'을 주장한다는 점이다.

이 '제3의 방법'은 퍼트리샤 힐-콜린스가 그녀의 책 『흑인 페미니즘 사상』*Black Feminism Thought*, 1990에 표현한 생각과 일부 일치한다. 이 책에서 그녀는 상이한 집단 구성이 현실을 바라보는 상이한 입장들에 대한 인식의 중요성에 대해 논한다. (도나 해러웨이Donna Haraway가 1988년 그의 연구에서 상세히 설명한 '입장이론'standpoint theory이라는 페미니즘 인식론의 관점을 대체로 따르는) 그녀의 분석은 WAF 회원들의 지침이 되어 온 의제를 정확하게 반영한다.

각 집단은 자신의 입장에서 말하고 자신의 부분적이고 상황적인 지식을 일부 공유한다. 그러나 각 집단이 자신의 진실을 부분적으로 인식하기 때문에, 이들의 지식은 미완의 상태이다[타당성이 없다는 것과는 다르다].……부분적이고 보편적이지 않다는 것이 들어 주는 조건이다. 자신의 위치를 갖지 못하고 지식을 전송해야 하는 개인과 집단은 위치를 확보한 개인과 집단보다 신뢰도가 떨어져 보인다.……이러한 인식론적 접근에 성공하기 위해서는 대화가 중요하다. (Hill-Collins, 1990: 236)

여기서 힐-콜린스는 맑스주의자들과 여러 지식사회학자들이 걸려들었던 덫에서 비켜 간다. 하나는 상대주의의 덫이며, 다른 하나는 특정 사회 집단을 인식론적으로 '진실을 가지고 있는 자'truth bearer라는 위치에 놓는 덫이다. 위치의 고정성보다는 대화가 세력을 갖춘 지식의 기초가 된다. 그예로, 종교교육이나 여성의 재생산권에 대한 WAF의 운동은 다른 경험들을 통해 단체 내부에 있는 상이한 입장과 배경의 여성들에 대해 알게 되었다. 샌프란시스코 만 주위에서 조직된 이와 비슷한 방식은 그루얼과 캐플런이 이들의 1994년 저서의 서론에서 논의했다(Grewal and Kaplan, 1994).

내가 논의하고 싶은 마지막 예 역시 대화에 기초한다. 이 대화를 발전시킨 이들은 ('검은 옷을 입은 여인들' 운동 출신, 특히 볼로냐와 토리노 여성센터 출신인) 이탈리아의 페미니스트들로 세르비아인이나 크로아티아인들과 같은, 갈등을 빚고 있는 국가 집단의 구성원인 페미니스트들과 함께 일하고 있다. 표면상으로는 이런 대화가 게일 페터슨이 기술한 것과 같은, 보다 흔한 '정체성 정치' 유형의 대화와 아주 달라 보이지는 않는다. 하지만 몇 가지 중요한 차이는 존재한다.

집단 형성의 경계를 결정하는 것은 본질주의적인 개념의 차이가 아니라 구체적이고 물질적인 정치현실이다. 또한 여러 집단에 관련된 여성들은 단순히 이들 집단의 대표로 인식되지 않는다. 이들의 상이한 입장과 배경은 인정받고 존중받으며 점령 집단체와 피점령 집단체의 구성원들로서 이들의 동반제휴에 내재하는 차별적인 권력 관계를 포함한다. 대화에 참여하기 위해 찾았고 또 초대받았던 모든 여성들은 "기존의 권력 관계 재생산에 무의식적으로 참여하기를 거부하기" 위해 최선을 다한다(이탈리아어로 작성된 최초의 초대장, 1990년 12월).

이 대화의 기본 관점은 퍼트리샤 힐-콜린스의 관점과 매우 유사하다. 하지만 용어는 다소 다르다. 이탈리아 여성들은 '뿌리내리기'rooting와 '옮기기'shifting를 핵심어로 사용했다. 대화의 참여자들은 각기 자신의 구성원권과 정체성 속에 '뿌리내리기'를 가져가지만 동시에 자신을 다른 구성원권과 정체성을 지닌 여성들과 나누는 교류의 상황에 놓기 위해 '옮기기'를 시도한다. 이들은 이 형식의 대화를 '횡단주의'transversalism라고 불렀다. '동질적인 출발점'을 가정함으로써 포함이 아닌 배제로 끝나는 '보편주의', 그리고 '차별적인 출발점'으로 인해 어떤 공통된 이해나 진정한 대화도 전혀 가능하지 않다고 가정하는 '상대주의'와 차별화하기 위해서였다.

횡단적 전망의 발전에 중요한 두 가지가 있다. 첫째, 옮기기 과정은 탈자기중심을 포함해서는 안 된다. 이는 자신의 뿌리내리기와 일련의 가치들을 잃는 것이기 때문이다. 엘사 바클리 브라운이 주장하듯, 이렇게 할 필요는 없다.

사람들은 저마다 다른 경험의 중심이 되어 이를 입증하고 고유한 기준에 따라 판단할 수 있는 법을 배울 수 있다. 이러한 틀을 자신의 고유한 것으로 채택할 필요도 비교할 필요도 없다.……사람들은 다른 누군가의 중심이 되기 위해 어떤 누구도 탈중심화할 필요가 없다. 단지 계속해서 그 중심을 축으로 선회하기만 하면 된다. (Brown, 1989:922)

다른 이들을 강조하고 존중하는 동안 자신의 관점을 유지하는 것은 어떤 형태의 동맹과 연대 정치에서나 중요하다. 다문화주의 형식의 연대 정치에는 무비판적 연대의 위험이 있을 수 있다. 이는 예를 들어 이란 혁명이나 루시디 사건 주변의 일부 좌파들의 정치에 아주 널리 퍼져 있다. 이들은 '공동체 내부의 문제'에 개입하는 것을 '제국주의적'이고 '인종차별주의'적이라고 보았다. 여성들은 종종 '공동체'의 소위 대표와 지도자들이 여성관련 정책을 결정해도 되도록 한 이러한 관점에 희생되었다.

첫째에 이어 둘째는, 옮기기 과정이 '타자'를 동질화해서는 안 된다. 비슷하게 뿌리내린 사람들 사이에 다양한 위치와 관점이 있듯, 다른 집단의 구성원들 사이에서도 그렇다. 횡단의 동행은 다른 집단의 구성원들과 일괄적으로 함께하는 것이 아니라, 뿌리를 달리 내리면서도 자신과 양립할 수 있는 가치와 목표를 공유하는 이들과 함께해야 한다.

하지만 여기에서 당부할 말이 있다. 횡단의 정치는 항상 가능한 것은 아니다. 특정 입장의 상황에 놓여 있는 사람들 간에 이해관계로 빚는 갈등이 항상 화해되는 것은 아니다. 하지만 연대가 가능할 때, 페미니즘, 민족주의, 반인종차별주의의 '정체성 정치'의 함정에 빠지지 않게 하기 위해 횡단주의 원칙에 근거하는 것이 중요하다.

억압받는 이들을 세력화하는 것이, 개인 혹은 자신의 집단을 위한 투쟁이든 다른 이들을 위한 투쟁이든, 그 자체로 페미니즘이나 기타 반反억압 정치의 목표가 될 수만은 없다. 예를 들면, 지난 몇 년간 미국의 블랙팬서스 Black Panthers[10]의 전 회원들, 특히 일레인 브라운Elaine Brown[11]의 회고록들이 이 단체의 실제 일상의 일부가 된 야만적이고 폭력적인 '징계' 조치들을 조명했다(Walker, 1993). 위니 만델라Winnie Mandela[12]가 관련된 혐의가 있다는 주장이 있던 십대 소년 살인 사건은 '권력은 부패한다'는 낡은 상투어의 끔찍한 증명에 불과했다. 그리고 이는 또한 이전에 권한을 박탈당했던 사람들의 권력, 그리고 오직 상대적이고 우발적인 특정 상황에 국한된 권력에도 적용할 수 있다.

'세력화'empowerment의 이데올로기는 '긍정적' 힘을 '권력'보다는 '힘'에 국한함으로써 이 딜레마를 피하고자 했다(Bystydzienski, 1992: 3). 하지만 이로 인해 세력화는 개인적인 것과 공동체적인 것 사이의 경계를 허무는 과정이라 구성되었다. 북먼과 모건이 지적하듯, 세력화의 개념은 아래의 함의를 갖는다.

우리 사회에서 기본적인 권력 관계에 도전하는 개인의 저항 행위에서 집

---

10 1960년대와 1970년대의 흑인 진보(좌파)정치 운동. 경찰의 폭력으로부터 미국 흑인 거주지 보호, 흑인 공동사회에서의 자결권, 완전 고용, 병역 면제, 공정한 재판 등을 목표로 설립되었다. — 옮긴이
11 블랙팬서스의 지도자. 미국의 감옥운동가이자, 가수이자, 작가이다. — 옮긴이
12 넬슨 만델라의 부인. 1990년 만델라가 출옥한 후 각국을 방문하여 남편의 정치활동에 협조했으나 살인사건 스캔들의 후유증으로 1992년 4월 이혼했다. — 옮긴이

단정치 활성화에 이르는 정치활동의 스펙트럼. (Bookman and Morgan, 1988: 4)

이러한 구성은, 우리가 위에서 논의했듯, 사회 범주와 집단 형성을 동질화·자연화하며, 경계의 이동이나 내부권력의 차이, 이해갈등을 부정한다. 또한 이러한 접근을 통해 문화와 전통이 이질적이고 때로는 갈등을 빚는 자원의 축적에서 통일되고 탈역사적이며 변하지 않는 본질로 변형된다.

이러한 종류의 '정체성 정치'의 대안으로 이 책은 '횡단의 정치'가 향후 나아갈 길을 제시한다고 제안한다. '횡단의 정치'를 통해, 통일성이나 동질성으로 파악되었던 것은 대화로 대체된다. 대화는 참여하는 이들의 특정 위치설정뿐 아니라, 그러한 위치설정이 '미완의 지식'을 제공한다는 점도 인식하게 해준다. 그럼에도 횡단의 정치는 대화에 경계가 없으며 모든 이해갈등은 각기 화해 가능하다고 가정하지 않는다. 하지만 진디 펫먼이 지적하듯, "마음에 들거나, 아니면 적어도 견딜 만한 개인적·사회적·정치적 참여가 거의 항상 가능하다"(Pettman, 1992: 157). 횡단 대화의 경계들은 메신저보다는 메시지에 의해 결정된다. 다시 말해, 횡단의 정치는 사회적 정체성과 사회적 가치를 차별화하며 앨리슨 애시터가 '인식론적 공동체'epistemological community라고 한 것(Assiter, 1996: 5장)이 공통의 가치체계를 공유하며 차별적 입장과 정체성을 가로지르며 존재한다고 가정한다. 억압과 차별에 대한 투쟁은 특정 범주에 초점을 둘 수도 있(고 대개는 두)지만 결코 단순히 이 범주에 한정되지는 않는다.

페미니즘의 '인식론적 공동체'와 연합정치coalition politics의 경계가 무엇이어야 하느냐 하는 문제는 어렵다. 특정 페미니즘 운동이 진행되는 특정 역사적 조건이 매우 다양할 수 있기 때문이기도 하지만, 자기 정체성을 확인한 페미니스트들 사이에도 여러 갈래가 있기 때문이다. 이들 중에는 매우 심각한 의견의 분열이 있을 수도 있다. 더욱이 앤절라 데이비스Angela Davis가 지적했듯, 1970년대 자신의 투옥반대 투쟁이 자신의 정치학을 공유했던 이들에게만 제한됐다면, 이 운동은 절대 성공하지 못했을 것이다 (Davis and Martinez, 1994: 47). 또한 모든 정치 운동이 똑같지는 않다. 겹치는 가치체계들의 수준도 다르고, 엄격한 공식조직에서부터 느슨한 비공식 네트워크에 이르기까지, 이데올로기 동맹에서 단일이슈 연합에 이르기까지 일반 정치활동의 수준도 다르다. 하지만 이러한 연합정치의 형태와 강도의 다중성 때문에 우리 모두가 "아무것이나 목표로 삼는" 포스트모던의 "자유로이 부유하는 기표들"(Wexler, 1990)이 될 수는 없다. 투쟁의 목표라고 제안한 것들이 불평등한 권력 관계를 지속하거나 추진하는 곳에서, 그리고 본질화된 개념의 정체성과 차이가 사회적·정치적 그리고 경제적 배제 형식을 자연화하는 곳에서 횡단의 정치는 중단된다. '옮기기'와 '뿌리내리기'의 과정들은 맥락과 용어의 차이와 가치와 목표의 차이를 구분하는 데 도움이 된다. 이는 '타자성'의 표시와 전형과는 거의 관계없다.

여성이 힘을 갖추기 위해 이 책에서 논의했던 함정 몇 가지를 초월해야 한다면, 아마도 질 보텀리의 경고에 충실하는 것이 현명할 것이다.

단일한 우리 대 단일한 그들이라는 이원론으로 접근하면, 인종, 계급, 그리고 젠더와 같은 강력한 구성물들이 계속 서로 관통하고 서로 맞물리는 관계는 신비화되고, 반영에 대한 시도는 약해진다.…… 관찰자들이 자기가 비판하려고 하는 담론 안에 어느 정도까지 남아 있는가 하는 까다로운 문제뿐만 아니라 경험의 주관적 수준과 객관적 수준 모두 다룰 필요가 있다. (Bottomley, 1991: 309)

횡단의 통로에는 가시가 가득하겠지만 적어도 바른 길로는 인도한다.

권말에 부쳐

역사에는 끝도 없으며 정치투쟁에는 '마지막 목표'도 없다. 하지만 횡단의 정치는 성차별이나 인종차별이 심하지 않고 보다 민주적인 사회를 향한 지속적인 투쟁 속에서 상호 원조와 아마도 보다 큰 효율성을 우리에게 제공할 것이다. 이 사회는 우리가 살고 활동하는, 그리고 지속적으로 변화하는 정치·경제·환경의 맥락 안에 활동하는 행위체이다.

정의대로라면 우리가 하기 위해 착수한 일들을 결코 완수할 수 없겠지만 우리가 생각해야 할 중요한 과제는 투쟁의 와중에도 어떻게 즐겁게 지낼 것인가! 하는 문제를 포함하여, 우리의 삶을 어떻게 지탱하고 가끔은 축하도 할 수 있을까이다. 엠마 골드만Emma Goldman이 말했듯, "내가 그 장단에 맞춰 춤을 출 수 없다면, 그것은 나의 혁명이 아니다". 첨예한 인종차별주의와 강요된 정체성, 민족청소, 그리고 국가적 갈등과 전쟁의 상황에서, 이러한 정서는 가끔 너무 피상적이고 어설프다. 그럼에도, 어쩌면 이것은 완전히 그런 것은 아닐 수도 있다. 한 '횡단'의 친구가 내게 보낸 엽서에 인용되었던 짐바브웨의 속담에 나와 있듯, "말할 수 있다면, 노래할 수 있다. 걸을 수 있다면, 춤출 수도 있다!"

(나는 이 권말을 '맨발의 부기'Barefoot Boogie 애호가들에게 바친다.)

참고문헌

Abdo, Nahla and Nira Yuval-Davis. 1995. "Palestine, Israel and the Zionist Settler Project", eds. Daiva Stasiulis and Nira Yuval-Davis, *Unsettling Settler Societies: Articulations of Gender, Race, Ethnicity and Class*, London: Sage, pp. 291~322.

Abeyesekera, Sunila. 1994. "Organizing for Peace in the Midst of War: Experiences of Women in Sri-Lanka", Paper presented for a course Gender and Nation, Institute of Social Studies, The Hague.

Accad, Evelyne. 1990. *Sexuality and War: Literary Masks of the Middle East*, New York: New York University Press.

Ackelsberg, Martha. 2000. "'Liberalism' and 'Community politics'", *Routledge International Encyclopedia of Women: Global Women's Issues and Knowledge*, New York: Routledge[『젠더와 민족』 영어판 출간 당시 이 서지는 근간(forthcoming)으로 표기되어 있었으나 이후 출간되어 자세한 서지정보를 달았다].

Addis, Elisabetta. 1994. "Women and the Economic Consequences of Being a Soldier", eds. Elisabetta Addis, Valeria E. Russo and Lorenza Sebesta. *Women Soldiers: Images and Realities*, London: Macmillan/St. Martin's Press.

Afshar, Haleh. 1994. "Women and the Politics of Fundamentalism in Iran", *WAF(Women Against Fundamentalism) Journal* no. 5, pp. 15~21.

Afshar, Haleh and Carolyne Dennis eds. 1992. *Women and Adjustment Policies in the Third World*, London: Macmillan.

Ali, Yasmin. 1992. "Muslim Women and the Politics of Ethnicity and Culture in Northern England", eds. Gita Sahgal and Nira Yuval-Davis, *Refusing Holy Orders: Women and Fundamentalism in Britain*, London: Virago, pp. 101~123.

Allen, Sheila and Marie Macey. 1990. "At the Cutting Edge of Citizenship: Race and Ethnicity in Europe 1992", Paper presented at the conference New Issues in Black Politics, University of Warwick, May.

Althusser, Louis. 1971. "Ideology and Ideological State Apparatuses", *Lenin and Philosophy and Other Essays*, London: New Left Books.

Ålund, Aleksandra. 1995. "Alterity in Modernity", *Acta Sociologica* vol. 38 no. 4, pp. 311~322.

Amin, Samir. 1978. *The Arab Nation*, London: Zed Books.

Amnesty International. 1995. *Human Rights Are Women's Rights*, London: Amnesty International.

Amos, Valerie and Pratiba Parmar. 1984. "Challenging Imperial Feminism", *Feminist*

Review vol. 17(Autumn), pp. 3~20.

African National Congress. 1987. *ANC Calls for Advance to People's Power*, Lusaka/London: ANC.

Anderson, Benedict. 1983. *Imagined Communities*. London: Verso[윤형숙 옮김, 『상상의 공동체』, 나남출판, 2002].

_____. 1991. Imagined Communities(revised ed.). London: Verso.

_____. 1995. "Ice Empire and Ice Hockey: Two Fin de Siecle Dreams", *New Left Review* no. 214, pp. 146~150.

Anthias, Floya. 1991. "Parameters of Difference and Identity and the Problem of Connections: Gender, Ethnicity and Class", *International Review of Sociology* no. 2 vol. 2, pp. 29~52.

_____. 1993. "Rethinking Categories and Struggles: Racism, Anti-racisms and Multi-culturalism", Paper presented at the European Workshop Racism and Anti-racist Movements, University of Greenwich, September.

Anthias, Floya and Nira Yuval-Davis. 1983. "Contextualizing Feminism: Gender, Ethnic and Class Divisions", *Feminist Review* no. 15, pp. 62~75.

_____. 1989. "Introduction", eds. Floya Anthias and Nira Yuval-Davis, *Woman-Nation-State*, London: Macmillan.

_____. 1992. *Racialized Boundaries: Race, Nation, Gender, Colour and Class and the Anti-Racist Struggle*, London: Routledge.

Anzaldua, Gloria. 1987. *Borderlands/La Frontera*, San Francisco: Spinsters/Aunt Lute Books.

Arendt, Hannah. 1975. *The Origins of Totalitarianism*, New York: Harcourt Brace Jovanovich[이진우·박미애 옮김, 『전체주의의 기원』 1·2, 한길사, 2006].

Armstrong, John. 1982. *Nations before Nationalism*, Chapel Hill, NC: University of North Carolina Press.

Ashworth, Georgina ed. 1995. *The Diplomacy of the Oppressed: New Directions in International Feminism*, London: Zed Books.

Asad, Talal. 1993. *Genealogies of Religion: Discipline and Reasons of Power in Christianity and Islam*, Baltimore: Johns Hopkins University Press.

Assiter, Alison. 1996. *Enlightened Women: Modernist Feminism in a Postmodern Age*, London: Routledge.

Avineri, Shlomo and Avner De-Shalit eds. 1992. *Communitarianism and Individualism*. Oxford: Oxford University Press.

Bakan, Abigail B. and Daiva Stasiulis. 1994. "Foreign Domestic Worker Policy in Canada and the Social Boundaries of Modern Citizenship", *Science and Society* vol. 58 no. 1, pp. 7~33.

Balibar, Étienne. 1990a. "The Nation Form: History and Ideology", *New Left Review* vol. 13 no.3, pp. 329~361.

_____. 1990b. "The Paradoxes of Universality", ed. David Goldberg, *Anatomy of Racism*, Minneapolis, MN: University of Minnesota Press.

Bang, Rani and Abhay Bang. 1992. "Contraceptive Technologies: Experience of Rural

Indian Women", *Manushi* no. 70, May-June, pp. 26~31.

Barker, Martin. 1981. *The New Racism*, Brighton: Junction Books.

Barkley Brown, Elsa. 1989. "African-American Women's Quilting: A Framework for Conceptualizing and Teaching African-American Women's History", *Signs: Journal of Women in Culture and Society* vol. 14 no. 4. pp. 921~929.

Barrett, Michèlle. 1987. "The Concept of 'Difference'", *Feminist Review* no. 26, Summer.

Barrett, Michèlle and Mary McIntosh. 1985. "Ethnocentrism in Socialist-Feminist Theory", *Feminist Review* no. 20.

Barrett, Michèlle and Anne Phillips eds. 1992. *Destabilizing Theory: Contemporary Feminist Debates*, Cambridge: Polity Press.

Bauer, Otto. 1940. *The National Question*(in Hebrew), Hakibutz Ha'artzi.

Baumann, Gerd. 1994. "Dominant and Demotic Discourses of Culture", Paper presented at the conference *Culture, Communication and Discourse: Negotiating Difference in Multi-Ethnic Alliances*, University of Manchester, December.

Bauman, Zygmunt. 1988. "Sociology and Post-modernity", *The Sociological Review* 36(4), pp. 790~813.

_____. 1995. *Life in Fragments: Essays in Postmodern Morality*, Cambridge, MA: Basil Blackwell.

Bennett. Olivia, Jo Bexley and Kitty Warnock eds. 1995. *Arms to Fight, Arms to Protect: Women Speak out about Conflict*, London: Panos.

Berer, Marge. 1995. "The Quinacrine Controversy Continues", *Reproductive Health Matters* no. 6, November, pp. 142~161.

Beth-Halakhmi, Benjamin. 1996. "Interview with Nira Yuval-Davis", *WAF Journal* no. 8, pp. 32~34.

Beveridge, William. 1942. *Report on Social Insurance and Allied Services*, London: HMSO.

Beyer, Peter. 1994. *Religion and Globalization*, London: Sage.

Bhabha, Homi ed. 1990. *Nation and Narration*, London: Routledge[류승구 옮김, 『국민과 서사』, 후마니타스, 2011].

Bhabha, Homi. 1994a. *The Location of Culture*. London: Routledge[나병철 옮김, 『문화의 위치』, 소명, 2002].

_____. 1994b "Subaltern Secularism", *WAF Journal* no. 6, pp. 5~8.

Bhabha, Jacqueline and Sue Shutter. 1994. *Women's Movement: Women under Immigration, Nationality and Refugee Law*, Stoke-on-Trent: Trentham Books.

Biehl, Amy. 1994. "Custom and Religion in a Non-racial, Non-sexist South Africa", *WAF Journal* no. 5, pp. 51~54.

Bonnet, Catherine. 1995. "Rape as a Weapon of War in Rwanda", European Forum of Left Feminists Newsletter, July.

Bookman, Ann and Sandra Morgen eds. 1988. *Women and the Politics of Empowerment*, Philadelphia: Temple University Press.

Boose, Lynda E. 1993. "Techno-muscularity and the 'Boy Eternal': From the Quagmire to the Gulf", eds. Miriam Cooke and Angela Woollacott, *Gendering War Talk,*

Princeton: Princeton University Press.

Bottomley, Gillian. 1991. "Culture, Ethnicity and the Politics/Poetics of Representation", *Diaspora: A Journal of Transnational Studies* vol. 1 no. 3, pp. 303~320.

_____. 1992. *From Another Place: Migration and the Politics of Culture*, Cambridge: Cambridge University Press.

_____. 1993. "Post-multiculturalism? The Theory and Practice of Heterogeneity", Paper presented at the conference *Post-colonial Formations: Nations, Culture, Policy*, Griffith University, Queensland(June).

Bourdieu, Pierre. 1977. *Outline of a Theory of Practice*, Cambridge: Cambridge University Press.

Bourne, Jenny and A. Sivanandan. 1980. "Cheerleaders and Ombudsmen: The Sociology of Race Relations in Britain", *Race and Class* vol. 21 no. 4.

Bowman, Glenn. 1989. "Fucking Tourists: Sexual Relations and Tourism in Jerusalem's Old City", *Critique of Anthropology* vol. 9 no. 2, pp. 77~93.

Braidotti, Rosi, Ewa Chazkiewlez, Sabine Hausler and Saskia Wieringa. 1994. *Women, the Environment and Sustainable Development: Towards a Theoretical Synthesis*, London: Zed Books[한국여성NGO 옮김, 『여성과 환경 그리고 지속가능한 개발』, 나라사랑, 1995].

Brah, Avtar. 1992. "Difference, Diversity and Differentiation", eds. James Donald and Ali Rattansi, *'Race', Culture and Difference*, London: Sage.

_____. 1996. *Cartographies of Diaspora: Contesting Identities*, London: Routledge.

Brunt, Rosalind. 1989. "The Politics of Identity", eds. Stuart Hall and M. Jacques, *New Times*, London: Lawrence and Wishart.

Burney, Elizabeth. 1988. *Steps to Social Equality: Positive Action in a Negative Climate*, London: Runnymede Trust.

Butler, Judith. 1990. *Gender Trouble: Feminism and the Subversion of Identity*, New York: Routledge[조현준 옮김, 『젠더 트러블』, 문학동네, 2008].

Bystydzienski, Jill M. ed. 1992. *Women Transforming Politics: Worldwide Strategies for Empowerment*. Bloomington: Indiana University Press.

Cain, Harriet and Nira Yuval-Davis. 1990. "The 'Equal Opportunities Community' and the Anti-racist Struggle", *Critical Social Policy* vol. 10 no. 29, Autumn, pp. 5~26.

Chapkis, Wendy. 1981. *Loaded Questions: Women in the Military*, Amsterdam: Transnational Institute.

Chatterjee, Partha. 1986. *Nationalist Thought and the Colonial World: A Derivative Discourse*, London: Zed Books[이광수 옮김, 『민족주의 사상과 식민지 세계』, 그린비, 2013].

_____. 1990. "The Nationalist Resolution of the Women's Question", eds. Kumkum Sangari and Sudesh Vaid, *Recasting Women: Essays in Colonial History*, New Brunswick, NJ: Rutgers University Press.

Chhachhi. Amrita. 1991. "Forced Identities: The State, Communalism, Fundamentalism and Women in India", ed. Deniz Kandiyoti, *Women, Islam and the State*, London: Macmillan. pp. 144~175.

Clifford, James. 1988. *The Predicament of Culture: Twentieth-century Ethnography, Literature and Art*, Cambridge, MA: Harvard University Press.

Cock, Jacklyn. 1992. *Women and War in South Africa*, London: Open Letters.

Cohen, Eric. 1971. "Arab Boys and Tourist Girls in a Mixed Jewish-Arab Community", *International Journal of Comparative Sociology* vol. 12 no. 4, pp. 217~233.

Cohen, Jean. 1982. *Class and Civil Society: The Limits of Marxian Critical Theory*, Amherst: University of Massachusetts Press.

Cohen, Philip. 1988. "The Perversions of Inheritance", eds. Philip Cohen and Harwant S. Bains, *Multi-racist Britain*, London: Macmillan.

_____. 1995. "Out of the Melting Pot into the Fire Next Time: Local/Global Cities, Bodies, Texts", Paper presented at the BSA conference *Contested Cities*, Essex University, April, pp. 11~13.

Cohn, Caroline. 1993. "Wars, Wimps and Women: Talking Gender and Thinking War", eds. Miriam Cooke and Angela Woollacott, *Gendering War Talk*, Princeton, NJ: Princeton University Press.

Connell, Robert William. 1987. *Gender and Power*, Cambridge: Polity Press.

Special issue *Comparative Fundamentalisms*. 1995. *Contention* no. 2, Winter.

Cooke, Miriam. 1993. "WO-man, Retelling the War Myth", eds. Miriam Cooke and Angela Woollacott, *Gendering War Talk*, Princeton, NJ: Princeton University Press.

Corrêa, Sonia. 1994. *Population and Reproductive Rights: Feminist Perspectives from the South*. London: Zed in association with DAWN.

Corrêa, Sonia and Rosalind Petchesky. 1994. "Reproductive and Social Rights: A Feminist Perspective", eds. Gita Sen, Adrienne Germain and Lincoln C. Cohen, *Population Policies Reconsidered*, Cambridge, MA: Harvard University Press, pp. 107~126.

Cox, Robert W. 1995. "Civilizations: Encounters and Transformations", *Studies in Political Economy* no. 47, pp. 7~32.

Dahl, Robert Alan. 1971. *Polyarchy: Participation and Opposition*, New Haven: Yale University Press.

Daly, Markate. 1993. *Communitarianism: Belonging and Commitment in a Pluralist Democracy*, Wadsworth.

Davis, Angela. 1993. "Racism, Birth Control and Reproductive Rights", eds. Laurel Richardson and Verta Taylor, *Feminist Frontiers* 3, New York: McGraw-Hill.

Davis, Angela and Elizabeth Martinez. 1994. "Coalition Building among People of Color", eds. M. Ochoa and T. Teaiwa, *Enunciating Our Terms : Women of Color in Collaboration and Conflict*, Inscriptions 7, Santa Cruz, CA: Center for Cultural Studies, University of California.

Davis, F. James. 1993. *Who Is Black? One Nation's Definition*, Pennsylvania State University Press.

De la Campagne, C. 1983. *L'Invention du racisms: Antique et moyen âge*, Paris: University of Paris Press.

De Lepervanche, Marie. 1980. "From Race to Ethnicity", *The Australian and New*

Zealand Journal of Sociology, vol. 16 no. 1.

_____. 1989. "Women, Nation and the State in Australia", eds. Nira Yuval-Davis and Floya Anthias, *Woman-Nation-State*. London: Macmillan. pp. 36~57.

Delphy, Christine. 1993. "Rethinking Sex and Gender", *Women's Studies International Forum* vol. 16 no. 1, pp. 1~9.

Deutsch, Karl W. 1966. *Nationalism and Social Communication: An Inquiry into the Foundations of Nationality*, Cambridge, MA: MIT Press.

Dickanson, Olive Patricia. 1992. *Canada's First Nations: A History of Founding Peoples from Earliest Times*, Toronto: McClelland and Stewart.

Dietz, Mary G. 1987. "Context is All: Feminism and Theories of Citizenship", *Daedalus* vol. 116 no. 4.

Donald, James. 1993. "How English is It? Popular Literature and National Culture", eds. Erica Carter, James Donald and Judith Squires, *Space and Place: Theories of Identity and Location*, London: Lawrence and Wishart in association with New Formations.

Dransart, Penny. 1987. "Women and Ritual Conflict in Inka Society", eds. Sharon Macdonald, Pat Holden and Shirley Ardener, *Images of Women in Peace and War: Cross-cultural and Historical Perspectives*, London: Macmillan.

Durkheim, Émile. 1965. *The Elementary Forms of Religious Life*, New York: Free Press.

Edwards, John. 1988. "Justice and the Bounds of Welfare", *Journal of Social Policy* vol. 17 no. 2.

Ehrlich, Avishai. 1987. "Israel: Conflict, War and Social Change", eds. Colin Creighton and Martin Shaw, *The Sociology of War and Peace*, London: Macmillan.

Ehrlich, Paul. 1968. *The Population Bomb*, Stanford, CA: Stanford University Press.

Eisenstein, Zillah ed. 1979. *Capitalist Patriarchy and the Case for Socialist Feminism*, New York: Monthly Review Press.

Eisenstein, Zillah. 1988. *The Female Body and the Law*, Berkeley, CA: University of California Press.

_____. 1993. *The Color of Gender: Reimaging Democracy*, Berkeley, CA: University of California Press.

Enloe, Cynthia. 1980. *Ethnic Soldiers: State Security in Divided Societies*, Harmondsworth: Penguin.

_____. 1983. *Does Khaki Become You?*, London: Pluto Press.

_____. 1989. *Bananas, Beaches & Bases: Making Feminist Sense of International Politics*, London: Pandora[권인숙 옮김, 『바나나, 해변, 그리고 군사기지』, 청년사, 2011].

_____. 1990. "Women and Children: Making Feminist Sense of the Persian Gulf Crisis", *The Village Voice*, 25 September.

_____. 1993. *The Morning After: Sexual Politics at the End of the Cold War*, Berkeley, CA: University of California Press.

Esping-Andersen. Gøsta. 1990. *The Three Worlds of Welfare Capitalism*, Cambridge: Polity Press[박형신·정헌주·이종선 옮김, 『복지자본주의의 세 가지 세계』, 일신사, 2006].

Evans, David T. 1993. *Sexual Citizenship: The Material Construction of Sexualities*,

London: Routledge.

Faludi, Susan. 1992. *Backlash: The Undeclared War against American Women*, London: Chatto and Windus.

Fanon, Franz. 1986. *Black Skin, White Masks*(1952), London: Pluto[이석호 옮김, 『검은 피부 하얀 가면』, 인간사랑, 1998].

Feminism and Nonviolence Study Group. 1983. *Piecing It Together: Feminism and Nonviolence*. London: Calvert.

Feminisl Review. 1984. Special issue *Many Voices, One Chant: Black Feminist Perspecllves*, no. 17(Autumn).

Fine, Robert. 1994. "The 'New Nationalism' and Democracy: A Critique of Pro Patria", *Democratization* vol. 1 issue 2 , pp. 423~443.

Fisher, Jo. 1989. *Mothers of the Disappeared*, London: Zed Books.

Focus on Gender. 1994. Special issue *Population and Reproductive Rights*, 2 (2, June), Oxfam.

Forbes Martin, Susan ed. 1992. *Refugee Women*, London: Zed Books.

Foster, Elaine. 1992. "Women and the Inverted Pyramid of the Black Churches in Britain", eds. Gita Sahgal and Nira Yuval-Davis, *Refusing Holy Orders: Women and Fundamentalism in Britain*, London: Verso, pp. 45~68.

Foucault, Michel. 1980a. *Herculine Barbin dite Alexina B*, New York: Colophon.

_____. 1980b. ed. Colin Gordon, *Power/Knowledge: Selected Interviews and other writings 1972~1977*. Brighton: Harvester Wheatsheaf[홍성민 옮김, 『권력과 지식』, 나남, 1991].

Friedman, Jonathan. 1994. *Cultural Identity and Global Process*, London: Sage[오창현·차은정 옮김, 『지구화 시대의 문화정체성』, 당대, 2009].

Fuszara, Malgorzata. 1993. "Abortion and the Formation of the Public Sphere in Poland", eds. K Funk and M. Mueller, *Gender, Politics and Post-Communism*, London: Routledge.

Gaitskell, Deborah and Elaine Unterhalter. 1989. "Mothers of the Nation: A Comparative Analysis of Nation, Race and Motherhood in Afrikaner Nationalism and the African National Congress", eds. Nira Yuval-Davis and Floya Anthias, *Woman-Nation-State*, London: Macmillan.

Gans, Herbert. 1979. "Symbolic Ethnicity: The Future of Ethnic Groups and Cultures in America", *Ethnic and Racial Studies*, vol. 2 no. 1.

Gatens, Moira. 1991. "A Critique of the Sex/Gender Distinction", ed. Sneja Gunew, *A Reader in Feminist Knowledge*, London: Routledge, pp. 139~157.

Geertz, Clifford ed. 1963. *Old Societies and New States: The Quest for Modernity in Asia and Africa*, New York: Free Press.

Geertz, Clifford. 1966. "Religion as a Cultural System", ed. Michael Banton, *Anthropological Approaches to the Study of Religion*, London: Tavistock.

Gellner, Ernest. 1983. *Nations and Nationalism*, Oxford: Basil Blackwell[최한우 옮김, 『민족과 민족주의』, 한반도국제대학원대학교출판부, 2009].

Giddens, Anthony. 1989. *Sociology*, Cambridge: Polity[김미숙 외 옮김, 『현대 사회학』(개정 6

판), 을유문화사, 2011].

Gilbert, Sandra. 1983. "Soldier's Heart: Literary Men, Literary Women and the Great War", *Signs*(Special Issue on Women and Violence), vol. 8 no. 3, pp. 422~450.

Gilligan, Carol. 1982. *In a Different Voice: Psychological Theory and Women's Development*, Cambridge: Havard University Press[허란주 옮김, 『다른 목소리로』, 동녘, 1997].

Gilman, Sander L. 1985. *Difference and Pathology: Stereotypes of Sexuality, Race and Madness*, Ithaca, NY: Cornell University Press.

_____. 1991. *The Jew's Body*, New York: Routledge.

Gilroy, Paul. 1987. *There Ain't No Black in the Union Jack*, London: Hutchinson.

_____. 1994. *The Black Atlantic: Modernity and Double Consciousness*, London: Verso.

_____. 1996. "Revolutionary Conservatism and the Tyrannies of Unanimism", *New Formations* no. 28, pp. 65~84.

Goodale, Jane. 1980. "Gender, Sexuality and Marriage", eds. Carol MacCormack and Marilyn Strathern, *Nature, Culture and Gender*, Cambridge: Cambridge University Press.

Gordon, Linda. 1991. "On Difference", *Genders* no. 10, Spring, pp. 91~111.

Gordon, Paul. 1989. *Citizenship for Some? Race and Government Policy 1979~1989*, London: Runnymede Trust.

Grant, Rebecca. 1991. "The Sources of Gender Bias in International Relations Theory", eds. Rebecca Grant and Kathleen Newland, *Gender and International Relations*, Bloomington: Indiana University Press. pp. 8~26.

Grant, Rebecca and Kathleen Newland eds. 1991. *Gender and International Relations*, Bloomington: Indiana University Press.

Greenfeld, Liah. 1992. *Nationalism: Five Roads to Modernity*, Cambridge: Harvard University Press.

Grewal, Inderpal and Caren Kaplan eds. 1994. *Scattered Hegemonies: Postmodernity and Transnational Feminist Practices*, Minneapolis: University of Minnesota Press.

Gutiérrez, Natividad. 1995. "Miscegenation as Nation Building: Indian and Immigrant Women in Mexico", eds. Daiva Stasiulis and Nira Yuval-Davis, *Unsettling Settler Societies: Articulations of Gender, Race, Ethnicity and Class*, London: Sage.

Habermas, Jürgen. 1992. "Citizenship and National Identity: Some Reflections on the Future of Europe", *Praxis International*, vol. 12 no. 1.

Hall, Catherine. 1994. "Rethinking Imperial Histories: The Reform Act of 1867", *New Left Review* no. 208, pp. 3~29.

Hall, Stuart. 1984. "The State in Question", Gregor McLennan, eds. David Held and Stuart Hall, *The Idea of the Modern State*, Milton Keynes: Open University Press.

_____. 1987. "Minimal Selves", eds. Homi Bhabha et al., *Identity: The Real Me*, ICA Document 6, London: Institute of Contemporary Arts, pp. 44~46.

_____. 1992. "New Ethnicities", eds. James Donald and Ali Rattansi, *'Race', Culture and Difference*, London: Sage.

_____. 1996. "Introduction: Who Needs 'Identity'?", eds. Stuart Hall and Paul du Gay, *Questions of Cultural Identity*, London: Sage.

Hall, Stuart and David Held. 1989. "Citizens and Citizenship", eds. Stuart Hall and Martin Jacques, *New Times: The Changing Face of Politics in the 1990s*, London: Lawrence and Wishart.

Haraway, Donna. 1988. "Situated Knowledge: The Science Question in Feminism and the Privilege of Partial Perspective", *Feminist Studies* vol. 14 no. 3, pp. 575~599.

_____. 1990. *Simians, Cyborgs and Women: The Reinvention of Nature*, London: Free Association Books.

Harding, Sandra. 1986. *The Science Question in Feminism*, Ithaca: Cornell University Press[이재경 옮김, 『페미니즘과 과학』, 이화여자대학교출판부, 2002].

Harris, David. 1987. *Justifying State Welfare: The New Right versus the Old Left*, Oxford: Basil Blackwell.

Hartmann, Betsy. 1987. *Reproductive Rights and Wrongs: The Global Politics of Population Control and Contraceptive Choice*, New York: Harper and Row.

Hartmann, Heidi. 1981. "The Unhappy Marriage of Marxism and Feminism: Towards a More Progressive Union", ed. Lydia Sargent, *Women and Revolution: A Discussion of the Unhappy Marriage of Marxism and Feminism*, London: Pluto.

Hartmann, Heinz. 1995. "Clash of Cultures, When and Where?: Critical Comments on a New Theory of Conflict — And Its Translation into German", *International Sociology* vol. 10 no. 2, pp. 15~25.

Hasan. Manar. 1994. "The Murder of Palestinian Women for Family 'Honour' in Israel", MA dissertation, Gender and Ethnic Studies, University of Greenwich.

Hassan, Riffat. 1991. "The Issue of Women-Men Equality in the Islamic Tradition". eds. Leonard Grob, Riffat Hassan and Hayim Gordon, *Women's and Men's Liberation Testimonies of Spirit*, New York: Greenwood.

Held, David. 1984. "Central Perspectives on the Modern State", eds. Gregor McLennan, David Held and Stuart Hall, *The Idea of the Modern State*, Milton Keynes: Open University Press.

Hélie-Lucas, Marieme. 1987. "The Role of Women during the Algerian Liberation Struggle and After", Paper presented at the conference *Women and the Military System*, Siunto Baths, Finland, January.

_____. 1993. "Women Living under Muslim Laws". ed. Joanna Kerr, *Ours by Rights: Women's Rights as Human Rights*, London: Zed Books.

Heng, Geraldine and Janadas Devan. 1992. "State Fatherhood: The Politics of Nationalism, Sexuality and Race in Singapore", eds. Andrew Parker, Mary Russo, Doris Somner and Patricia Yaeger, *Nationalisms and Sexualities*, New York: Routledge, pp. 343~364.

Hernes, Helga Maria. 1987. "Women and the Welfare State: The Transition from Private to Public Dependence", ed. Anne Showstack Sassoon, *Women and the State: The Shifting Boundaries of Public and Private*, London: Hutchinson, pp. 72~92.

Herrnstein, Richard and Charles A. Murray. 1994. *The Bell Curve: Intelligence and Class*

Structure in American Life, New York: Free Press.

Hill-Collins, Patricia. 1990. *Black Feminist Thought: Knowledge, Consciousness and the Politics of Empowerment*. London: HarperCollins[박미선·주해연 옮김, 『흑인페미니즘 사상』, 여이연, 2009].

Hobsbawm, Eric. 1990. *Nations and Nationalism since 1780: Programme, Myth, Reality*, Cambridge: Cambridge University Press[강명세 옮김, 『1780년 이후의 민족과 민족주의』, 창작과비평사, 1998].

Hobsbawm, Eric and Terence Ranger eds. 1983. *The Invention of Traditions*, Cambridge: Cambridge University Press[박지향 옮김, 『만들어진 전통』, 휴머니스트, 2004].

Hood-Williams, John. 1996. "Goodbye to Sex and Gender", *The Sociological Review* vol. 44 no. 1, pp. 1~16.

hooks, bell. 1981. *Ain't I a Woman: Black Women and Feminism*. London: South End Press.

_____. 1991. *Yearning: Race, Gender and Cultural Politics*, London: Turnaround.

Hutchinson, John and Anthony D. Smith eds. 1994. *Nationalism*, Oxford: Oxford University Press.

Hyman, Anthony. 1985. *Muslim Fundamentalism*, Institute for the Study of Conflict, no. 174.

Ignatieff, Michael. 1993. *Blood and Belonging: Journeys into the New Nationalism*, London: BBC Books/Chatto and Windus.

Jakubowicz, Andrew. 1984. "State and Ethnicity: Multiculturalism as an Ideology", *The Australia and New Zealand Journal of Sociology*, vol. 17 no. 3.

Janowitz, Morris. 1991. *The Professional Soldiers: A Social and Political Portrait*. New York: Free Press.

Jayasuriya, Laksiri. 1990. "Multiculturalism, Citizenship and Welfare: New Directions for the 1990s", Paper presented at the 50th Anniversary Lecture Series, Department of Social Work and Social Policy, University of Sydney.

Jayawardena, Kumari. 1986. *Feminism and Nationalism in the Third World*, London: Zed Books.

_____. 1995. *The White Woman's Other Burden: Western Women and South Asia during British Colonial Rule*, London: Routledge.

Jones, Adam. 1994. "Gender and Ethnic Conflict in ex-Yugoslavia", *Ethnic and Racial Studies* 17(1), pp. 115~129.

Jones, Kathleen. "Citizenship in a Woman-Friendly Polity", *Signs: Journal of Women in Culture and Society* vol. 15 no. 4.

Jordan, Winthrop D. 1974. *The White Man's Burden: Historical Origins of Racism in the United States*, Oxford: Oxford University Press.

Joseph, Suad. 1993. "Gender and Civil Society", *Middle East Report* no. 183, pp. 22~26.

Kandiyoti, Deniz. 1988. "Bargaining with Patriarchy", *Gender and Society* vol. 2 no. 3, pp. 274~290.

_____. 1991a. "Identity and its Discontents: Women and the Nation", *Millennium* vol. 20 no. 3, pp. 429~444.

Kandiyoti, Deniz ed. 1991b. *Women, Islam and the State*. London: Macmillan.

Kazi, Seema. 1993. "Women and Militarization: A Gender Perspective", MA dissertation, ISS, The Hague.

Keane, John ed. 1988. *Civil Society and the State: New European Perspectives*, London: Verso.

Kedourie, Elie. 1993. *Nationalism*(1960). Cambridge: Blackwell.

Kimble, Judith and Elaine Unterhalter. 1982. "We Opened the Road for You, You Must Go forward: ANC Women's Struggles, 1912~1982", *Feminist Review* no. 12, pp. 11~36.

King, Ursula ed. 1995. *Religion and Gender*, Oxford: Blackwell.

Kitching, Gavin. 1985. "Nationalism: The Instrumental Passion", *Capital and Class* vol. 9 no. 1, pp. 98~116.

Knight, Chris. 1991. *Blood Relations: Menstruation and the Origins of Culture*, New Haven: Yale University Press.

Knopfelmacher, Prof. 1984. "Anglomorphism in Australia", *The Age*, Melbourne, 31 March.

Koonz, Claudia. 1986. *Mothers in the Fatherland: Women, the Family and Nazi Politics*. London: Cape.

Kosmarskaya, Natalya. 1995. "Women and Ethnicity in Present-day Russia: Thoughts on a Given Theme", eds. Helma Lutz, Ann Phoenix and Nira Yuval-Davis, *Crossfires: Nationalism, Racism and Gender in Europe*. London: Pluto.

Kosofsky Sedgwick, Eve. 1992. "Nationalisms and Sexualities in the Age of Wilde", eds. Andrew Parker, Mary Russo, Doris Somner and Patricia Yaegger, *Nationalisms and Sexualities*, London: Routledge.

Kristeva, Julia. 1993. *Nations Without Nationalism*, New York: Columbia University Press.

Kymlicka, Will. 1995. *Multicultural Citizenship: A Liberal Theory of Minority Rights*, Oxford: Clarendon Press[황민혁·송경호 옮김, 『다문화주의 시민권』, 동명사, 2010].

Lacan, Jacques. 1982. "The Meaning of the Phallus"(1958). eds. Juliet Mitchell and Jacqueline Rose, *Feminine Sexuality: Jacques Lacan and the école freudienne*, London: Macmillan.

Laqueur, Thomas Walter. 1990. *Making Sex: Body and Ender from the Greeks to Freud*, Cambridge: Harvard University Press.

Laszlo, Ervin ed. 1993. *The Multicultural Planet*, Oxford: Oneworld.

Lavie, Smadar. 1992. "Blow-ups in the Borderzones: 3rd World Israeli Authors' Groping for Home", *New Formations*, special issue on *Hybridity*, no. 18, Winter.

Lavie, Smadar and Ted Swedenburg eds. 1996. *Displacement, Diaspora and Geographies of Identity*, Durham: Duke University Press.

Lechte, John. 1994. "Freedom, Community and Cultural Frontiers", Paper presented to the conference *Citizenship and Cultural Frontiers*, Staffordshire University, Stoke-on-Trent, 16 September.

Lemelle, Sidney and Robin Kelly eds. 1994. *Imagining Home: Class, Culture and Nationalism in the African Diaspora*, London: Verso.

Lenin, Vladimir. 1977. *State and Revolution*(1917), Moscow: Progress[문성원 옮김, 『국가와 혁명』, 돌베개, 1995].

Lentin, Ronit. 1995. "Woman—The Peace Activist Who isn't There: Israeli and Palestinian Women Working for Peace", Paper written for the Irish Peace Institute Research Centre, University of Limerick.

_____. 2000. "Genocide", *Routledge International Encyclopedia of Women: Global Women's Issues and Knowledge*, New York: Routledge.

Leonardo, Micaela di. 1985. "Morals, mothers and Militarism: Antimilitarism and Feminist Theory", *Feminist Studies* vol. 11 no. 3, Autumn, pp. 599~617.

Lévi-Strauss, Claude. 1969. *The Elementary Structures of Kinship*, Boston: Beacon Press.

Lewis, Reina. 1996. *Gendering Orientalism: Race, Femininity and Representation*, London: Routledge.

Lister, Ruth. 1990. *The Exclusive Society: Citizenship and the Poor*, London: Child Poverty Action Group.

Lloyd, Cathie. 1994. "Universalism and Difference: The Crisis of Anti-racism in the UK and France", eds. Ali Rattansi and Sallie Westwood, *Racism, Modernity and Difference: On the Western Front*. Cambridge: Polity.

Lowenhaupt Tsing, Anna. 1993. *In the Realm of the Diamond Queen: Marginality in an Out-of-the-way Place*, Princeton: Princeton University Press.

Luckmann, Thomas. 1967. *The Invisible Religion: The Problem of Religion in Modern Society*, London: Macmillan[이원규 옮김, 『보이지 않는 종교』, 기독교문사, 1982].

Lutz, Helma. 1991. "The Myth of the 'Other': Western Representation and Images of Migrant Women of So-called 'Islamic Background'", *International Review of Sociology*, New Series no. 2, April, pp. 121~138.

Macdonald, Sharon, Pat Holden and Shirley Ardener eds. 1987. *Images of Women in Peace and War: Cross-cultural and Historical Perspectives*, London: Macmillan.

McTighe Musil, Caryn. 1990. "Preface", eds. Lisa Albrecht and Rose M. Brewer, *Bridges of Power: Women's Multicultural Alliances*, Philadelphia: New Society Publishers.

Maitland, Sara. 1992. "Biblicism, A Radical Rhetoric?", eds. Gita Sahgal and Nira Yuval-Davis. *Refusing Holy Orders: Women and Fundamentalism in Britain*, London: Verso. pp. 26~44.

Makhlouf Obermeyer, Carla. 1994. "Reproductive Choice in Islam: Gender and the State in Iran and Tunisia", eds. Women Living Under Muslim Laws, *Women's Reproductive Rights in Muslim Communities and Countries: Issues and Resources*, Dossier prepared for the NGO Forum, UN conference *Population and Development Policies*, Cairo.

Mangan, James Anthony ed. 1996. *Tribal Identities: Nationalism, Europe, Sport*, London: Frank Cass.

Mani, Lata. 1989. "Contentious Traditions: The Debate on Sati in Colonial India", Kumkum Sangari and Sudesh Vaid eds, *Recasting Women: Essays in Colonial*

History, New Delhi: Kali for Women.

Marsden, George. 1980. *Fundamentalism and American Culture*, Oxford: Oxford University Press.

Marshall, Thomas H. 1950. *Citizenship and Social Class*, Cambridge: Cambridge University Press.

_____. 1975. *Social Policy in the Twentieth Century*(1965), London: Hutchinson.

_____. 1981. *The Right to Welfare and Other Essays*, London: Heinemann.

Martin, Denis-Constant. 1995. "The Choices of Identity", *Social Identities* vol. 1 issue 1, pp. 5~16.

Martin, Jeannie. 1991. "Multiculturalism and Feminism", Gillian Bottomley, Marie de Lepervanche and Jeannie Martin, *Intersexions*, Sydney: Allen and Unwin.

Marx, Karl. 1975. "On the Jewish Question"(1843), *Early Writings*, Harmondsworth: Penguin, pp. 211~242.

Massey, Doreen. 1994. *Space, Place and Gender*, Cambridge: Polity.

Meaney, Geraldine. 1993. "Sex and Nation: Women in Irish Culture and Politics", ed. Ailbhe Smyth, *Irish Women's Studies Reader*, Dublin: Attic Press, pp. 230~244.

Meekosha, Helen and Leanne Dowse. 1996. "Enabling Citizenship: Gender, Disability and Citizenship", Paper presented at the conference *Women, Citizenship and Difference*, University of Greenwich, July.

Melucci, Alberto. 1989. *Nomads of the Present: Social Movements and Individual Needs in Contemporary Society*, London: Verso.

Mercer, Kobena. 1990. "Welcome to the Jungle: Identity and Diversity in Postmodern Politics", ed. Jonathan Rutherford, *Identity: Community, Culture, Difference*, London: Lawrence and Wishart.

Meyer, John W. 1980. "The World Polity and the Authority of the Nation-State", ed. Albert Bergesen, *Studies of the Modern World-System*, New York: Academic Press.

Meznaric, Silva. 1995. "The Discourse of Endangered Nation: Ethnicity, Gender and Reproductive Policies in Croatia", Paper presented at the ESRC seminar series, *Gender, Class and ethnicity in Post Communist States*, organized by Maxine Molineux, University of London.

Minh-ha, Trinh T. 1989. *Woman, Native, Other: Writing Postcoloniality and Feminism*, Bloomington: Indiana University Press.

Modood, Tariq. 1988. "'Black': Racial Equality and Asian Identity", *New Community* vol. 14 no. 3.

_____. 1994. "Political Blackness and British Asians", *Sociology* vol. 28, no. 4, November, pp. 859~876.

Moghadam, Valentine. 1994. *Gender and National Identity: Women and Politics in Muslim Societies*, London: Zed Books.

_____. 2000. "Revolution", *Routledge International Encyclopedia of Women: Global Women's Issues and Knowledge*, New York: Routledge.

Mohanty, Chandra Talpade. 1991. "Under Western Eyes: Feminist Scholarship and Colonial Discourses", eds. Chandra Talpade Mohanty, Ann Russo and Lourdes

Torres, *Third World Women and the Politics of Feminism*, Bloomington: Indiana University Press.

Mohanty, Chandra Talpade, Ann Russo and Lourdes Torres eds. 1991. *Third World Women and the Politics of Feminism*, Bloomington: Indiana University Press.

Molyneux, Maxine. 1994. "Women's Rights and the International Context: Some Reflections on the Post-communist States", *Millennium* vol. 23 no. 2, pp. 287~314.

Moore, Henrietta. 1988. *Feminism and Anthropology*, Oxford: Polity.

Morgan, Robin. 1989. *The Demon Lover: On the Sexuality of Terrorism*, London: Methuen.

Morris, Lydia. 1994. *Dangerous Classes: The Underclass and Social Citizenship*, London: Routledge.

Mosse, George L. 1985. *Nationalism and Sexuality: Middle-Class Morality and Sexual Norms in Modern Europe*, Madison: University of Wisconsin Press[서강여성문학연구회 옮김, 『내셔널리즘과 섹슈얼리티』, 소명, 2004].

Mouffe, Chantal. 1993. "Liberal Socialism and Pluralism: Which Citizenship?", ed. Judith Squires, *Principled Positions: Postmodernism and the Rediscovery of Value*, London: Lawrence and Wishart.

Mullard, Chris. 1980. *Racism in Society and Schools: History, Policy and Practice*, London: Institute of Education, University of London.

Nairn, Tom. 1977. *The Break-up of Britain: Crisis and Neo-nationalism*, London: Verso.

Najmabadi, Afsaneh. 1995. "Feminisms in an Islamic Republic: 'Years of Hardship, Years of Growth'", Paper presented at the School of Oriental and African Studies, University of London.

Nandy, Ashis. 1983. *The Intimate Enemy: Loss and Recovery of Self under Colonialism*, Oxford: Oxford University Press.

National Peace Council. 1995. "Peace Action in Russia and Chechnya"(leaflet). London: NPC.

Nederveen Pieterse, Jan. 1994. "Globalization as Hybridization", Working papers series no. 152, Institute of Social Studies, The Hague.

Neuberger, Benyamin. 1986. *National Self-Determination in Post-Colonial Africa*, Boulder: Lynne Rienner.

Nicholson, Linda J. ed. 1990. *Feminism/Postmodernism*. London: Routledge.

Nimni, Ephraim. 1991. *Marxism and Nationalism*, London: Pluto.

_____. 1996. "The Limits to Liberal Democracy", Unpublished paper given at the departmental seminar of the Sociology Subject Groups at the University of Greenwich, London.

Oakley, Ann. 1985. *Sex, Gender and Society* (1972). London: Temple Smith.

Oakley, Ann and Juliet Mitchell eds. 1997. *Who's Afraid of Feminism?: Seeing through the Backlash*, Harmondsworth: Penguin.

O'Connor, Julia S. 1993. "Gender, Class and Citizenship in the Comparative Analysis of Welfare State Regimes: Theoretical and Methodological Issues", *British Journal of Sociology* vol. 44 no. 3, pp. 501~518.

Office of Multi-Cultural Affairs. 1989. *National Agenda for a Multicultural Australia*, Canberra: Australian Government Printing Service.

Oldfield, Adrian. 1990. *Citizenship and Community: Civic Republicanism and the Modern World*, London: Routledge.

Oliver, Michael. 1995. *Understanding Disability: From Theory to Practice*, Basingstoke: Macmillan.

Orloff, Ann Shola. 1993. "Gender and the Social Rights of Citizenship: The Comparative Analysis of Gender Relations and Welfare States", *American Sociological Review* vol. 58 no. 3, June, pp. 303~328.

Ortner, Sherry. 1974. "Is Female to Male as Nature is to Culture?", eds. Michelle Rosaldo and Louise Lamphere, *Women, Culture and Society*, Stanford, CA: Stanford University Press.

Parekh, Bhikhu. 1990. "The Rushdie Affair and the British Press: Some Salutary Lessons", in Free Speech, Report of a Seminar by the CRE, London.

Parker, Andrew, Mary Russo, Doris Sommer and Patricia Yaeger eds. 1992. *Nationalisms and Sexualities*, New York: Routledge.

Pateman, Carole. 1988. *The Sexual Contract*, Cambridge: Polity[이충훈 · 유영근 옮김, 『남과 여, 은폐된 성적 계약』, 이후, 2001].

Pateman, Carole. 1989. *The Disorder of Women*, Cambridge: Polity.

Peled, Alon. 1994. "Force, Ideology and Contract: The History of Ethnic Conscription", *Ethnic and Racial Studies* vol. 17 no. 1, pp. 61~78.

Peled, Yoav. 1992. "Ethnic Democracy and the Legal Construction of Citizenship: Arab Citizens of the Jewish State", *The American Political Science Review* vol. 86 no. 2, pp. 432~443.

Petchesky, Rosalind and Jennifer Weiner. 1990. *Global Feminist Perspectives on Reproductive Rights and Reproductive Health*, Conference Report, Hunter College, New York.

Peterson, V. Spike. ed. 1992. *Gendered States: Feminist (Re)Visions of International Relations Theory*. Boulder, Colo: Lynne Rienner.

Petrova, Dimitrina. 1993. "The Winding Road to Emancipation in Bulgaria", eds. Nanette Funk and Magda Mueller, *Gender Politics and Post-Communism: Reflections from Eastern Europe and the Former Soviet Union*, London: Routledge.

Pettman, Jan Jindi. 1992. *Living in the Margins: Racism, Sexism and Feminism in Australia*. Sydney: Allen and Unwin.

_____. 1995. "Race, Ethnicily and Gender in Australia", eds. Daiva Stasiulis and Nira Yuval-Davis, *Unsettling Settler Societies*, London: Sage.

_____. 1996. *Worlding Women: A Feminist International Politics*, London: Routledge.

Pheterson, Gail. 1990. "Alliances between Women: Overcoming Internalized Oppression and Internalized Domination", eds. Lisa Albrecht and Rose Brewer, *Bridges of Power: Women's Multicultural Alliances*, Philadelphia: New Society Publishers.

Phillips, Anne. 1993. *Democracy and Difference*, Cambridge: Polity.

Phillips, Derek. 1993. *Communitarian Thought*. Princeton, NJ: Princeton University Press.

Phillips, Melanie. 1990. "Citizenship Sham in Our Secret Society", *The Guardian* vol. 14, September.

Portuguese, Jacqueline. 1996. "The Gendered Politics of Fertility Policies in Israel", Unpublished Ph.D dissertation draft, University of Exeter.

Ramazanoglu, Caroline. 1989. *Feminism and the Contradictions of Oppression*, London: Routledge.

Rattansi, Ali. 1992. "Changing the Subject? Racism, Culture and Education", eds. James Donald and Ali Rattansi, *'Race', Culture, Difference*, London: Sage.

_____. 1994. "'Western' Racisms, Ethnicities and Identities in a 'Postmodern' Frame", eds. Ali Rattansi and Sally Westwood, *Racism, Modernity and Identity: On the Western Front*, Cambridge: Polity, pp. 15~86.

Rätzel, Nora. 1994. "Harmonious 'Heimat' and Disturbing 'Auslander'", ed. K. Bhavnani and A. Phoenix, *Shifting Identities, Shifting Racisms*, special issue *Feminism and Psychology* vol. 4 no. 1, pp. 81~98.

Raymond, Janice G. 1993. *Women as Wombs: Reproductive Technologies and the Battle over Women's Freedom*, San Francisco: Harper.

Rex, John. 1995. "Ethnic Identity and the Nation State: The Political Sociology of Multi-cultural Societies", *Social Identities* vol. 1 no. 1, pp. 21~34.

Riley, Denise. 1981a. "'The Free Mothers': Pronatalism and Working Women in Industry at the End of the Last War in Britain", *History Workshop Journal* vol. 11 issue 1, pp. 59~119.

_____. 1981b. "Feminist Thought and Reproductive Control: The State and the 'Right to Choose'", ed. Cambridge Women's Studies Group, *Women in Society: Interdisciplinary Essays*, London: Virago.

_____. 1987. "Does a Sex Have a History? 'Women' and Feminism", *New Formations* no. 1, Spring.

Robertson, Roland. 1992. *Globalization: Social Theory and Global Culture*, London: Sage.

Roche, Maurice. 1987. "Citizenship, Social Theory and Social Change", *Theory and Society* vol. 16 no. 3, pp. 363~399.

Rosaldo, Renato. 1991. "Re-imagining National Communities", Paper presented at the Symposium *Colonial Discourses: Postcolonial Theory*, University of Essex, 7~10 July.

Roseneil, Sasha. 1995. *Disarming Patriarchy: Feminism and Political Action at Greenham*, Buckingham: Open University Press.

Rowbotham, Sheila. 1973. *Hidden from History*, London: Pluto.

_____. 1992. *Women in Movement: Feminism and Social Action*, London: Routledge.

Rozario, Santi. 1991. "Ethno-religious Communities and Gender Divisions in Bangladesh: Women as Boundary Markers", eds. Gillian Bottomley, Marie de

Lepervanche and Jeannie Martin, *Intersexions: Gender, Class, Culture, Ethnicity*, Sydney: Allen and Unwin.

Rubin, Gayle. 1975. "The Traffic in Women: Notes on the 'Political Economy' of Sex", ed. Rayner Rapp-Reiter, *Toward an Anthropology of Women*, New York: Monthly Review Press.

Ruddick, Sara. 1983. "Pacifying the Forces: Drafting Women in the Interests of Peace", *Signs* vol. 8 no. 3, pp. 490~531.

_____. 1989. *Maternal Thinking: Towards a Politics of Peace*, London: The Women's Press[이혜정 옮김, 『모성적 사유』, 철학과현실사, 2002].

Sahgal, Gita. 1992. "Secular Spaces: The Experience of Asian Women Organizing", eds. Gita Sahgal and Nira Yuval-Davis, *Refusing Holy Orders: Women and Fundamentalism in Britain*, London: Virago.

Sahgal, Gita and Nira Yuval-Davis eds. 1992. *Refusing Holy Orders: Women and Fundamentalism in Britain*, London: Virago.

Said, Edward. 1978. *Orientalism*, London: Routledge[박홍규 옮김, 『오리엔탈리즘』, 교보문고, 2007].

Sandel, Michael. 1982. *Liberalism and the Limits of Justice*, Cambridge: Cambridge University Press[이양수 옮김, 『정의의 한계』, 멜론, 2012].

Sartre, Jean-Paul. 1948. *Anti-Semite and Jew*, New York: Schocken.

Scales-Trent, Judy. 1995. *Notes of a White Black Woman: Race, Colour and Community*, Pennsylvania University Press.

Schierup, Carl-Ulrik. 1995. "Multiculturalism and Universalism in the USA and EU Europe", Paper for the workshop *Nationalism and Ethnicity*, Berne, March.

Schlesinger, Arthur. 1992. *The Disuniting of America: Reflections on a Multicultural Society*, New York: Norton.

Schlesinger, Philip. 1987. "On National Identity: Some Conceptions and Misconceptions Criticized", *Social Science Information* vol. 26 no. 2.

Schutz, Alfred. 1976. "The Stranger: An Essay in Social Psychology"(1944), Alfred Schutz, *Studies in Social Theory*, ed. Arvid Brodersen, Collected Papers II, The Hague: Martinus Nijhoff, pp. 91~106.

Seifert, Ruth. 1995. "Destructive Constructions: The Military, the Nation and Gender Dualism", ed. Erika Haas, *Verwirrung der Geschlechter : Dekonstruktion und Feminismus*, München: Profil Verlag.

Shahak, Israël. 1994. *Jewish History, Jewish Religion: The Weight of 3000 Years*, London: Pluto.

Shanin, Theodor. 1986. "Soviet Concepts of Ethnicity: The Case of the Missing Term", *New Left Review* no. 158, pp. 113~122.

Shils, Edward. 1957. "Primordial, Personal, Sacred and Civil Ties", *British Journal of Sociology* vol. 8 no. 2, pp. 113~145.

Showstack Sassoon, Anne ed. 1987. *Women and the State: the Shifting Boundaries of Public and Private*, London: Hutchinson.

Sibony, Daniel. 1974. *Le nom et le corps*, Paris: University of Paris Press.

_____. 1983. *La juive, une transmission d'inconscient*, Paris: University of Paris Press.

Signs. 1983. Special issue *Women and Violence* vol. 8 no. 3.

Simmel, George. 1950. "The Stranger", ed. Kurt H. Wolff , *The Sociology of George Simmel*, New York: Free Press of Glencoe, pp. 402~409.

Smith, Anthony. 1971. *Theories of Nationalism*, London: Duckworth.

_____. 1986. *The Ethnic Origins of Nations*, Oxford: Basil Blackwell.

_____. 1995. *Nations and Nationalism in a Global Era*, Cambridge: Polity[이재석 옮김,『세계화 시대의 민족과 민족주의』, 남지, 1997].

Snyder, Louis. 1968. *The New Nationalism*, Ithaca, NY: Cornell University Press.

Sociology. 1989. Special issue *Patriarchy*, 23(2).

Southall Black Sisters. 1990. *Against the Grain: A Celebration of Survival and Struggle*, London: SBS.

Soysal, Yasemin. 1994. *Limits of Citizenship: Migrants and Postnational Membership in Europe*, Chicago: University of Chicago Press.

Spelman, Elizabeth. 1988. *Inessential Woman: Problems of Exclusion in Feminist Thought*, London: The Women's Press.

Spivak, Gayatri Chakravorty. 1991. "Reflections on Cultural Studies in the Post-colonial Conjuncture", *Critical Studies*, special issue *Cultural Studies Crossing Borders*, vol. 3 no. 1, pp. 63~78.

_____. 1993. *Outside in the Teaching Machine*, London: Routledge[태혜숙 옮김,『교육기계 안의 바깥에서: 초국가적 문화연구와 탈식민 교육』, 갈무리, 2006].

Saifulah Khan, Verity ed. 1979. *Minority Families in Britain: Support and Stress*, London: Macmillan.

Stalin, Joseph. 1972. *The National Question and Leninism*(1929), Calcutta: Mass Publications.

Stasiulis, Daiva and Nira Yuval-Davis eds. 1995. *Unsettling Settler Societies: Articulations of Gender, Race, Ethnicity and Class*, London: Sage.

Stiehm, Judith Hicks. 1989. *Arms and the Enlisted Woman*, Philadelphia: Temple University Press.

Stolcke, Verena. 1987. "The 'Nature' of Nationality", Paper presented at the conference *Women and the State*, Wissenschaftsinstitut, Berlin.

_____. 1995. "Talking Culture: New Boundaries, New Rhetorics of Exclusion in Europe", *Current Anthropology* vol. 36 no. 1, pp. 1~23.

Strathern, Marilyn. 1996a. "Enabling Identity? Biology, Choice and the New Reproductive Technologies", eds. Stuart Hall and Paul du Gay, *Questions of Cultural Identity*, London: Sage, pp. 37~52.

_____. 1996b. "Kinship Knowledge", Paper presented at the international symposium *Governing Medically Assisted Human Reproduction*, University of Toronto, February.

Tabet, Paola. 1996. "Natural Fertility, Forced Reproduction", eds. Diana Leonard and Lisa Adkins, *Sex in Question: French Materialist Feminism*, London: Taylor and

Francis.

Tajfel. Henri. 1965. "Some Psychological Aspects of the Colour Problem", ed. Richard Hooper, *Colour in Britain*, London: BBC.

Thornton Dill, Bonnie. 1988. "The Dialectics of Black Womanhood", ed. Sandra Harding, *Feminism and Methodology*, Bloomington: Indiana University Press.

Tillich, Paul. 1957. *Dynamics of Faith*, New York: Harper and Row[최규택 옮김, 『믿음의 역동성』, 그루터기하우스, 2005].

Tsagarousianou, Roza. 1995. "'God, Patria and Home': 'Reproductive Politics' and Nationalist (Re)definitions of Women in East/Central Europe", *Social Identities* vol. 1 no. 2, pp. 283~313.

Turner, Bryan. 1990. "Outline of a Theory on Citizenship", *Sociology* vol. 24 no. 2, pp. 189~218.

_____. 1994. *Orientalism, Postmodernism and Globalism*, London: Routledge.

Urdang, Stephanie. 1989. *And Still They Dance: Women, War, and the Struggle for Change in Mozambique*, New York: Monthly Review Press.

Van den Berghe, Pierre. 1981. *The Ethnic Phenomenon*, New York: Elsevier.

Vargas, Virginia. 1995. "Women's Movement in Peru: Rebellion into Action", ed. Saskia Wieringa, *Subversive Women: Women's Movements in Africa, Asia, Latin America, and the Caribbean*, London: Zed Books.

Vogel, Ursula. 1989. "Is Citizenship Gender Specific?", Paper presentcd at PSA Annual Conference, April.

Voronina, Olga A. 1994. "Soviet Women and Politics: On the Brink of Change", eds. Barbara J. Nelson and N. Chowdhury, *Women and Politics Worldwide*, New Haven: Yale University Press, pp. 722~736.

Walby, Sylvia. 1990. *Theorizing Patriarchy*, Oxford: Blackwell[유희정 옮김, 『가부장제 이론』, 이화여자대학교출판부, 1996].

_____. 1994. "Is Citizenship Gendered?", *Sociology* vol. 28 no. 2, pp. 379~395.

Walker, Martin. 1993. "Sisters Take the Wraps Off the Brothers", *The Guardian* vol. 6, May.

Wallerstein, Immanuel. 1974. *The Modern World-system: Capitalist Agriculture and the Origins of the European World-economy in the 16th Century*, New York: Academic Press[김명환 외 옮김, 『근대세계체제』 1, 까치글방, 1999].

_____. 1980. *The Modern World-system II: Mercantilism and the Consolidation of the European World-economy 1600~1750*, New York: Academic Press[유재건 외 옮김, 『근대세계체제』 2, 까치글방, 1999].

_____. 1989. *The Modern World System III: The Second Era of Great Expansion of the Capitalist World Economy, 1730~1840s*, New York: Cambridge University Press[이동기 외 옮김, 『근대세계체제』 3, 까치글방, 1999].

Warring, Annette Elisabeth. 1996. "National Bodies: Collaboration and Resistance in a Gender Perspective", Paper presented at the session *Women and War* at the conference *European Social Science History*, the Netherlands, May.

Weed, Elizabeth. 1989. *Coming to Terms: Feminism, Theory, Politics*, London:

Routledge.

Werbner, Pnina and Nira Yuval-Davis eds. 1988. *Women, Citizenship and Difference*, London: Zed Books.

Wexler, Philip. 1990. "Citizenship in a Semiotic Society", ed. Bryan Turner, *Theories of Modernity and Postmodernity*, London: Sage.

WGNRR. 1991. Women's Global Network for Reproductive Rights, *Newsletter* no. 35, April-June.

Wheelwright, Julie. 1991. "Women at War", *The Guardian* vol. 24, January.

Wieringa, Saskia ed. 1995. *Subversive Women: Women's Movements in Africa, Asia, Latin America and the Caribbean*, London: Zed Books.

Wieviorka, Michel. 1994. "Racism in Europe: Unity and Diversity", eds. Ali Rattansi and Sallie Westwood, *Racism, Modernity and Identity: On the Western Front*, Cambridge: Polity.

Williams, Raymond. 1983. *Keywords*, London: Fontana[김성기·유리 옮김, 『키워드』, 민음사, 2010].

Wilson, William Julius. 1987. *The Truly Disadvantaged: The Inner City, the Underclass, and Public Policy*, Chicago: University of Chicago Press.

WING. 1985. *Worlds Apart: Women under Immigration and Nationality Laws*, Women, Immigration and Nationality Group, London: Pluto.

Wobbe, Theresa. 1995. "The Boundaries of Community: Gender Relations and Racial Violence", eds. Helma Lutz, Ann Phoenix and Nira Yuval-Davis, *Crossfires: Nationalism, Racism and Gender in Europe*, London: Pluto.

Woollacott, Angela. 1993. "Sisters and Brothers in Arms: Family, Class and Gendering in World War I Britain", eds. Miriam Cooke and Angela Woollacott, *Gendering War Talk*, Princeton, NJ: Princeton University Press.

WREI. 1992. *Women in the Military: International Perspectives*, Women's Research and Education Institute, Proceedings of the conference, Washington, DC, 30 April.

Yeatman, Anna. 1992. "Minorities and the Politics of Difference", *Political Theory Newsletter*, 4(1), I~II.

Young, Iris Marion. 1989. "Polity and Group Difference: A Critique of the Ideal of Universal Citizenship", *Ethics* vol. 99 no. 2.

Yuval-Davis, Nira. 1980. "The Bearers of the Collective: Women and Religious Legislation in Israel", *Feminist Review* no. 4, pp. 15~27.

_____. 1984. "Anti-semitism, Anti-zionism and the Struggle Against Racism", *Spare Rib*, April.

_____. 1985. "Front and Rear: The Sexual Division of Labour in the Israeli Army", *Feminist Studies* vol. 11 no. 3, pp. 649~676.

_____. 1987a. "Marxism and Jewish Nationalism", *History Workshop Journal* no. 24, Autumn.

_____. 1987b. "The Jewish Collectivity and National Reproduction in Israel", ed. Khamsin, *Women in the Middle East*, London: Zed Books.

_____. 1989. "National Reproduction and the 'Demographic Race' in Israel". eds.

Nira Yuval-Davis and Floya Anthias, *Woman-Nation-State*, London: Macmillan, pp. 92~109.

_____. 1991a. "The Gendered Gulf War: Women's Citizenship and Modern Warfare", eds. Haim Bresheeth and Nira Yuval-Davis, *The Gulf War and the New World Order*, London: Zed Books.

_____. 1991b. "The Citizenship Debate: Women, Ethnic Processes and the State", *Feminist Review* no. 39, pp. 58~68.

_____. 1991c. "Anglomorphism and the Construction of Ethnic and Racial Divisions in Australia and Britain", ed. Richard Nile, *Immigration and the Politics of Ethnicity and Race in Australia and Britain*, Canberra: Bureau of Immigration.

_____. 1992a. "Jewish Fundamentalism and Women's Empowerment", eds. Gita Sahgal and Nira Yuval-Davis, *Refusing Holy Orders: Women and Fundamentalism in Britain*, London: Virago, pp. 198~226.

_____. 1992b. "Fundamentalism, Multiculturalism and Women in Britain", eds. James Donald and Ali Rattansi, *'Race', Culture and Difference*, London: Sage.

_____. 1993. "Gender and Nation", *Ethnic and Racial Studies* vol. 16 no. 4, pp. 621~632.

_____. 1994a. "Identity Politics and Women's Ethnicity", ed. Valentine M. Moghadam, *Identity Politics and Women*, Boulder, CO: Westview Press.

_____. 1994b. "Women, Ethnicity and Empowerment", eds. K. Bhavnani and A. Phoenix, *Shifting Identities, Shifting Racisms*, special issue of *Feminism and Psychology* vol. 4 no. 1, pp. 179~198.

Yuval-Davis, Nira and Floya Anthias eds. 1989. *Woman-Nation-State*, London: Macmillan.

Zajović Staša ed. 1994. *Women for Peace*, Beograd: Women In Black.

Zerai, Worku. 1994. "Women in the Eritrean Military", Unpublished project for a course *Gender and Nation*, Institute of Social Studies, The Hague.

Zubaida, Sami. 1989. "Nations: Old and New", Comments on Anthony D. Smith's "The Myth of the 'Modern Nation' and the Myths of Nations", Paper presented at the *Anthropology Seminar Series*, University College, London.

횡단의 정치: 하나 되기? 이웃하기!

"담장이 좋아야 좋은 이웃이 된다(Good fences make good neighbors)."

— 「담장 고치기」, 로버트 프로스트

봄이 되면 담장을 싫어하는 무엇인가가 있어 담장을 밀어내려 한다. 담장에 금이 가고 틈이 생겼다. 담장을 고치기로 한다. 이웃에서 그러자고 해서다. 담장이 좋으면 좋은 이웃이 된다는, 아버지께 들어 왔던 속담은 전통이 되고 습관이 된 듯하다. 그런데 내 생각은 다르다. 내가 소를 키우고 옆집이 옥수수 밭이라면 우리소가 넘어가 이웃의 옥수수 농사를 쑥대밭으로 만들어 놓지 않게 담장을 쌓아야할 것이지만, 이웃은 솔밭이고 나는 사과나무 과수원인데 담을 쌓아 뭐하나 싶다. 그래도 이웃은 담장을 좋게 만들어야 좋은 이웃이 된다고 한다. 나는 이웃과 언덕위에서 만나 나란히 걸었다. 이웃은 담장을 고쳐야 한다고 한다. 좋은 이웃이 되려면 좋은 담장이 필요하단다.

프로스트의 「담장 고치기」라는 시의 대략적인 내용이다. 화자의 담장에 전제된 것이 몇 가지 있다. 첫째는 담장의 상징성과 담장이 처한 실제의 차이이다. 담장이 실재하는 땅과 계절의 힘은 담장을 밀어내고 균열과 틈을 만들며 담장의 기능과 존재를 무의미하게 한다. 또한 이웃과 잘 지내기위해서는 담을 잘 쌓아야 한다는 규범은 경계의 물리적 표시 또는 기호로서의 담장을 원하는 이웃에게는 당연히 해야 할 과제이지만, 담장의 필요성에 문제제기하는 화자에게는 이웃과 함께 하는 돌덩이 쌓아 올리기 놀이로 구사되면서, 명료하게 대조를 이룬다. 둘째, 담장은 어느 한쪽의 것이 아니며 담장을 쌓으려면 담장의 이쪽과 저쪽의 합의와 실천이 필요하다. 화자는 담장의 존재에 대한 생각과 태도가 이웃과 다르기 때문에, 자신의 생각대로 할 것인지 아니면 이웃의 요구를 따를 것인지에 대한 자신의 입장을 명확히 밝혀야 자신과 자신의 사과 과수원의 존재를 분명히 정의할 수 있다. 셋째로 화자와 이웃이 만난 언덕은 아마 어느 쪽에도 속하지 않은 둘 사이의 경계일 것이다. 이 언덕에는 담이 없는 것 같다. 둘이 나란히 걸을 수 있으니. 즉, 서로의 영역을 침범하지 않고 만나 협상할 수 있는 일종의 비무장지대인 셈이다.

경계를 밀쳐 내려는 힘이 경계에 균열을 가져오고, 구태여 이쪽과 저쪽의 넘나듦을 막을 이유가 딱히 없음에도 이웃의 담장 수선 요구가 있다면, 그리고 이웃과 '이웃하여' 계속 살고자 한다면, '나'는 담장 수선을 고려해야 한다. 나의 사과 과수원의 자리가 그의 솔숲의 자리와 이웃한 이상 '담장'에 대한 이야기는 계속 오갈 것이고 어떻게든 협상이 진행될 것이기 때문이다. 협상은 이쪽 송아지가 저쪽 옥수수를 뭉개 놓거나 저쪽 솔밭에 이쪽의 사과를 심는 행위와는 다르다. 두 영역의 통합이나 어느 한쪽의 파괴 또는 지배를 전제로 하지 않는다. 담장에 대한 언어의 횡단이 계속되는 한 담장의 이쪽과 저쪽은 이웃이다. 선한 이웃이든 나쁜 이웃이든.

유발-데이비스가 이 책을 마무리하면서 '횡단의 정치'를 제안하고 경계의 문제를 다루는 동안, 나는 담장 고치기에 대한 협상이 오고 간 이 언덕을 떠올렸다. 여럿을 하나로 만들기 위한 노력들이 있어 왔다. 또는 여럿의 '나'가 하나의 '우리'가 되려는 노력들. 화합, 통일, 사랑, 점령, 확장……. 하지만 하나가 되고 우리가 되기 위해 경계를 허문다거나 지우고 초월한다는 것은 현실에서 '너'의 삭제, 혹은 살인, 폭력, 무지, 맹목, 지배의 실천을 수반하는 퍼포먼스이거나 일종의 판타지일지 모른다. '우리'가 행복하면 '나' 또한 행복한가?

또 한편으로 '나' 혼자는 존재 자체가 불가능하다. 내가 살고 있는 이 세상엔 다른 누군가가 '나'로 살고 있다. 각자 나'만'의 섬에 살고 있는 것 같지만, 사실 나는 누군가의 섬에 침입한 제국주의자 로빈슨일지도 모른다. 그 누군가는 섬에 어떤 권한을 갖고 있는가? 그 누군가 역시 섬을 자기만의 것이라 주장할 근거가 필요하다. 섬이 둘 모두의 삶의 터전이라면, 선주민과 로빈슨은 공존을 위한 협상이 필요하다. 물론 공존이 목표가 아니라면 둘 사이에는 협상 아닌 방법도 있다.

"모든 정체성은 차이와 교차하며 구성된다."—스튜어트 홀

국가 혹은 민족의 수준에서든 개인의 수준에서든, 근대화 과정이 '나'를 세우고 힘을 갖춰 독립된 주체로 세상에 자신의 자리를 확보하려면, 주체의 발전단계가 근대를 넘었든 아직 전근대에 머물고 있든 근대 이후 주체는 여러 다른 주체들이 공존하는 공간에서 자신의 자리를 확인하고 타자와 갈등하거나 연대하며 세력화를 모색해야 한다. 하나의 사안에 나와 똑같은 입장과 의견으로 접근하는 다른 '나'는 없다. 있다 해도 사안에 대한 권력관계와 배분의 문제를 '나'의 위치에서 결정하지 않으려 할 수도 있다. 근대 이후를 사는 주체의 정체성이란 특정 집단체의 본질, 총체, 또는 보편성으로 설명되거나, 자기만의 세계를 고집하는 유아론적 사유로 재현되지 않는다. 오히려 주체는 담론을 통해 타자와의 경계를 구성하고 관계의 역학을 작동시킴으로써 주체의 정체성을 드러내는 듯하다. 현실에서 페미니즘의 주장과 실천이 자리 잡는 형편 역시 여성만의 본질적이고 근본적인 능력의

강조도 억압의 비판도 아닌 남성 대 여성 또는 다양한 범주, 상이한 위치의 여성 주체들 간의 관계와 긴장을 안고 있으며, 이러한 차이와 경계를 명료히 구성하는 담론을 통해 페미니즘 운동은 힘을 지닐 수 있을 것이다.

페미니즘은 모든 차이를 초월한 인류의 보편적 평등을 보장하거나 아니면 페미니즘에 반발하는 모든 담론에 맞서 자신의 세력화를 모색할 수 있는가? 강의실의 페미니즘은 강의실 복도를 나서기 전, 이미 강의와 토론으로 이어지는 수업이라는 현실 담론에서부터 '할 수 있다'는 환상이 깨지기 시작한다. 엠티나 봉사활동에서의 역할 분담이나 생리공결 제도의 특혜 여부에서부터 교내 성희롱, 추행, 폭행의 문제까지 학교 안팎의 여러 이슈들이 예로 나오면 좀처럼 결론이 나지 않는다. 한국의 젊은 남자사람들에게 가장 첨예한 젠더 문제는 병역이다. 한국사회에서 남자들에게만 주어지는 병역은 의무인가 특혜인가? 그렇다면 여성학사장교 제도는? 군대를 자원 봉사활동의 장 정도로 여기고 토론을 시작할 수는 없다. 군대는 전쟁을 전제로 하고 있으며 전쟁에 대한 입장을 분명히 하지 않고서는 병역의 문제를 논할 수 없기 때문이다. 따라서 토론은 남학생 대 여학생의 성대결로만 나타나지 않는다. 병역의 의무에 대해 상이한 입장과 조건, 경험을 가진 다양한 학생들에게 강의실의 담론은 책에 실린 페미니즘 이론이 제시하는 여성의 힘과 위치의 확보에 명확히 동의하기보다는 묵묵히 그러나 거세게 저항할지도 모른다.

"여성으로서 나는 조국이 없다"— 버지니아 울프

열린 결말은 더 많은 토론을 가능하게 할 수도 있겠지만, 강의실 밖으로 나오면 결론이 필요하다. 정해진 시간과 공간 안에서 벌어지는 문제들을 해결하기 위해 의제를 정하고 실천 방법을 결정하고 계획하여 활동해야 한다. 시인은 시의 텍스트에서 담장 고치기의 사유를 계속할 수 있겠지만, 현실에서는 이웃과 서로 다른 입장과 견해를 고려해야 한다. 어쩌면 자신의 의지와 상관없이 팔을 걷어붙이고 직접 담장을 고쳐야 한다. 버지니아 울프의 조국이 없다는 선언은 민족성을 지우고 보편적 여성성만을 자신의 정체성으로 삼겠다기보다는 여성(들)을 보기 위해 영국 중심의 사유를 버리겠다는 의지로 해석해야 할지도 모른다.

페미니즘 운동은 특정 기획을 위해 이에 관련된 여러 페미니즘들과, 그리고 다른 여러 정체성 기반 이론들과 협의해야 한다. 유발-데이비스의 젠더와 민족 연구가 주목하려는 지점이 바로 이 부분이다. 90년대 이전의 페미니즘이 가부장제 아래서의 여성의 억압이나 남녀의 성차라는 공통의 주제에 주목하면서 여성들 안에서의 또는 남성들 안에서의 차이를 고려하지 않았다고 지적하면서 저자는 국가 내지 민족이라는 현실공간에서의 젠더 문제를 검토한다. 실천 운동으로서의 페미니즘의 자리를 일반화된 사회가 아닌, 법과 정책을 통해 의무와 책임, 권리를 갖는 특정 위치를 개인에게 설정하는 국가 또는 민족으로 규정하는 것은 이 책의 가장 큰 특징이다. 국가 내지는 민족 공동체의 한 구성원인 여성은 남성 구성원들과 차별적 위치에 있을 뿐 아니라 다른 여성들과도 차별화된 위치에 있을 수 있다. 젠더 말고도 계급이나, 출신 지역, 출신 국가, 연령대와 같이 이미 집단체에서 차별이 발생하는 범주들이 있기 때문이다. 뿐만 아니라 개인이 속한 국가가 다른 국가들과의 관계 속에 자리한 위치도 국가들마다 차별적이며 헤게모니를 지닌 문화와 종교가 상이하기 때문에 젠더 문제가 국가 집단체 안에서 논의되고 명료화되는 방식도 국가마다 다르다. 따라서 페미니즘이 여성의 억압에 대항하는 '모든' 여성들의 연대를 주장할 때, 우선적인 과제는 연대에 참여하는 구성원들이 자리하는 위치의 차이와 특수성을 고려하는 차별 없는 경계를 구성하는 것이다.

경계 없이 경계를 구성하다

진부하지만 사랑에는 국경이 없다는 말이 있다. 이 문장에서 경계가 없게 되는 조건은 두 가지다. 경계의 이쪽과 저쪽이 서로를 강렬히 욕망하면 둘 사이의 경계를 삭제하고 싶어 한다. 하나가 되고자 하는 소망이 생기는 것이다. 그리고 또 하나, 실제로 나라와 나라를 가시적으로 또는 물리적으로 구분하는 경계는 그리 많지 않다. 미국과 캐나다, 미국과 멕시코의 경계는 두 나라의 변경이 이어지는 산, 벌판, 숲, 호수, 강, 폭포 한복판 어디쯤 아니면 도로 한복판 국경 수비대들이 서 있는 지점이다. 한국과 일본의 경계의 '다르-지만-같은' 지점에는 독도와 다케시마가 각기 있기도 하고 없기도 하다. 지중해는 경계 없는 바다일 뿐이지만 북아프리카를 떠나 유럽을 향하는 난민들은 살아서 이 경계의 바다를 건너기가 쉽지 않다.

사실 견고한 물리적 경계를 세우는 경우, 이는 누군가를 밀어내거나 막기 위해 '존재'한다. 간혹 한반도의 비무장지대나 과거 베를린 장벽, 또는 팔레스타인 지구 장벽처럼 물리적 경계를 실제로 세워 경계의 반대편과 다름을 주장하며 갈등하기도 하고, 심지어 무단횡단은 곧 전쟁선포라 간주하고 전쟁으로 이어질 수도 있는 무력 충돌을 빚기도 한다. 그러나 대개의 경우 국경은 가상의 선이거나 여권이나 비자와 같은 문서일 뿐이다. 경계가 견고해질수록 경계의 저쪽이 이쪽과 다름에 대한 차별은 더 심해지고 긴장과 갈등은 첨예해진다. 따라서 한편에서는 이를 허물고 소통하려는 노력이 있게 된다. 베를린 장벽을 실제로 허문 행사는 동독과 서독의 통일 선언을 독일의 국가 기획의 일부로 이해하기에 앞서 동서 이데올로기 갈등의 해소와 화해를 상징하게 했다.

그러나 다시 사랑에 없다는 국경으로 돌아오면, 경계 없는 관계는 불가능하다. 아마도 이 책에서 가장 많이 나오는 단어일 이 다름의 경계를 근거로, 주체는 자신이 다른 존재와 다름을 인지하면서/시키면서 자신의 정체성을 구성함과 동시에 타자와 관계하면서 자신의 위치를 정하고 힘을 갖춘다. 주체가 경계 너머의 대상을 욕망한다면, 그 에너지와 방법이 폭력적이든 평화적이든, 어떻게든 경계의 모든 담과 벽을 문으로 만들어 밀어젖히고 열어 버리든가, 그게 안 되면 월담을 할 것이고 그것도 안 되면 허물 것이며, 대상을 사랑하거나 소유하거나 점령하여 자신을 보존하고 나아가 확장하려 할 것이다.

방법이야 어찌되었든 이것이 바로 현실의 존재들이 경계 너머의 타자와 '우리'가 되는 순간이다. 북미 대륙의 열세 개 식민지들은 본국으로부터 독립하기 위해 일종의 국가 연합인 미합중국^{United States of America}을 결성했고 이렇게 연합한 50개의 주들은 지금까지 각기 자치권을 행사하는 독립된 정치체이면서 동시에 연방정부를 통해 하나의 국민 집단체, 국가^{nation}를 이룬다. 이 과정에서 미 대륙에 먼저 도착했던 선주민들의 민족^{nation}들은 해체 또는 파괴되어야 했다. 그 결과 이들은 '인디언'이란 생뚱맞은 이름을 지니고 미합중국의 시민권을 취득하거나 민족 구성원 전체가 학살당하기도 했다. 과거 일본제국은 세계전쟁을 수행하기 위해 자신이 식민지국가와 하나라는 혹은 식민지국가는 본국과 하나라는 사상을 식민지에 강요하기도 했다. 소위 반만년을 단일한 민족으로 '우리'끼리만 살아 왔다던 식민지 조선의 입장에서는 더 확장된 '우리'인 내선일체의 사상이 곧 자기삭제와 다르지 않았을지 모른다.

상상의 공동체라는 'nation': 민족? 국가? 국민집단?

『젠더와 민족』은 제목부터 번역하는 이를 곤혹스럽게 한다. 'gender'는 장르^{genre}와 같은 어원으로 종류 내지 유형을 뜻하는 라틴어의 genus에서 나온 단어이다. 우리말로는 대개 젠더라 옮기고 있다. 어떤 개념을 지칭하는 용어의 어원이나 의미가 모호하거나 지시대상이 시간과 공간에 따라 상이할 때, 차라리 젠더처럼 외래어로 표기하여 명료히 사용했다면 번역하는 이는 오히려 감사하다. 하지만 이 책의 다른 핵심어인 'nation'은 난감하다. 'nation'은 우리말로 보통 민족, 국가, 국민 등으로 옮겨 이해해 왔다. 일반적으로 사전의 의미를 살펴보면 대체로 공통의 언어, 문화, 민족성, 혈통, 역사를 공유하는 사람들의 공동체를 전제로, 물리적 경계를 갖지 않는 경우와 하나의 물리적 영토 안에서 하나의 정부를 공유하는 경우로 구분하여 정의하고 있다. 1828년 웹스터 사전은 "동일한 나라에 거주하거나 동일한 정부나 군주 아래 연합한 사람들의 집단"이라고 비교적 간단히 정의했지만, 2011년 랜덤하우스, 웹스터, 콜린스 사전 등의 정의를 살펴보면 현재 사용되는 'nation'의 의미는 더 세부적이고 다양하다. 일단 nation은 하나의 영토에 소속되어 있고 하나의 정부를 지니고 있는 사람들의 집단, 그 영토, 그리고 이러한 국가를 뜻한다는 점에서 (집단으로서의) 국민, 국가 또는 국가의 영토로 쓰인다. 동시에 같은 언어와 민속 문화를 공유하는 사람들, 즉 (우리말로는) '민족'을 뜻하는 경우도 있는데, 이때 사용되는 예가 흥미롭다. (옮긴이가 이해한 맥락으로는 미국에서) 인디언 부족 집단, (성경에서) 비非유태계 민족, (영어권에 살고 있는) 아시아계 민족이나 프랑스인들처럼 다른 문화권 내지 다른 언어권에서 온 민족 집단 등을 가리킬 때 nation이 쓰인다.

결국 영어의 nation은 사실 하나의 지역 즉 영토를 상정하고 이 땅 안이나 밖에 살고 있는 다른 문화와 언어, 종교를 지닌 사람들의 집단을 가리키므로 우리말의 '민족'으로 옮길 때 주의할 필요가 있다. nation의 어원인 라틴어의 'natio-'가 부족이나 출생을 뜻하면서 당시 이방 민족을 나타냈고, 고대 그리스어에서 온 문화, 종교, 언어를 공유하는 사람들의 집단으로서의 민족을 뜻하는 어근인 'ethni/o-' 역시 의미는 민족이지만 그리스 밖의 민족을 가리켰는데, 이후 영어나 불어에서 이 단어들이 사용될 때도 '다름'의 흔적이 남아 있다. 옷차림이나 외모가 에스닉ethnic하다고 할 때 그 의도가 찬사이든 비하이든 이 표현에는 그 공간의 사람들 가운데 하나인 화자와 다른 차림과 외모라는 함의가 있다. 반면 우리가 '민족'이라고 할 때, '민족'은 한민족에서처럼 우리이기도 하고 따라서 nation의 번역으로서의 '민족'은 현재 우리말의 '민족'을 의미하기도 하지만, 그 안에 구분, 배제, 배타의 가능성을 갖고 사용된다는 점에서 어감은 다르다. 영어에서 한 공동체의 구성원을 분류할 때 인종race이나 출신국가/민족(nation 또는 nationality)보다 더 많이 사용되는 출신민족(ethnicity 또는 ethnic origin)을 우리말로 옮기기 어려운 것도 우리말이 지닌 '민족'의 쓰임과 이 단어의 쓰임이 잘 들어맞지 않기 때문일지도 모른다.

따라서 이 책에서 nation은 맥락에 따라 국가, 민족, 국민으로 옮겼다. 본문에서 'nation' 또는 'national'은 정확히 정의된 개념으로 논의된 것이 아니라 정치, 문화, 사회의 담론 속에서 주체에게 그가 속한 집단 정체성을 부여하는 상상의 공동체로서 논의되었다. 구태여 하나의 단어로 통일해야 한다면, 사전적 의미로는 아마 집합적인 수준에서 '국민'이라 옮기는 것이 가장 맞는 표현일지도 모른다. 하지만 이미 우리말에서 '국민'이 갖는 함의가 번역된 맥락과 다를 수 있기 때문에 맥락에 따라 다른 표현들로 옮겼다. 문화, 종교, 언어의 측면에서 젠더 문제와 교차 관계를 맺는 경우에는 민족으로 옮겼으며, 여성의 생물학적 재생산과 관련해서는 국민으로 옮겼다. 하지만 본문에서는 임신과 출산, 시민권, 병역과 전쟁 등의 문제를 다루면서 주로 정부 정책이나 제도, 법률과 관련된 국가 기획들이 젠더의 문제에 미치는 영향들에 대해 논의하고 있기 때문에 공통의 정부를 구성하고 공통의 법과 정치 기획을 공유하는 정치 집단체라는 점에서 '국가'로 표현했다.

젠더와 민족 모두의 난제: 민족분쟁 혹은 전쟁

그러나 제목은 『젠더와 민족』이라고 옮겼다. 이는 이 책이 이스라엘과 팔레스타인의 관계를 비롯해 동유럽의 민족분쟁 지역, 아프리카와 라틴아메리카와 같은 제3세계의 민족문제를 논하는 과정에서 나타나는 젠더 문제를 논의하면서 국제사회에서 정식 국가로 인정하지 않은 민족 집단체들도 국가와 같은 수준에서 다루고 있으며, 런던처럼 여러 민족 출신의 구성원들이 함께 살고 있는 공간에서 정치적·사회적 상황, 정책, 법률이 젠더 문제에 영향을 미치는 방식들을 논의하고 있기 때문이다. 그리고 젠더 문제와 관련하여 아직 제대로 논의되지 못하고 있는 우리 사회의 현안들에 대해 이 책이 유효한 부분도 바로 '민족'이란 단어로 고려할 때 더 명확해진다.

제목에 쓴 '민족'은 일정한 지역에서 오랜 세월 동안 공동생활을 하면서 언어적·문화적 공통성에 기초하여 역사적으로 형성된 사회집단이라는, 우리말의 민족이 갖는 의미를 지닌다. 한국사회처럼 함께 오랜 시간 고통의 경험을 겪은 민족 집단체의 공간에서 민족의 상징성은 구성원들에게 어떤 정체성보다 강조될 수밖에 없다. 과거 고국은 나라이기를 포기한 적도 있었고 식민 이후 이 땅에 사는 백성들은 이런 저런 이름으로 보편적 세계전쟁으로 내몰렸다. 전쟁의 폭력 속에서 여성과 아이들을 보호해야 하는 것이 민족/국가/국민의 의무라면 한국의 20세기는 그 의무를 다했는가? 누군가는 미성년임에도 학도병이 되었고, 전쟁터에 파송되어 현지 군인들에게 '위안'을 명분으로 성노동을 강요당한 이들도 있었다. 참전의 대가는 무엇이었는가? 성노동은 신체적 수고와는 다른 도덕적·윤리적 상처와 싸워야 하는 작업이다. 보편적으로 이 전쟁에 관여했던 세계와 특정 해당 국가는 그리고 코리아라는 민족/국가/국민은 이러한 방식의 참전에 어떤 식으로 나눗셈을 할 것인가? 의무의 나눗셈을 위해 건너야 할 경계는 '없다'.

그럼에도 민족의 이름으로 이들에게 주어진 경계는 너무도 단단하고 견고하여 허물어질 줄도 모르고 그럴 틈도 없다.

민족이라는 상상의 공동체는 국민 집단 안에서도 가상의 경계로 구성원들을 가른다. 한 집단의 구성원들에 대해 어떤 현안을 계획하고 실행하는 것은 국가의 수준에서 이뤄짐에도 우리는 정치 기획의 주체인 코리아 혹은 '대한민국'을 민족의 개념으로 이해할 때가 많았다. 다른 나라에 비해 근대화가 늦은 입장에서 통일과 단합은 무엇보다도 우선순위였다. 우리, 한/하나라는 단어 앞에서 무한한 에너지를 발산하며 '민족적' 시련을 극복하고 성장해 온 한국사회이기 때문에 민족과 국가는 결코 별개의 단어가 아니었을지도 모른다. 남과 구분되는 우리끼리의 단합이 중요했고 때로는 특정 지역끼리, 특정 계층끼리 '우리'를 구성하는 것이 정치적으로나 경제적으로 효율적이었을 수도 있었기에 한국의 범위는 민족, 국가, 지역, 문화의 측면에서 최대공약수로 규정됐다.

어떻게 보면 세계화로 인해 국가 간의 경제적·문화적 경계가 해체되고 있지만 정치적으로는 이전과는 다른 방식으로 민족의 경계가 더 분명해지려 하는 중인지도 모르겠다. 21세기는 '우리'의 범위를 활짝 열어 두는 것이 세계 속에서 사는 한 생존방식이 되었다. 즉 더 많은 한국인들이 한국에 등장하게 된다. 한국에 와 있는 이주 노동자, 외국에 살고 있는 교포, 북한 주민, 이들 중 누군가를 어떤 수준에서 한국인으로 호명할 것인가를 판단하기는 쉽지 않다. 올림픽에서 세계신기록으로 황금 메달을 걸어 더 작은 숫자의 순위에 코리아라는 이름을 올리거나 대중음악과 예술매체에서 세계적 스타가 되어 한국인이라는 사람들에게 국제적 명예와 지위, 명성, 부, 그리고 즐거움을 주는 존재라면 어떤 식의 관계로든 한국인 또는 코리안이라고 부르고 싶을 것이고 어떤 식으로든 한국인으로서의 법적 신분을 주고자 할 것이다.

하지만 문제는 한국에 속한 자산과 자원을 나누고 또 이를 지킬 책임을 나눠야 하는 경우다. 누구에게 병역의 의무를 지울 것인가? 세금은? 투표권은 누구에게 줄 것인가? 대통령이 될 자격은 누구에게 있는가? 의무교육의 혜택은 누구까지? 무상급식은 누구(의 자녀)에게? 이런 질문들 앞에서 앞서 말한 이주 노동자들과 해외 교포들, 북한의 주민들, 또는 다른 국적의 연예인이나 예술가들을 한국인으로 호명하는 것은 문제적일 수밖에 없다.

우리의 대중적 정서는 이러한 나눗셈 앞에서 피의 순수함을 내세워 민족주의나 종교적 근본주의 또는 이데올로기와 상관없이 가능한 한 많은 이들을 남으로 만들어 버린다. 붉은악마가 되어 대한민국을 함께 외치지만, 어느 순간 내 옆에서 같이 응원하던 친구는 집에 가야 하는 양키가 되고, 중국에는 없는 중국음식 이름으로 호명되고, 국내에서 벌어진 모든 범죄에 혐의를 지닌 불법체류 외국인 노동자가 되어 버린다. 아, 북한으로 가서 살기를 권유받는 붉은색 인종이 되어 있기도 하다. 이 '어느 순간'에서 당신은 자유롭게 순혈 '코리안'인가? 혹시 당신의 할아버지의 할아버지 중에 하멜의 일행 중 누군가를 사위로 맞은 적은 없는지? 단군의 어머니는 정말 한반도에 거주하시던 반달곰 맞으신가?

어머니: 민족이 젠더와 맞물리는 지점

'순혈'의 신화는 조상과 후손의 끈을 강조한다. 민족의 조상과 후손을 명료화하여 말할 때 여성은 생물학적으로나 문화적으로 중요해진다. 가정 안에서는 대를 잇는 존재이며 국가의 수준에서는 국민을 재생산하고 양성하는 기관organization이기 때문이다. 누군가를 어떤 민족/국가 정체성으로 규정하는 담론은 지금까지 대개 법으로, 또는 국가 기관에 의해 혹은 학교의 강단과 논문을 통해 이루어졌지만 현실적으로 한 개인이 태어나 그를 한국인, 미국인, 영국인, 혹은 일본인이나 이집트인으로 부르는 과정에 가장 중요한 역할을 담당하는 이는 여자사람들, 특히 어머니들이다. 생물학적으로 한 개체를 출산하기도 하지만 아이가 '사람'이 되어 생물학적으로뿐만 아니라 문화적으로나 사회적으로, 그리고 법적으로 온전한 사회구성원이 되기까지 이에 대한 의무와 책임은 아직 많은 사회에서 여자사람에게 소위 '어머니'라는 이름으로 맡기고 있기 때문이다. 대를 잇는 존재이자 국민 재생산자로서의 역할이 종교와 민족의 이념들을 기반으로 문화적으로 또는 국가 정책적으로 강요되면 여성의 섹슈얼리티나 건강 상태, 경제활동, 사회참여는 제한될 수밖에 없다. 또한 전쟁 중 강간이나 성폭력, 성매매 또는 위안부의 경우처럼 국가 기획 수준에서 제도적으로 성착취가 발생할 경우, 이러한 문제들은 피해자 당사자의 생명과 권리의 수준에서 처리되거나 논의되기보다는 집단체의 명예와 실리를 명분으로 다뤄진다. 이때 흔히 등장하는 '여성의 명예와 순결이 훼손당했다'는 주장에는 여성을 가족과 민족의 구성원을 재생산하는 매체로 생각하는 전제가 깔려 있다.

현실 정치로서의 횡단의 정치

페미니즘 비전공자로서, 처음에는 다문화주의에 대한 낭만적 기대에서 이 책을 대하기 시작했다. 이집트의 페미니즘이 한국의 페미니즘과 만난다면 무슨 이야기를 어떻게 할 수 있는지 호기심이 생겼다. 일본에서 윤동주의 시를 읽는 여성 독자들, 드라마 「주몽」에 환호하는 몽골의 한류 팬들, 2NE1의 노래에 맞춰 리듬을 타는, 또는 슈퍼주니어에 열광하는 파리지엔느들, 일부다처제를 인정하는 문화권에서 온 파키스탄 남성과 자의로 결혼한 한국여성들. 이렇게 다양한 공간의 문화현상들과의 만남은 즐거운 일일지 모른다.

이 책에서 보여 주는 만남과 교류는 읽는 이의 시야와 역량을 확장시키고 지식을 넓히는 데 기여하기도 한다. 그러나 이 책을 옮기면서 절실히 느낀 것은 연대는 단순히 덧셈이나 곱셈이 아니라는 것이다. 연대에 참여한 구성원들은 자신의 몫을 생각한다. 합을 나누기 위해 이쪽의 것을 빼내 저쪽에 더하거나 그 반대의 경우를 요구한다. 어떤 기획을 위한 연대이든 의무와 책임, 권리의 나눗셈을 위해 교류와 소통이 필요하고 이를 위해서는 나와 남이 이웃하고 있는 경계를 명료하게 구성할 필요가 있다.

『젠더와 민족』은 남성과 여성에 관한 책이고 민족이란 맥락 속에서 남성과 여성, 그리고 둘의 관계를 논하며 경계 구성을 제안하기는 하지만 남녀의 경계와 구분을 이야기하지는 않는다. 남자와 여자가 다르다는 주장이나 같다는 주장 모두 하지 않는다. 다만 국민으로서 남성이, 그리고 여성이 살아야 하는 권리와 의무, 필요조건들, 희망사항들에 대해 이야기할 뿐이다. 지금 우리 사회에서 계급이나 혈통의 차이로 국민의 권리와 의무를 나누는 예는 거의 사라지고 있다. 하지만 젠더의 문제는 여전히 복잡하다. 옮긴이로서 우리말로 『젠더와 민족』을 읽는 과정이 이 복잡함을 명료하게 할 단초를 마련해 주었으면 하는 바람이다.

옮긴이는 현재 어떤 방식으로 어떤 수준에서 젠더 관계를 비롯한 페미니즘의 문제들이 논의되는지 잘 모른다. 우리 사회에서 시민권이나 민족 개념이 논의되는 방식은 더더구나 잘 알지 못한다. 다만 '나'의 정체성을 구성하는 여러 갈래 중 언제부터인가 내가 한국이라는 공간에 살고 있는 여성이라는 사실이 유난히 머리가 아닌 귀, 눈, 입, 손, 발, 심장으로 부딪히는 일이 잦아지면서 많이 생각했던 것 같다. 그리고 유발-데이비스의 *Gender and Nation*을 읽으면서, 읽고 있는 내용은 분명 영국을 비롯한 세계 여러 지역의 젠더와 민족의 문제를 다루고 있음에도 옮긴이는 '나'와 내 주변의 문제들을 함께 읽는 기분이었다. 인구정책, 주민들이 떠난 산업단지 주거지역과 대도시 빈민지역을 채우고 있는 이주노동자들, 미주 지역의 우편신부들, 동남아 섹스관광, 그리고 2차대전 당시 일본군의 위안부들. 그리고 병역의 문제……. 옮긴이의 독서는 끝났다. 이제 이 책을 읽는 독서들이 어떤 문제와 주장을 내놓을지 궁금하다. 많은 이야기들 가운데 등록금의 부담을 덜고자 하는 경제적 이유에서 군복무를 새해 계획으로 설계했던 20살 남자청년들의 삶도 같이 거론되길 희망한다. 그리고 무엇보다 이들보다 훨씬 어린 나이에 강제로 전쟁을 겪으셔야 했던 일본군 '위안부' 할머니들의 역사가 기억되고 존중받길 희망한다.

이 책이 우리말로 나오기까지 애써 주신 그린비의 모든 분들께 고마움을 전한다. 특히 수많은 실수와 오류들을 바로잡아 주며 같이 읽어 준 김미선 씨에게…….

2011년 12월

박혜란

찾아보기